朝堂院大覚 自伝

「最後のフィクサー」とよばれて

はじめに

なぜ、「黒幕」とよばれた私が姿を現したのか

私はここ数年、ユーチューバーとしての活動に力を入れてきた。

これまでは過去の報道もあり、反社会的な右翼の黒幕などのイメージで人から見られることが多く、私は自分の正しい姿を発信する必要を実感していた。

それと同時に、みずからの過去の人生、歴史についても伝えたいと思った。ユーチューブで過去について語ることも、本書を著したのも、その一環だ。

私は若いころから、「いずれ天下を取ってやる」という気持ちが強かった。だから人からどう見られるかということには無頓着だった。「俺が天下を取れば、おまえらもわかるだろう」と思っていたからだ。

やはりユーチューブを使って自身の考えを発表したことには効果があった。イメージが変わる。

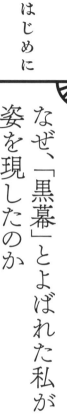

るようになった。
世間から呼ばれる肩書も、右翼やヤクザではなく、政治運動家や武道家、時には作家ともいわれ

六十四人いる子どもたちの私を見る目も少しずつ変わってきた気がする。これまでは「朝堂《ちょうどう》院《いん》の息子と言われたくない」と言われることも多かったからだ。

私にはいま、子どもが六十四人いる。いまも年にひとりずつのペースで生まれている。私はすでに八十歳だが、セックスは毎日できる。その点に関しては二十代、三十代のころと変わらない情熱を持っている。

今後も何人も子どもをつくることはできるが、いまから生まれた子どもが大学を卒業するときは、私は百歳を超えている。

そのことを考えると、自分の経済力だけで私の子孫を育ててくれることができる経済力のある女性としかセックスはしないようにしている。

現在は私の子どもたちが自分たちの母親を養っている。だから古くからつきあいのある女性は、みんな子どもたちを頼って生活している。そのため、私が扶養している女性は徐々に減っている。だから経済的には年々楽になるばかりだ。

私は、もし三十代の勢いのままで、不当な逮捕もされることなく、慎重に事業を拡大させることができたなら、世界を統一することもできただろうと思うことがある。

私は若いころ、「勝って兜《かぶと》の緒を締める」ように慎重にものごとを運ぶことができず、失敗した。いま振り返れば、当時は勢いばかりで、みずからを振り返る謙虚さに欠けていたのだと思う。何もかもが思いどおりにいきすぎたから、自分はなんでもできるとの過信があった。

たしかに当時の私は三十代で大和《だいわ》證券《しょうけん》（現・大和証券）や住友《すみとも》銀行（現・三井《みつい》住友銀行）などの一流企業の経営者たちを相手に大きな顔をしていた。六十代、七十代の経営者を相手に三十代の私が威張っていたのだから、経済ギャングとして恐れられ、警戒されたのも、やむをえないと思う。

世間からもにらまれていた。国会議員も四十人くらいは殴っていた。ヤクザも検事も警察官も国会議員も殴って、経済ギャングといわれ、私を非難する投書もたくさん警察庁に届いていた。結局、私のやり方がよくなかった。

二回目の人生があったとしたら、もう少し慎重にやれるかもしれないが、これればかりは私の性格だから難しい。

ただし、強烈な指導者となって、もう一度、日本をかつてのような強い国にしたいという強い思いは持っている。

朝堂院大覚 自伝

「最後のフィクサー」とよばれて

目次

第三章 フィクサー人生の始まり

第四章 石原慎太郎と私

第五章 私が出会った政治家たち

第六章 私が出会った世界の首脳たち

第七章 天国から地獄へ

第十章 マイケル・ジャクソンと私

第十一章 私が出会ったヤクザたち

第一章 豪腕フィクサーの原点

軍人と商人の街で

私は一九四〇（昭和十五）年十二月九日、大阪府郊外の枚方《ひらかた》に生まれた。現在は朝堂院大覚《だいかく》という名前で世間には知られているが、本名は松浦良右《まつうらりょうすけ》という。

私が生まれた枚方は京都と大阪のちょうど真ん中に位置する宿場町であった。大阪の天満《てんま》から伏見《ふしみ》を経由して京都に向かう場合、船で枚方まで北上し、そこで一泊する。そこから伏見の宿場を経て京都へと入っていく。

船ではなく街道を歩いて京都に向かう者も、たいていは枚方で一泊した。人々の往来が激しい宿場町で、古くから交通の要衝でもあった。淀川《よどがわ》が流れ、背後には奈良の生駒山《いこまやま》が見える。

その昔、鎌倉《かまくら》時代の末期には河内《かわち》（現・大阪府東部）で鎌倉幕府に対して倒幕の旗を揚げた楠《くす》木正成《のきまさしげ》がいたが、鎌倉幕府の御家人《ごけにん》だった足利尊氏《あしかがたかうじ》が後醍醐《ごだいご》天皇の呼びかけに応じて鎌倉幕府が京都に置いていた六波羅探題《ろくはらたんだい》を攻める際に足利勢と楠木勢が合流した地点でもある。

枚方は交通の便がいいために、古来、軍事的な拠点になる場所だった。京都や奈良、さらに西日本に対しての軍隊を置いておくのには最適な場所だからだ。

戦前から戦中にかけても枚方は軍需産業がさかんだった。明治時代に陸軍禁野《きんや》火薬庫が建設され、昭和に入ると陸軍造兵廠《ぞうへいしょう》大阪工廠《こうしょう》枚方製造所、東京第二陸軍造兵廠香里《こうり》製造所が開設されている。

だが、枚方が軍事拠点になっていたのは明治時代以降だけではない。それよりさらに古い時代までさかのぼれば、五〇七〜五三一年に在位した第二十六代の継体《けいたい》天皇も、じつは枚方に軍事拠点を置いていた。

戦後、研究が進んで明らかになったことだが、継体天皇はもともと北陸の富山から岐阜あたりまでを勢力下に置いていた地方の一豪族だといわれている。

継体天皇は第二十五代の武烈《ぶれつ》天皇が後嗣を残さずに崩御し、大伴金村《おおとものかなむら》や物部麁鹿火《もののべのあらかび》などの推戴を受けて即位したとされている。第十五代の応神《おうじん》天皇の五世孫ともいわれているが、大和《やまと》朝廷とは無関係な地方豪族が実力で大王位を簒奪《さんだつ》して現皇室にまで連なる新王朝を創始したとする説も有力だ。古墳時代に皇統の断続があったとする、いわゆる王朝交代説である。

武烈天皇の死去後、当時の大和朝廷では政権をめぐる争いが起き、一方の勢力が継体天皇を担ぎ上げて天皇に祀《まつ》り上げた。

だが、すぐに安定した政権を築くことができたわけではなく、継体天皇に反対する勢力も当時の大和朝廷の本拠である奈良をはじめ各地にいた。

そのため継体天皇は最初の数年間は仮の御所を枚方に置いたといわれている。

「なぜ、枚方につくったのか」といえば、それは奈良をはじめとする各地に点在し、みずからに反対する勢力を掃討しないといけなかったからだ。

九州には朝鮮半島の新羅《しらぎ》にルーツを持つ磐井《いわい》一族が根を張っていて、継体天皇は磐井一族とも敵対関係にあった。継体天皇は奈良だけでなく、五二七～五二八年にかけて磐井の乱を起こした磐井一族も討ち滅ぼし、日本の唯一の権力者になる。その拠点として枚方に御所を置いた。

当時の戦争の勝敗はどれだけ鉄製の武器を持っているかで決まる。鉄は朝鮮半島から輸入するしかないから、枚方は交易の拠点にもなった。さらに枚方には鉄の精錬所ができ、いわば日本最大の武器製造所となっていた。

継体天皇は各地の反対勢力を討ち滅ぼして最終的に統一を果たし、天皇家の力を示した。

私が生まれ育ったときには、当時の枚方にそのころの面影を残す遺跡などはなかった。だが、昔話として聞かされることがあった。

わが家は代々、枚方を拠点とする河内松浦党としての自負があったから、その歴史について耳学問で学ぶ機会に恵まれた。

現在はベッドタウンとして目覚ましく発展し、府内第四位の約四十万人の人口を有する枚方だが、私が子どものときは、まだ市制が施行される前で、北河内《きたかわち》郡枚方町だった。人口も現在の十分の一ほど、約四万人前後だった。

そのころの枚方は農業が中心で、田畑や山が目立つ田舎だった。

当時はすでに鉄道での移動が主流になっていた。そのため京都と大阪を行き来する旅行者が枚方で一泊することは減っていたが、京街道の宿場町として栄えた余韻は町に残っていた。街道沿いの宿場町には数軒の旅館が営業していた。

古い宿場町にはもちろん遊郭がある。枚方にも往時は関西一といわれた遊郭「桜新地《さくらしんち》」があった。

やはり交易がさかんな街は商才のある人間を生むものなのかもしれない。枚方は私のほかにも多くの経営者を輩出している。

TSUTAYAなどを運営するCCC（カルチュア・コンビニエンス・クラブ）創業者の増田宗昭《ますだむねあき》も枚方の出身だ。流行に敏感で商才のある人物を生む土壌があるのだろう。

松下幸之助との縁

私が生まれた松浦家は枚方で四百年近く続く歴史を持つ古い家だった。いわゆる地方の名家である。

私の父方の祖父の幸太郎《こうたろう》は当時の枚方でも有数の大地主だった。枚方周辺に借家を六百軒ほど保有し、不動産業も営んでいた。さらに相場師の顔を持ち、明治から大正にかけて米相場でも大儲《おおもう》けをし、財産を殖やしていた。

私の父親の正一《しょういち》は同志社《どうししゃ》大学の商学部を卒業し、一九四〇（昭和十五）年から一九四三（昭和十八）年まで当時の満州《まんしゅう》に出兵していた。陸軍の大尉だった。

当時の満州は日本の傀儡《かいらい》国家として独立していた。満州国である。

正一は幸太郎のひとり息子で何不自由なく育った人物で、気性の荒っぽい祖父とは異なり、温厚で物静かな人だった。

教育者というか、奉公利他、自分を犠牲にして他人の利益を思いやるところがあった。自分の財産も投げ出して困っている人を助けていた。たんなるお人よしといってしまえばそれまでだが、私は非常に好人物だと思っている。

だから祖父が有していた莫大《ばくだい》な財産の半分は父親がボランティアで使ってしまった。

当時の父親は従軍していたから、朝鮮半島や満州に行っていた。

おそらく現地でも貧しい子どもや孤児のために養護施設をつくっていたのではないか、と思う。父親は大尉まで務めたが、家には外地から持ち帰ったものは何ひとつなかった。逆に朝鮮半島や満州に家のものを送ったりしていた。おそらく、戦前にあった財産の半分は、そういった外地への支援で使ったはずだ。

父親の正一は、それくらい一所懸命に人の面倒を見ていた。あれほど立派な人格者には会ったことがない。自分のことより、いつも他人の利益を重んじた。しかも、いっさい表には出ない。

その後、日本に帰国した正一は朝日《あさひ》新聞社の傍系会社である朝日ビルディングの経理担当重役に就任した。社長は朝日新聞社の元論説委員で、社員はみんな朝日新聞社出身だった。

正一はフェスティバルホールをつくるために、朝日ビルディングの社長とともに大阪観光という会社もつくっている。

昭和二十年代という時代はみんなが貧乏だった。会社も貧乏で、朝日ビルディングに入居しているテナントには家賃を滞納する企業もたくさんあった。

だが、経理担当の父・正一は厳しく取り立てることをしなかった。

「家賃なんか払えません」と言ってくる借り主に対して、じつに親身に相手の立場になり、やさしく接した。

なかには、家賃を取り立てるどころか、逆に、家賃を払えない相手を助けようと思い、融資してあげることすらあった。相手の面倒を見てあげなければ自分の気持ちが収まらない、やさしい性分だった。

結局、取り立てるどころか、テナントの資金繰りの相談にまで乗り出して、しまいには、みずからがさらに融資をして助けてしまう。

なまじ父親も財産を持っているから、自分の財産を売ってカネをつくって貸してやったり、財産を担保にしたりするなどして、自分にはいっさい関係のないテナントのために、身銭をはたいていた。

のちのち、私は多くの人から「お父さんにはお世話になりました」と言われたものだ。

父親は私に対してもやさしかった。放任主義で、子ども相手に怒鳴り散らしたり、何かを命令したりすることは一度もなかった。何か気に入らないことがあれば平気で殴り飛ばすような父親も多かったあの時代にしてはめずらしい父親だった。インテリというかリベラルというか、多少先進的なところがあったのかもしれない。何か口うるさく言うことはなく、子どもたちがむちゃをしていても黙ってやさしく見ていた。「好きなことをやりなさい」という感じだった。

だが、不幸なことに、正一は病に倒れてしまった。肺病だった。当時の肺病は抗生物質が普及した現在に比べると深刻な病気のひとつで、結核をはじめとして国民病ともいわれていた。

病気で挫折してしまった正一は、みずからの持っていた権利を朝日新聞社に全部売り払った。当時の金額で二千万円ほどだ。

もし正一が病気にならずに仕事を続けていたなら、ゆくゆくはフェスティバルホールや、ホールに隣接していたリーガグランドホテルのオーナーとなっていたはずだった。

大阪市北区中之島《なかのしま》に位置するフェスティバルホールは一九五八（昭和三十三）年に完成するが、世界に名だたる芸術家たちを招き、歴史に残る音楽祭の舞台となっている。二〇〇八（平成二十）年に建て替えのために一度閉館したが、二〇一二（平成二十四）年十二月に超高層ビルとして生まれ変わり、「中之島フェスティバルタワー」として開館している。現在も運営は朝日ビルディングだ。

人助けに精を出していた父の話はよく耳にしたが、私は家で寝ている父親、病院の病室で寝ている父親の姿が強く記憶に残っている。

父方だけでなく母キノの家も資産家だった。経済面では私は恵まれた環境に育ったといえるだろう。

母親はお嬢さまだった。母方の父は吉田幸太郎《よしだこうたろう》といった。不思議なことに、父方の祖父も母方の祖父も同じ幸太郎という名前だった。

枚方の近くに位置する門真《かどま》は現在のパナソニック（旧・松下《まつした》電器産業）の発祥の地である。

母の祖父はもともと松下の乾電池事業部門の礎をつくった人物で、会社ごと松下と合体した。合体したときは松下幸之助《こうのすけ》が社長で吉田が副社長だった。対等な合併だったから株も半分ずつ保有していたくらいだ。

吉田は当時の松下の稼ぎ頭である乾電池事業部門のドンだった。松下は病弱なところもあったけれど、祖父は腕力と行動力と政治力でガンガンやるタイプだった。その長女の吉田キノが私の母親だった。

吉田は最初は松下の代理店をやっていたが、やめて小森《こもり》乾電池に入社した。一九三一（昭和六）年九月にはその小森乾電池が松下電器に買収されることになった。

吉田はこのとき、松下電器の株をかなりもらったという。小森乾電池は一九三五（昭和十）年に松下電器が事業部制を敷いたときに松下乾電池となる。吉田はこのころは工場課長であった。

一九五九（昭和三十四）年に出版された松下の自伝『私の行き方考え方　仕事を通して半生を語る』（衣食住出版）には吉田について次のように書かれている。

〈先《ま》ず全国に代理店を募集するために新聞広告をした。第一番に申込んできたのは吉田幸太郎君である。そこで自分は吉田君に、熱心に説明し、大阪の成績を話した。すると吉田君は、よく得心し、且つランプを見て「必ずこれは売れます。私は奈良県と名古屋《なごや》の代理権を約束しましょう」と、一軒二百円の保証金も即座に承諾した〉

祖父がかかわっていた時代の松下はカネがなく、吉田や松下、三洋《さんよう》電機創業者の井植歳男《いうえとしお》も隣り合って暮らしていた。一緒に風呂に入る仲だったと聞いたこともある。

母や祖母は私に「松下さんとは親戚関係だった」と語ることもあった。

私はその話が半信半疑だったので、本当かどうか気になって、大学を出たばかりの二十二歳のころ、松下電器の本社に足を運んだこともある。するとすぐに役員が五人ほど降りてきて、みんな私に対して直立不動の姿勢で、「吉田副社長のお孫さんですね」なんて言ってもてなしてくれた。「松下がいまあるのはお祖父さまのおかげです」と言われて、夜は守口《もりぐち》あたりの料亭に連れていってもらったこともあり、その後も五、六回ほど食事をした。

母親は祖父譲りで頭が抜群に切れて勘も鋭かった。

私はどちらかといえば父親より母親に影響を受けたかもしれない。父親はほとんどものを言わずに静かに考えているタイプ。一方、母親は行動的で、つねに何か意見を言うタイプだった。

疎開と終戦の記憶

私には兄弟が四人いる。いちばん上が一九三五（昭和十）年生まれの姉の紀子《のりこ》、その次が一九三八（昭和十三）年生まれの長男で兄にあたる幸作《こうさく》、そして一九四〇（昭和十五）年生まれの次男の私、さらに三歳下に一九四三（昭和十八）年生まれの三男で弟の幸男《ゆきお》がいる。

姉の紀子は父親の仕事の縁で朝日新聞社に勤める男性と結婚した。その義理の兄はのちに朝日新聞社の子会社の社長となっている。

長男の幸作は国立の滋賀大学を卒業し、その後、大和證券に入社した。

私には兄弟が三人いたが、両親は誰に対してもみんな一緒で公平に扱った。兄貴を長男だからということで特別にかわいがるようなこともなかった。

兄も姉も私も弟も、等しく愛情を注がれたように思う。

子どものころは母親は私たち兄弟をよく遊びに連れていってくれた。夏になると和歌山県の白《しら》浜町《はま》や田辺《たなべ》市の旅館に一カ月くらい滞在した。時折、勝浦《かつうら》や那智山《なちさん》のほうまで足を延ばすこともあった。

いま振り返ってみると、四人の子どもを育てるために一所懸命、いろいろな工夫《くふう》をしてくれたように思う。

母親は専業主婦だったが、松下電器の株を祖父が保有していたため、のちに相続することになった。

両親からは、つねに「正直でいろ。ウソをつくな」とよく戒められた。

何ごとも真面目であることがいちばんというのが両親の教育方針だった。

父親も人格者だったが、母親も厳格な人間だった。茶道の師範をやっていたが、それだけでなく俳句も詠むなど教養があった。


父親が満州に出征していた松浦家だが、私の幼少時、太平洋《たいへいよう》戦争が長引くにつれて枚方にも戦争の影響が色濃くあった。

一九四四（昭和十九）年、私が四歳のときには枚方にもB－29が出撃してくるようになった。空襲警報が鳴って防空壕《ぼうくうごう》に避難する日も徐々に増えていった。

私の家は庭が広いから大きい防空壕が二つもあった。そこに避難した記憶も、ボンヤリとだがある。

母方の祖父の吉田は会社をリタイアしたあとに奈良の北東部に位置する宇陀《うだ》郡榛原《はいばら》町（現・宇陀市）に豪邸を建て、そこで隠居暮らしをしていた。

私は戦争末期、二年ほど榛原の吉田の家に預けられていた。いわゆる疎開である。

四人の兄弟のうち、なぜか私ひとりだけが疎開することになった。理由は覚えていない。

ただ、祖父の豪邸の間取りはいまだに覚えている。三階建てで大きな台所があり、祖父は三階に寝起きしていた。私は四歳から五歳の二年間をそこで過ごしている。

疎開をする少し前から実家で空襲を受けて防空壕に入った記憶はあるが、実家が焼けることはなかった。

奈良に疎開してからは空襲を恐れて防空壕に入ることはなかった。

一九四五（昭和二十）年に入るとアメリカ軍による空襲の機会はさらに増えていった。数度にわたって行われた大阪大空襲のときには陸軍の武器庫が枚方にあったため、枚方も狙われた。弾薬庫が爆発する事件があったことを、のちに聞いた記憶がある。

戦時中とはいえ、私の家は地主で田畑を所有していたから食べ物に困ることはなかった。だが、貧しい暮らしを強いられている人がいた記憶はある。麦飯に鰹節《かつおぶし》と醤油《しょうゆ》をかけて、おかずもなく、それだけで食べていた人もいて、子どもながらに「かわいそうだな」と思っていた。

一九四五年八月十五日の終戦の日の記憶はあまりない。ただ「戦争が終わった」という話を聞き、なんとなく理解をした。

終戦時はまだ五歳だから、戦中と戦後で日本がどのように変化するのかについてはわからなかった。

ただ、一部の女性たちの格好が劇的に派手になったことは覚えている。

戦争中は禁止されていたパーマネントをして、きれいに化粧して、派手な服を着た女性たちの姿を枚方でも見かけるようになった。進駐軍を相手にした売春婦、いわゆるパンパンだ。枚方からも彼女たちはそういう格好をして大阪に行って客を取っていた。

進駐軍の姿も見かけるようになった。

それまで敵として教えられたアメリカ人たちを頻繁に目にするのは不思議な気もしたが、松浦家は一家で電車に乗り、大阪や京都に買い物や食事に行っていたので、やがてすぐに見慣れるようになった。

父親が朝日ビルディングで働いていたため、大阪の朝日ビルディングのテナントのひとつの「アラスカ」という高級レストランに家族でよく通ったのを覚えている。同様に京都の朝日ビルディングにもよく足を運んだ。

枚方からは大阪に行くのも京都に行くのも同じくらいの距離だ。だから「大文字《だいもんじ》の送り火を見に行こう」という話になったら京都に行き、「大阪に相撲興行が来る」となれば大阪に足を運んだ。レストランなどで見かけるアメリカ兵たちは体も大きく、羽振りもいい。服装も洋装で日本人より格好よく見える。子ども心に憧れを持って見ていた。

そのころから少しずつ洋画も公開されるようになってきた。スクリーンで見るアメリカ人の生活は豊かで、アメリカへの憧憬はさらに強まった。そのころから時代が変わっていくのが子どもながらにわかった。

子どもの私にもわかるほど、敗戦国の日本と戦勝国のアメリカのあいだには経済的にも文化的にも格差があった。

アメリカ人を敵視する気持ちはまったくなかった。むしろ日本人より身分の高い人たちという認識があった。食べ物でもお菓子でも、彼らが保有する物資は豊富で、日本人を圧倒した。闇市ではアメリカのチョコレートも売っていた。

大人たちもアメリカ人を敵視する人はほとんどいなかった。それどころではなかったのだろう。庶民は日々の生活をなんとかすることだけで精いっぱいだった。

小学校に通うようになると給食でパンや脱脂粉乳も出てくるようになる。

おいしくはなかったが、アメリカ人と似た食生活を体験することは、子どもながらに不思議な高揚感があった。

「俺は、いまアメリカ人と同じものを食べているんだな」なんて思っていた。占領はされていたが、「アメリカ人は日本人に対してやさしい人たちなんだな」という気持ちがあった。

怖い人、恐ろしい人とは思わずに、「やさしいおじさん、格好いいおじさんだな」と思った。

アメリカ兵が大型ジープに乗って颯爽《さっそう》と走る姿は子ども心に格好よく見えていた。

刀と銃とサンドバッグ

私は子どものころ、勉強ができたので、同志社香里中学に進学することになった。試験は面接だけであった。当時は受験戦争に必死になる現在とは異なって、筆記試験のない牧歌的な時代だった。

入ってからは勉強にはまったく熱を上げなかったので、高校、大学と内部進学した。

私は中学から空手に熱心に取り組み始めた。

父親は陸上競技をやっていたが、武道家ではない。それどころか、周囲の誰かに影響を受けて空手を始めたわけではなかった。

きっかけは本当に不思議なのだが、五、六歳のころに父親の日本刀とピストルを発見したことだった。

ピストルは軍隊の関係で保有していたのだろう。私はその二つの武器を見て好奇心を持った。

日本刀をどうしても触ってみたい——。

子ども心に強く感じた私は思わずその衝動に任せて行動してしまった。

抜刀して生身の刀を見ると、日本刀の放つ輝き、美しさに胸を打たれた。「これはいいなあ」と子ども心に強くひかれた。

ピストルも強い興味を持って触ってみた。ケースから取り出して何度も見た。弾は入っていなかったが、構えを取り、悦に入ったものだった。

私は三度の飯より日本刀や銃が好きだった。まだ戦争の匂いが残っている時代とはいえ、いま思えば少し変わった子どもだったのかもしれない。

そのうち戦うことへの好奇心が生まれた。自分がやるならなんだろうか。

私がひかれたのは空手だった。

当時はボクシングの試合のラジオ中継もあり、よく耳を傾けたものだ。もちろんラジオだから映像はないが、アナウンサーの熱の入った実況や、試合が白熱するにつれて熱狂する観衆の歓声にラジオでも十分に興奮した。

私が中学生になると力道山《りきどうざん》が人気になってプロレスブームが起きるが、私はその前から空手に熱中していた。

小学校卒業後、枚方の隣の寝屋川《ねやがわ》にある私立の同志社香里中学に通うようになったため、枚方市駅から京阪《けいはん》電車に乗って十分ほど揺られる。寝屋川の隣の門真に空手の道場があった。

道場を見かけると、私は思った。

俺も行ってみたいな――。

道場に通い始めてからは家でも練習するようになった。

幸い私の家は大きく、私は離れにひとりで住んでいた。

離れには私の寝起きする部屋の下に地下室があり、そこに頑丈な大木を持ち込み、縄をグルグル巻いて自家製のサンドバッグをつくった。それを学校が終わって帰宅すると、連日バンバン殴ったり蹴ったりした。

それを始めたのが十三歳、中学に上がったばかりのころだ。

とにかく戦うことへの憧れが強かった。

空手を選んだのは偶然だった。

中学時代はケンカも頻繁にやった。だが、空手に明け暮れ、体を鍛えたのはケンカに勝つことが目的ではなかった。

空手を神秘的だと思った。骨をバーンとつぶして、拳を固めて、痛い思いをしても、みずからを鍛え上げなければいけないと思ってやっていた。

自家製のサンドバッグは精巧なものではない。バンバンと殴っていると拳に血がにじんだ。

それでも気にせず殴っていると徐々に血がにじむ部分が固まっていく。拳には赤い痣《あざ》をいつもつくっていた。

母親をはじめ、家族はそんな私を見て「何をバカなことをやっているんだ」という顔をいつも浮かべていた。だが、私には気にならなかった。

二つ上の兄も柔道を学校でやっていたが、取り立てて彼に影響を受けて空手を始めたわけではなかった。

兄も姉も勉強ができて真面目なタイプだった。だが、私は近所の悪ガキたちと一緒に遊ぶことが好きだった。

中学には不良がいた。

当時は何かもめごとがあると決闘をやろうと言って腕っぷしで決めた。荒っぽい時代である。

たいていケンカの相手はいつもナイフを持っていたから、最初に相手の持つナイフを狙って足で蹴り飛ばしていた。それが決まると武器を失った相手はたいてい怯《ひる》む。一度逃げ腰になった相手に負けたことはなかった。

いま思えば少年時代の私には少し冷めたところがあり、周囲からは生意気だと思われたのかもしれない。

体育の教師から、「おまえ、歩き方が悪いから直せ」などと難癖をつけられることも多かった。

上級生にも特別に媚《こ》びたりはしなかったから、よく思われることはなかったのだろう。

ただ、私自身が誰にでもみずからケンカを売っていくような性格ではない。いつも相手からからんできて、「そこまで言うならやってやる」という感じだった。

最終的には売られたケンカは買うという姿勢だったわけだ。

私は中学時代から空手の稽古に励んだ。空手はなぜか私をひきつけた。

私は空手に熱中した。だが、枚方には空手の道場がない。松下の城下町といわれていた門真まで行かなければ稽古ができなかった。

私は毎日、空手に取り組み、体を鍛えたかった。

そこで見よう見まねで自宅につくった自家製のサンドバッグを叩《たた》きまくった。

なぜ、空手が好きでそこまで熱中できたのか。理由はいま振り返ってみてもわからない。ただただ空手に憧れ、ひたすら熱中していた。

空手をとことんやりたい——。

そう思って毎日拳が血でにじむのも気にせずに練習した。家族はみんな私の熱中ぶりにあきれていたが、それも気にならなかった。

同志社香里高校に入学したときも、内部進学ということもあって無試験だった。高校に通うようになってからは初めて空手道場に通い始めるようになる。そのときに習った空手は剛柔流《ごうじゅうりゅう》だった。

私は立命館《りつめいかん》大学の出身者が京都に開いていた空手の道場に通ったのだが、そこが剛柔流だった。

当時の関西には剛柔流の道場が多かった。

剛柔流は松濤館流《しょうとうかんりゅう》、糸東流《しとうりゅう》、和道流《わどうりゅう》と並ぶ空手の四大流派のひとつであり、宮城長順《みやぎちょうじゅん》を開祖としている。

なお、私は現在、空手を柔道のようにオリンピックの正式な種目にしようと、日本の空手の流派を集めて空手道本庁宗家家元会議を開いているが、これはこのころからの空手修行が影響している。

空手界は松濤館流、剛柔流、糸東流、和道流の伝統空手四大流派とフルコンタクトの極真空《きょくしんから》手《て》に分かれている。四大流派のほかにもフルコンタクトの団体は八百以上も存在するため、ひとつにまとまることができずにいた。そこで空手界を結集させようと私がそれぞれの流派に散らばっている猛者《もさ》たちを説得し、ひとつの団体として団結させたのである。

わが子との別れ

中学、高校時代もそれなりには女性たちと遊んでいた。私の通う同志社香里は男子校だから、ほかに同じ京阪電車沿線にある女子高に通う学生たちとよく遊んだ。

近所にあったカトリック系の聖母《せいぼ》女学院（現・香里ヌヴェール学院）の子ともよく遊んだ。うちはプロテスタント系だったが、そんなことはもちろん誰も気にしなかった。聖母の女生徒とはつきあったことがある。通学の電車で一緒になる女の子がいたのだ。逆に、枚方から大阪方面の女子高に通う女の子がいて、その子ともつきあったことがある。

当時、大阪の香里にあった洋裁学校に通う女性ともつきあったことがある。

もちろん空手のほうが優先だったが、女性にも興味があった。

当時はお互い学生だから、デートももっぱら映画館に通い、喫茶店でお茶を飲むくらいのものだった。至極健全な男女交際といったところだ。

高校に進学してからは私の家にも女性を呼んでいた。幸いなことに私の部屋は母屋とは別の離れにあり、玄関も別だったから、親に気兼ねする必要もなかった。

当時はいまのようにラブホテルもなかったから、自分の部屋にしけ込むしかなかった。


私は高校時代は青春を謳歌《おうか》していたほうだが、高校三年生になると猛勉強した。すさまじい勢いで一気に成績を上げて平均の成績にまで追いついた。

その甲斐《かい》もあって、私は一九五九（昭和三十四）年四月、同志社大学に入学することができた。学部は法学部。大学には無試験の推薦枠で入学した。

受験の苦労とは縁がなかったこともあって、学力はほかの高校から試験を受けて入学してくる生徒に比べれば劣っていた。

これじゃ、ついていけねえな――。

入学してすぐに気づいた。

周囲には京都大学や大阪大学、神戸《こうべ》大学など名だたる国立大学を目指し、夢破れて滑り止めで同志社大学に入学した学生たちも多かった。

猛烈に勉強して入学してきた学生と系列校上がりで遊びほうけてきた私とでは、おのずと天と地の学力の差があった。当たり前である。

当然、私は大学に入学すると、ほとんど講義を受けに行くことはなかった。

いちおうかたちとして大学には行く。だが、顔を出す程度のもので、午前中はマージャン。午後はぷらぷらっとお寺に行くなど京都市内を散歩した。

もちろん恋人もいた。

恋人は京都大学の病院で働いていた。広島大学医学部の看護学科を出た彼女は賢いだけでなく献身的な面も持ち、白衣を纏《まと》った天使であった。

私は彼女と河原町《かわらまち》で出会い、仲よくなり、つきあっていた。彼女を連れてデートもした。鴨川《かもがわ》沿いを二人で歩いたことも覚えている。いま思えば、なんとも気楽なものだった。

だが、夜だけは空手道場に通うことを忘れなかった。その甲斐もあって、大学在学中に二段になった。

学生運動のさかんな時代だったが、私はまったく興味がなかった。いわゆるノンポリ学生だったので、学生運動を熱心にしている連中のことを「バカだな」と思っていた。

いま考えると、やはり枚方の大地主の家に生まれているから恵まれていたんだ。

カネもあるから好きなことはなんでもできた。松浦家が持っている不動産の家賃収入は私が管理していたから、好きに使えるカネもそれなりに大きかった。

父親はそういうことには興味を持たず、どこに家があるとか、どこの家賃が月額いくらだとか、そういうことにはいっさい関心がない。

管理しているのは母親で、私は母親から頼まれ、子どもながらに家賃の取り立てに行っていた。家賃を取り立てると、そこからお駄賃としてこづかいをもらった。その残りを母親に渡すから、つねに現金を持っていた。

だから明らかにほかの子どもたちより羽振りがいい。映画館に行くにしても、母親が東宝《とうほう》や松竹《しょうちく》など当時の五大映画会社の株主になっていたから、いつも、どこの劇場でも優待券を持っていた。

友だちや女の子を誘えば、みんながついてくるから、みんなの分も出してやっていた。

しかも、いい席で見られるわけだ。そういう意味では、早くから金銭感覚を養ったり、遊び方を知ったりすることができた。

それだけカネがあるんだから、社会の矛盾などには気づかないし、学生運動には興味を持てなかった。

やはり勉強もあまりしていないから、社会についても世の中の動きについても何も考えない。冬になれば長野に一カ月ほどスキーに行って遊んでいたくらいだ。いわゆる放蕩《ほうとう》三昧だった。

私が二十歳を過ぎたばかりのとき、恋人とのあいだに子どもができた。

私は真面目に将来を考えていた。

大学を卒業したら籍を入れよう――。

そうは思っていたが、子どもはどんどん母親の腹のなかで大きくなっていく。

そのうちに彼女に惚《ほ》れている男がいるという話を耳にした。その男が「どうしても私に会いたい」と連絡をしてきた。

私は河原町の喫茶店でその男に会った。

男は会うなり頼み込んできた。

「なんとか俺に彼女を譲ってくれないか……」

私は、「よし、わかった。そこまで言うなら、彼女を幸せにしてやってくれ」と応じることにした。

彼女を譲ってほしいと申し出てきたその男は京都の商売人で、身元もしっかりしていた。

俺のような波瀾万丈《はらんばんじょう》な生き方を好む男より、彼女にはこの男のほうがいいのかもしれないな――。

そう思い、私は男に応じることにした。

彼女と私とのあいだにでき、生まれてきた子どもは男の子だった。私には現在六十四人の子どもがいるが、このときの男の子が初めての子どもだった。

なお、その男は現在では立派に商売をやっている。そのときの私の選択は決して悪いものではなかったのだろう。

そのころ、神戸の下町、長田《ながた》の国道沿いに「神戸デパート」ができた。周辺の大正筋《たいしょうすじ》、六間道《ろっけんみち》などの商店街とともに「西の商都」として小規模な店舗が軒を連ね、たいそうにぎわっていた。

私はその一階にある二十坪の売り場を任されることになった。

大阪に寺内《てらうち》という日本でいちばん大きいアクセサリー問屋があり、全国にアクセサリーを卸していた。

その寺内社長と懇意になった。寺内社長を紹介してきたのは大浦《おおうら》布団店を経営していた大浦で、私はもともと大浦と親しかった。

寺内社長は大学三年生の私に頼んできた。

「この場所だったら絶対成功するはず。全商品をうちから卸すから、お店をやってください」

寺内から商品が卸され、商品ケースひとつごとに派遣されてきた若い二十歳ぐらいの店員が立って接客した。

私はその店のオーナーになった。

アクセサリー店の商売は好調だった。私の手取りはかなりあった。「神戸デパート」の一階の入り口のいちばんいい場所だったため、たいした商品を置いていないにもかかわらず、とにかく飛ぶように売れた。毎月入ってくる収入は私の懐を潤した。大学生としては十分な収入で、私の羽振りはよかった。

私はその店を昭子《あきこ》という女性に任せていた。彼女はバラのように華やかな女性だった。私は彼女に惚れ込んだこともあり、ほかの女性店員には手を出さなかった。

だが、向かいにある化粧品店の女性といい仲になり、それが昭子にバレて、昭子からひどい目にあわされたこともあった。

第二章

経営者・松浦良右

父親の死

私は一九六三（昭和三十八）年九月、同志社大学法学部を卒業した。

普通は三月に卒業だが、単位が足りないために卒業が九月に延びてしまった。

卒業の翌々年の一九六五（昭和四十）年、当時つきあっていた昭子に子どもができた。それがきっかけになって結婚した。

卒業する一年前の大学四年のときから浪速《なにわ》冷凍機工業に就職した。

当時、父の正一が担保提供を保証している物権があった。正一は朝日ビルディング時代、人に頼まれて七つほどの会社の保証をしていた。そのため財産を担保に入れていた。三社に担保が入っていた。

その三社のうちで父の正一と最もかかわりが深く、さらに最も業績が悪かったのが朝日ビルディング内に本社を置いていた浪速冷凍機工業だった。

私は入社するにあたって、ひとつの思いを抱えていた。

父親を苦しめた悪い社員たちを退治したい。自分が父親の仇《かたき》を取らなければならない。無責任な経営陣を追い出してこの会社を自分が立て直してやる――。

私が浪速冷凍機工業に入社してまもなく、父親の正一に胃癌《いがん》が発見された。

それから一年後の一九六三年十二月二日、父は亡くなった。

私が一所懸命に生きるようになるのは父親が亡くなった翌日だった。私が二十二歳のときの十二月三日だ。

そのときに初めて覚悟を決めた。

今日から俺がすべて松浦家の面倒を見るんだ。何がなんでもやってやるぞ――。

まだ若かったが、そう言って自分を奮い立たせた。それまで裕福な家で何ひとつ苦労なく育ってきた自分が人生に向き合い、真剣になった瞬間であった。

私は次男だったが、それまで松浦家がたくさん所有する不動産の家賃収入をはじめ、一家の財産の金銭管理をしていたのは四人兄弟のなかで私だけだった。

なぜか子どものころから私だけがそれを担当させられた。兄も姉も学業の成績は優秀だったが、そういうことには携わってはいなかった。

すでに兄は大和證券に就職して大阪市内に住み、独立していたこともあって、自分がやるしかないと決めた。

私が松浦家のいっさいを取り仕切ることについては周囲も自然に受け入れていた。というより、それが当然だった。

弟もすでに東京の亜細亜《あじあ》大学に進学していた。だから私は弟の学費の世話をして「母親の生活の世話をするぞ」と若いなりに気負っていた。

父親は人がよく、面倒見がよかったので、多くの会社の相談に乗り、結果的に資金繰りが厳しい会社のためにみずから出資していた。

私が入社した浪速冷凍機工業もそのひとつだが、日新興業《にっしん》、旭硝子《あさひガラス》をはじめ複数の会社に出資していた。

そのなかでいちばん経営が厳しかったのが浪速冷凍機工業。だから私はそこを再建するために入社していた。

浪速冷凍機工業は当時、わが家の財産を担保にして金融機関をはじめとする各方面から融資を受けていた。そのため、もし浪速冷凍機工業が倒産したり、資金を返済できなかったりした場合は、松浦家が所有する不動産が差し押さえられる可能性があった。さすがに母屋は入っていなかったが、このまま経営状況が悪化したままだと母屋まで担保となる可能性があった。

その部分を片づけることができれば家を守ることができると私は必死になった。しばらくしてから浪速冷凍機工業の再建に取り組むようになり、兄に大和證券を退職して浪速冷凍機工業の社長になってくれるように頼んだ。

兄は勉強もできたし、私より社会人経験は豊富だった。経理や管理、総務など私があまり得意ではない分野は兄に担当してもらうほうがいいと思ったのだ。

当時の浪速冷凍機工業の経営は歪《いびつ》だった。

私は会社を立て直して父親の担保を抜くことを目標にした。

私は会社の財産整理にあたった。普通なら銀行にみんな押さえられてしまうが、業績をよくして借金を返すことを目指した。

浪速冷凍機工業は主に冷凍機を売る会社で、船舶空調専門の会社だった。

船舶のなかには船員が食べるための食料を貯《た》める冷蔵庫と船の換気のための設備が必要だ。浪速冷凍機工業ではその二つの製作を造船所から請け負っていた。

私の入社当時はまだ零細企業にすぎず、社員も三十人足らずだった。

私が入社した一九六三年の年商は一億五千万円。それに対して借金は二億三千万円もあり、その保証を父親がしていた。もちろん父親の財産が担保になっている。

私は社員たちに必死で働きかけた。

「業績を上げようやないか！」

私がまず就任したのは取締役営業本部長のポストだった。いきなり経営陣のひとりになったわけだ。

だが、それまで経営の勉強などいっさいしたことはない。アクセサリー店のオーナーをしていたとはいえ、社会人としての経験は乏しく、電話の受け答えすらまともにできなかった。

だが、商売を成功させるために必要な単純な発想は持っていた。すでにアクセサリー店の経営でその感覚は養われていた。

利益を出すには安く仕入れて取引先に高く売ればいいんだ――。

小さい企業とはいえ、浪速冷凍機工業は日本中の造船所とつきあいがあった。一つひとつの冷凍機の単価こそ少額だが、それでも売値を上げることにした。

私は日本中の造船所に出す見積もりについて社内に指示した。

「一〇％ほど価格を上げなさい」

販売価格を上げる一方で、ダイキン工業から仕入れていた製品についても価格交渉をすることにした。

私はダイキン工業の担当者のところに行って頼んだ。

「仕入れ値を少し下げてくれないか」

担当者も努力して仕入れ値の値下げ交渉に応じてくれた。

それまで浪速冷凍機工業の営業はそのような努力すらいっさいしていなかった。

「安く買って、高く売る」

私はその方針を社内に徹底させることに短期間で成功した。この方針によって、それまであった赤字は徐々に減っていくことになる。

当時の浪速冷凍機工業はかつて朝日新聞社の論説委員を務めていた新聞記者出身の文化人のよ

うな人物が経営をしていた。経営なんてわかるはずがなかった。

父親の正一が会社の債務を保証していたこともあり、父親の財産を食ってやろうとたくらむ人たちも会社に群がっていた。

会社の状況がよくないのに日本フィギュアスケート連盟の本部も兼ねて連盟の運営を資金面で見ていた。

当時の日本フィギュアスケート連盟の会長の田山秀士《たやましゅうじ》は私の父親の知り合いで浪速冷凍機工業の専務だった。

父親は学生時代は陸上競技に打ち込んでいたが、満州ではスケートもやっていた。その関係で田山と知り合い、資金面での面倒を見ていたようだった。それでスケート連盟の本部を浪速冷凍機工業に置かせてやっていた。

会社には浪速冷凍機工業だけでなく、スケート連盟の看板まで掲げてあった。

最初は「なんで看板が二つもあるんだ」と不思議に思っていたが、専務の田山がスケート連盟の会長をしていたからだった。浅田真央《あさだまお》のコーチをやっていた佐藤信夫《さとうのぶお》も選手時代にはチョロチョロしていた。

それと、女優のいしだあゆみの姉の石田治子《いしだはるこ》もフィギュアスケートの選手だったから、浪速冷凍機工業に出入りしていたのを覚えている。

「なぜ、スケートの選手がうちに来るんだろう?」と思っていたが、そのスケートの費用も、うちの会社がスポンサーとして負担していたわけだ。

父親は芸術家やスポーツ選手の面倒を見るのが好きだった。若い画家をフランスに留学させたりもしていたくらいだ。

すでに松浦家の経済事情が火の車なのに他人の世話ばかりしていた。会社のカネは出ていくだけで何もいいことはなかった。

田山は毎晩、会社で酒を飲むことが日課になっていた。

私にとっては会社に巣くう癌《がん》にしか見えなかった。

あるとき、堪忍袋の緒が切れた私は田山に迫った。

「おまえなあ、会社でスケート連盟の仕事をしたうえに酒まで毎晩飲んでいるのでは会社がよくなることはないぞ」

私は田山に引導を渡した。

「辞めてスケート一本に専念しなさい」

田山が経営から退いたあと、私は当時、大和證券に勤めていた長兄の幸作を呼び寄せた。

「兄貴、社長をやってくれ」

こうして幸作が浪速冷凍機工業社長の椅子に座った。私はそれまでどおり、取締役営業本部長のポジションにとどまることにした。

兄の幸作は私より三歳年上の一九三八（昭和十三）年三月の生まれだ。国立大学である滋賀大学を卒業した秀才で、私とは正反対の勉強家だった。大学卒業後は大和證券に入社して東京で働いていた。いわばエリートで性格も明るく、人当たりも悪くなかった。

私は社長業は兄に任せて販売と仕入れの部門に力を入れることにした。

のちには末弟の幸男も大学を卒業したのち、浪速冷凍機工業に入社する。幸男は一九四三（昭和十八）年十一月生まれで、私より三歳若かった。

松浦家の三兄弟で浪速冷凍機工業を立て直すことになったのである。

三兄弟での再建

こうして浪速冷凍機工業は朝日ビルディング一階にあった住友銀行中之島支店の経営指導を受けながら急成長を遂げていく。

最初は船舶の空調を専門としていたが、アタカ工業と業務提携してからは水処理にも進出した。その後、陸上の空調部門にも進出を図った。

兄弟間の役割分担もうまくいっていた。バランス感覚と予見性に秀でた兄の幸作。バイタリティがあり、とにかく行動的な私。おとなしい性格ながら、まとめ役で留守役を務めてくれた末弟の幸男。業務は船舶を幸作、陸上を私、事務面のすべてを幸男が担当した。三兄弟での分業がスムーズにいった。

一方、私は二十三歳のときに理髪店で頭を剃《そ》って坊主頭となった。私は自分なりの独自のスタイルを持ちたかった。

「坊主頭で目が鋭い」

私は自分を見る周囲が私のことをそのように見ることも計算に入れて坊主頭にしていた。

若い経営者が社員や取引先など周囲からナメられたらいかん――。

元ヤクザを秘書に

そのころ、神戸では本多仁介《ほんだじんすけ》率いるヤクザ、本多会が田岡一雄《たおかかずお》率いる三代目山口組《やまぐちぐみ》と対立関係にあった。

いまでこそ本多会の存在を知る人は減ったが、当時は三代目山口組と並ぶ二大勢力であった。

本多会の幹部のひとりにジミー山崎《やまざき》がいた。そのジミー山崎が拳銃輸入で捕まってしまった。

私はジミー山崎を知らなかった。そのころ、捕まったジミー山崎が保釈金を積んで拘置所から出る段階となり、しかるべき身元引受人が必要になった。私はその段階でジミー山崎の存在を知らされることになる。

ある知人に頼まれた。

「ジミー山崎を保釈してあげたい。悪いけれど、ジミー山崎の保証人になってくれないか」

私は条件をつけた。

「保証人にはなる。ただし条件がある。ジミー山崎が本多会を辞めるならだぞ」

ジミー山崎は拘置所から出ると条件どおり本多会を離れてカタギとなった。そして私の秘書になった。ジミー山崎が四十歳のときだった。

ジミー山崎は明らかにカタギとは思えない風貌をしていた。風体は明らかにヤクザっぽい男だった。

何十年ものあいだ、本多会の幹部をやっていたのだから、そう簡単にヤクザの雰囲気は抜け切らない。背はそれほど高くはないが、でっぷりして、貫禄《かんろく》のある男だった。端正な顔立ちをしていた。

私はジミー山崎のことをいたく気に入った。私の身の回りすべての面倒を見てくれる。外に出るときは私の横にピタリと用心棒のようにくっついて歩く。

私は次第にジミー山崎がいないと不自由すら感じるようになってきた。ジミー山崎は神戸市の中心繁華街である三宮《さんのみや》の顔でもあった。

そうしているうちに、私はジミー山崎を紹介するために秘書の肩書を与えた。秘書としての名刺までつくった。会社にも堂々と出入りするようになってきた。

ジミー山崎が私のそばに四六時中いたことから、私自身がヤクザ関係者と認識されるようになっていった。いつしか気づくとヤクザ経営者といわれるまでになっていた。

ジミー山崎はヤクザを辞めて完全なカタギになってはいた。だが、もとは根っからのヤクザだ。カタギにも見える面もあるにはあるが、場面場面ではその筋の匂いを思いっ切り醸し出す。

私は元ヤクザとしてのパワーをジミー山崎に求めて利用したことは一度としてなかった。だが、私なりの計算はあった。

剃った頭と鋭い目をした自分がジミー山崎を側近として置いているということで、人々が自分のことをどう解釈するか――。

私自身のことを危ない系統の人間、ヤクザ系の経営者と捉えている人がいることとくらいは十分承知していた。むしろ、そう見られたほうがいいとさえ思ったくらいだ。

私もまだ若かった。しかも社員を抑えなければいけない。社員は自分より年配の人も多い。ナメられるわけにはいかなかった。

大学では優等生だったわけではない。私にはいわゆる一般社会で通用する力がまだなかった。

私は信じていた。

頼りになるのは己の行動力、突進力だけだ。自分の力を目に見えるかたちで周囲に見せなければいけない。社員に対する命令や取引先との交渉をうまく成功させるには、それが必要だ――。

まだ若造の私を見て、「なんでこんな若い経営者の言うことを聞かなきゃならないんだ」と思った者もいたはずだ。

そんな相手には相手を威圧するだけの力や姿勢を見せるしかない。

俺をナメたらあかん――。

相手と力と力でのぶつかり合い、それが私にとっての交渉だった。

だからこそ、そのときに力がプラスとなるような姿を自分自身でつくりたかった。私自身を、そして私を取り囲む周囲の者すべてまで、私が年配に見られるように工夫した。

そのひとつの装置がジミー山崎であった。ジミー山崎を秘書として傍らに寄り添わせておくことで、私には自然と親分の雰囲気が備わっていった。

まだ若さあふれる私は何をするにもエネルギーに満ちあふれていた。

食欲も旺盛だった。カレーライスなら三杯くらい平気で食べていた。

血判の儀式

一九六五（昭和四十）年八月三十一日。私は二十五歳になる誕生日を迎えた。この日、私の脳裏に不安がよぎった。

こんな生活を続けていたら、来年はどうなるのか――。

私は決意した。

生活を変えなければならない。よし！　明日から遊び歩くことをいっさいやめる。真剣に仕事に取り組む――。

一大決心をし、生活態度を改めることにした。ちょうど夏の暑い盛りが過ぎ、夏バテの疲れもたまり、気が抜けそうな時期だった。

すでに私は浪速冷凍機工業を再建し、少数精鋭の会社にすることに成功していた。社員たちも以前のように怠けることはなくなっていた。むしろ遊んではいられない、さぼってなどいられない、緊張感あふれる職場環境をつくりあげていた。

そのひとつの表現方法として恐怖政治を敷くことにした。私は社員に言い渡した。

「明日の朝、みんな集まってくれ！」

九月一日早朝、このときに百五十人ほどいた社員たちを全員、会議室に集めた。

私は彼らを前に演説をした。

「やる気のないやつは足手まといだ。この際、さっさと会社を辞めて出ていけ！　残った人間は、いまかぎり死んだ気で働け！」

机の上には売上目標の達成金額を墨で書いた宣誓状が広げられていた。畳一枚ほどの大きな紙である。

私は愛蔵の日本刀コレクションのなかから名刀として名高い関《せき》の孫六《まごろく》を取り出して鞘《さや》を払った。刃の真ん中を手拭いで包み、右手に握った。

そして宣誓状の上に自分の左腕を置き、握った関の孫六を気合いで一気に左の前腕に突き刺した。私は、みずからの左腕を犠牲にすることで、みずからのやる気を社員たちに見せつけたので

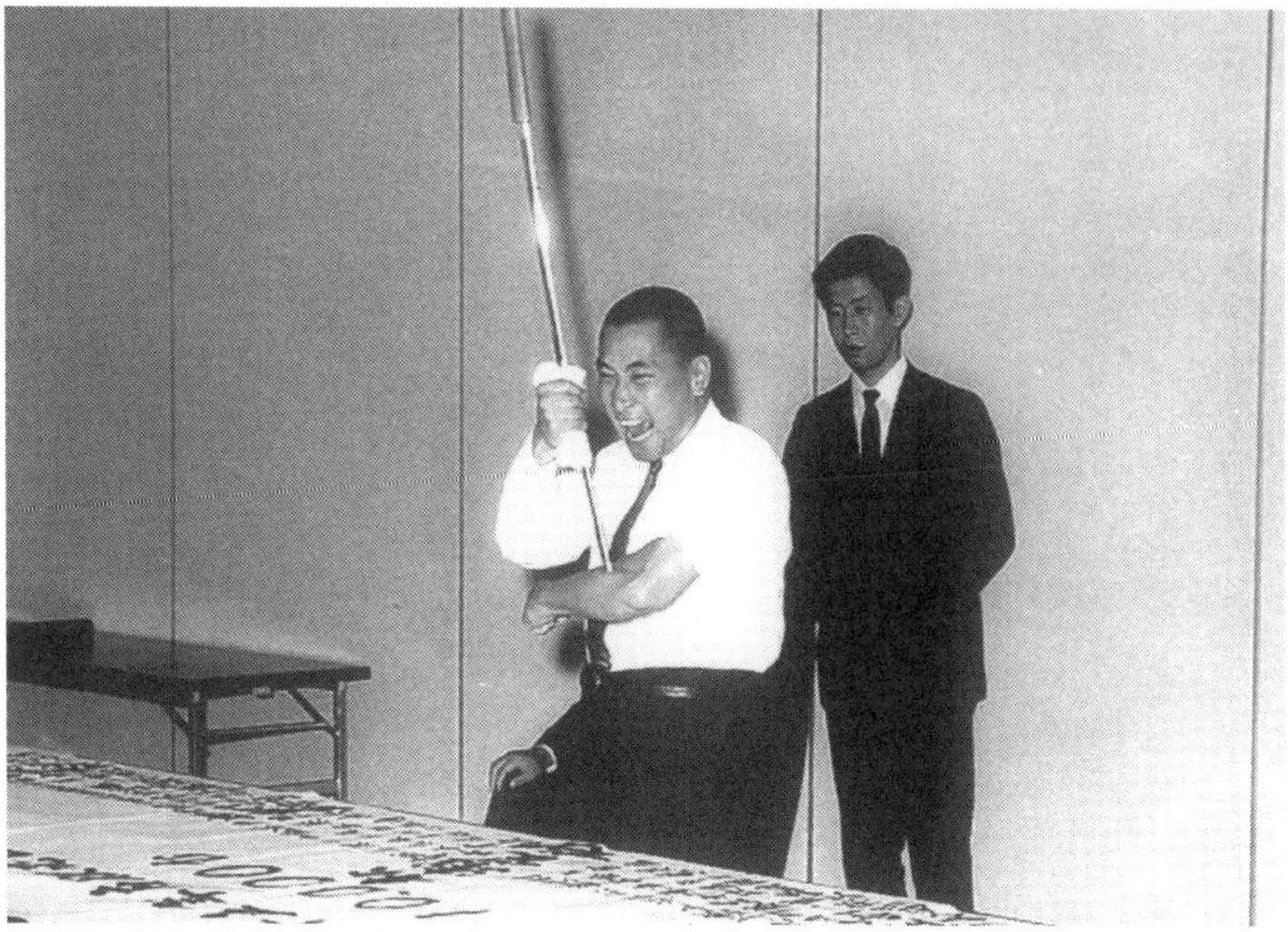
宣誓状に血判を押すために日本刀を腕に突き刺す筆者（左）

ある。

刃先が左腕を貫通して刃先が見えるくらいまで深く刺した。私は腕を一本落としてもいいくらいの覚悟だった。

その突き刺した刀を引き抜いた。だが、左腕から血はすぐに湧き出てこない。

十五秒、十六秒――。

静かに時間は流れ、腕の力が抜けると同時にじんわり血がにじみ出し、それからドッと噴き出した。

私は傷口から湧き出す血を右の手のひらに塗りたくって、手形の血判を宣誓状の中央に刻印した。

私は私の様子に怯んでいる社員たちを見据えて咆哮《ほうこう》した。

「わが血が流れるのと同じ気持ちで目標達成を心に誓え！」

血判状には社員全員の署名を墨で書かせた。

普通の男ならすぐに入院しなければいけない状態だったが、私は病院に行くことはなかった。自分で血を搾って止血し、傷にはメンソレータムをべったり塗った。そして蝋燭《ろうそく》で傷口を焼いた。

これを契機に浪速冷凍機工業では毎年九月一日の「血判の儀式」が恒例行事となった。

当時から五十年以上が経《た》っているが、私の左腕には現在も刀を突き刺した傷跡がはっきり残っている。

三回目となる一九六八（昭和四十三）年の「血判の儀式」では、とうとう骨が砕けてしまった。私の左腕の指は当然、動かなくなってしまった。この様子を目の当たりにすると、社員はそのあまりの怖さに、逆に会社を辞めることができなくなってしまった。

「俺もやるから、おまえたちもやれ」

そのおかげもあり、一致団結した火の玉闘争集団ができあがった。

日本人の気骨、質実剛健を蘇《よみがえ》らせなければいけない。わが血判のごとく、全社員が一丸となる。

そう思わんもんは同志やない――。

私は主義主張が同一であることも社員たちに要求した。

私が入社する前、会社には不正が蔓延《まんえん》していた。だからこそ、私は悪い社員に対して暴力も辞さなかった。殴りつけた社員もいた。いってみれば大きな外科的手術だった。

内科的な治療方法では時間が足りない。外科的に一気に膿《うみ》を取り出してやろう――。

私は外科的手術を行った。

そのおかげで会社は新陳代謝がよくなって新旧の入れ替えも加速した。

一年で社員が五十人辞めることはザラだった。だが、入れ替わりに七十人が入社する。その繰り返しだった。辞めるといっても長く勤めた社員が辞めるわけではない。入社してきた社員がすぐに辞めるケースが多かった。

私は入社を希望する人材をいったん会社に入れてから徹底的にセールスの特訓をした。私の特訓についてこられない人間は一週間持つか持たないかで自然と淘汰《とうた》されていく。一気にふるい落としにかかるのだ。仮に七十人が入ったとしても結局、残るのは十人ほど。私はそれでよかった。やる気のない社員はいらない、一騎当千の社員が残ればそれでいいと思っていた。

デモンストレーションを行って実戦テストで落ちる人間は早く落ちていけばいい。実戦をやらせることで、その人間が真の厳しさに耐えられるのか、それとも耐えられない人間なのかを判断する。耐えられない人間には自主的に辞表を出して辞めていってもらう。その作業を経ることで本物の優秀な人材だけが残るようになった。それでも労働問題などのトラブルが起きることは一回もなかった。

もちろん女子社員もいた。私が浪速冷凍機工業を辞めるまで延べ千人くらいの女子社員が勤めていたはずだ。

だが、私が浪速冷凍機工業の女子社員に手をつけたことはひとりとしてなかった。

正直、心のなかでは思ったこともある。

とびきりいい女が入ったな。一度でいい。抱いてやろうか――。

だが、私は想像だけで思いとどめた。実際に私が抱いたら大変な事態を招きかねない。

「いい女だ」と私が思うほどの女性ならば、ほかの社員もその女性を「いい女」だと思っているはず。立場のある私がみんなが狙っている女性を先頭を切って抱いてしまったら、社員たちの恨みを買ってしまうことになる。

絶対に手をつけたらいかん――。

私はみずからを強く戒めた。

私はその女性をあきらめて、代わりに社外の女性と交際するようにしていた。

辛抱するのは人の五倍、十倍辛抱する。そして喜ぶことは先に社員を喜ばす――。

私はこのことを徹底した。

その証拠にボーナスは気前よく支給した。それも夏冬だけでなく一年に四回も支給した。社員はつね日ごろ、私から怒られ、叱られ、むちゃくちゃに言われていた。

だが、ボーナスは四回も支給される。仕事のできる社員にはなるべく弾んでやった。成果主義と信賞必罰を徹底したのだ。

ほかの企業に比べれば、待遇は三倍も四倍もいい。だからこそ私の望む厳しさに社員たちもついてくることができ、我慢ができたのだった。

浪速冷凍機工業は劇的に変化していった。

私はセールスの現場にはむやみやたらとは顔を出さなかった。強面《こわもて》の風体もあり、客前には顔を出さないようにした。

だが、私は社員に自分の経営哲学を徹底的に叩き込んだ。

私は会社の自室で戦略を立てて社員たちを指揮し、号令を下す。よほど親しい相手でないかぎり、客の前には行かなかった。取引先とのつきあいも、専務や常務などの担当役員に全部任せていた。

私はなるべく優秀な人材をどんどん入社させるようにした。国立大学を卒業するような秀才も浪速冷凍機工業に入社させて育てていった。

私の営業方針はとにかく厳しかった。とことん安価で仕入れをさせて、とことん売値を高くすることだけを社員に言い聞かせ、徹底した。

そのおかげで相当の利幅が生まれた。

幸い高度成長期の時代に重なったこともあり、私が入社した年に年間の売上は一億五千万円だったが、右肩上がりで急成長していった。

一年後には倍の三億円台になり、その翌年にはさらにその倍の六億円台に乗った。次の年は十二億円。まさに倍々ゲームで売上は増えていった。

私が二十六歳になった一九六六（昭和四十一）年には、三十億円までに成長していた。わずか五年近くで十倍になったわけだ。

私には経営手腕があった。当然、借金はあっという間に消えて、浪速冷凍機工業は無借金経営の優良企業となった。

法改正が商機に

昭和四十年代に入ると浪速冷凍機工業にさらに大きな商機がやってきた。

一九六六（昭和四十一）年六月、ＩＬＯ（国際労働機関）は、すべての船の船内船員設備に関する条約を採択した。日本は批准しなかったが、時代の流れを受けて、日本でも乗組員である船員の労働環境を改善しなければいけない法律が整備された。船員の寝起きする部屋すべてに冷房機器を導入しなければならなくなったのだ。

浪速冷凍機工業はもともと造船会社を相手に冷蔵庫を販売していたので、さらに船舶に設置する冷房機器の製造を持ちかけられた。事業を拡大させるチャンスだった。

「冷房機器もつくってくれないか」

浪速冷凍機工業にすれば船舶向けに冷房機器を製造すること自体は難しいことではなかった。これまで他社がやっていなかっただけである。さらに船舶内での工事に関しては特殊なノウハウも有していた。

当時、一隻あたりの冷蔵庫は単価五百万円で販売していた。だが、一隻あたりの冷房機器の単価は桁が違った。三千万〜四千万円ほどであった。

これまで一隻あたり五百万円の注文が一気に四千万円前後になるわけで、八倍前後の売上増のチャンスであった。

さらに観光客を相手にする観光船もでき始めていた。いわゆるパッセンジャー・ボートだ。もちろん観光船の客室もすべて冷房を完備しなければいけない。

客船はすべてがホテルのようなものであり、客のための部屋もグレードアップが図られた。冷房を全客室に備えるとなると一隻三千万〜四千万円どころではなかった。観光船一隻の受注があれば数億円の売上が見込めた。

大阪を拠点に商売していた私には関西《かんさい》汽船という上客がいた。

関西汽船は別府《べっぷ》航路や四国航路を持ち、三十隻ほどの船舶を所有していた。この関西汽船の船すべての冷房を浪速冷凍機工業が請け負うことになった。船の冷房機器に関する技術を有していた企業は日本では浪速冷凍機工業ただ一社だけであり、実質独占状態だった。

そのころの日本は造船業が隆盛をきわめていた。全世界で一年間に製造される船の半分を日本の造船所が請け負っていた時代だ。

浪速冷凍機工業の船舶向けの冷房機器への需要はいくらでもあった。瞬く間に六千隻の船舶を扱うまでになっていた。

私には好き放題に商売ができる環境があった。好機をものにしたことによって会社の売上は伸びに伸びた。あっという間に年間百五十億円までに膨れ上がっていた。

建設会社や造船所から仕事をもらうというときに、どうすれば頭を下げずにもらえるかといえば、造船所が頭を下げる先と仲よくなることだった。そうすると、やはり船会社。造船所は営業で船会社に行ったら、「お願いします、うちで船をつくらせてください」と頭を下げている。

だから海運会社に行き、「船、つくりますか」と海運会社を接待していた。日本郵船《にっぽん》、関西汽船、三光《さんこう》汽船など、当時は多くの海運会社が隆盛をきわめていたので、仕事はいくらでもあった。

内紛と東京進出

一九六八（昭和四十三）年、浪速冷凍機工業は関西だけでなく東京にも進出した。まず東京支店を千代田《ちよだ》区神田《かんだ》錦町《にしきちょう》一丁目に開設した。

その後も好調に伸びる売上とともに日本国内、海外へとどんどん進出していくようになる。

そんな最中《さなか》、私のそばを片時も離れなかったジミー山崎が肝臓を患って亡くなった。ジミー山崎はもともと若いころから酒を飲むのが好きな男だった。それに加えて私の世話をするためにずっとついて回ったことも死去の要因になっていたのかもしれない。

私は相変わらず毎朝六時に出社することをやめずに仕事に精を出していた。午前五時に起きて六時には会社に出る。そして夜中の十二時くらいまで働いていた。とにかく会社の拡大のために走り回っていた。そんな私のハードな仕事ぶりにつきあったジミー山崎の死は一種の過労死のようなものだったのかもしれない。

一九七〇（昭和四十五）年、私が三十歳になったときには、浪速冷凍機工業は年間売上が百五十億円ほどの企業に成長していた。

マグロの冷凍技術が生きたのだった。昔、遠洋漁業に出るマグロ漁船は釣ったマグロをアンモニアで冷やしてアンモニアで凍らせていた。温度もマイナス十五度くらいの冷凍ものだけだった。その冷凍技術は時間をかけてゆっくりマイナス十五度くらいに冷やして冷凍し、日本に持って帰ってきて市場に出荷していた。ところがフレッシュな近海で獲れたマグロと食べ比べると、冷凍ものはとにかく臭く、鮮度がなかった。味が落ちるため、冷凍のマグロは商売にならなかった。

そこで私は浪速冷凍機工業の技術者と、メーカーのダイキン工業を組み合わせて冷凍機を開発した。

私たちはフレオンガス22を使った。一般はフレオン10だった。数字が多いほどガスが濃く、熱い。だから強く凍る。圧縮冷凍機になり、マイナス六十度の瞬間冷凍ができる。そこでマグロを氷のような硬さに冷凍することが可能となった。冷媒であり、蛍石からつくるフレオンガスが冷凍機のなかに入っている。私はフレオンガスを使った急速冷凍によってマイナス六十度まで一気に凍らせる冷凍機を開発した。これにより、フレッシュなマグロのまま冷凍する技術が生まれた。そのおかげでマグロは一年でも二年でも保存できるようになった。

浪速冷凍機工業はこの冷凍機を開発できたことでマグロ漁船用の冷蔵庫を売りに走った。浪速冷凍機工業と同じ朝日ビルディングにはアンモニアで冷やす冷凍庫を販売する日新興業も入居していたが、どちらが勝利するか、その結果は目に見えていた。

四百九十トンクラスの漁船一隻の売上は数億円にもなった。全国にマグロ漁船は数え切れないほど存在する。こうして私はマグロ漁船用の冷凍庫でもひと儲《もう》けすることに成功した。ただし現在ではフレオンガスがオゾン層を破壊するということで、私が売ったマグロ漁船用の冷蔵庫は販売禁止になっている。

私は世界中の船のほぼ半分に冷房機器と冷蔵庫を販売した。全世界の半分の船舶は日本の造船所でつくっていた時代だ。当時、造船業がさかんな国は日本とノルウェーとオランダだった。イギリスやシンガポールも造船業はあったが、それほどの規模ではなかった。

世界の船舶の二隻に一隻は浪速冷凍機工業の設備を備えていた。その分野ではトップシェアを持つほどにまで浪速冷凍機工業は成長することになった。

大阪府には大阪中小企業投資育成という制度があった。優良企業を育成するために大阪府が支援する制度で、融資を保証してくれるものだった。一九七〇年になると、浪速冷凍機工業はその指定企業に選ばれるほど有望な企業に発展していた。

浪速冷凍機工業は社名を「ナミレイ」に変えた。ナミレイがいちばん大きくなったときには七百五十人ほどの社員を抱えるほどまでの規模になっていた。

幹部にもしっかりしたいい人材がそろっていた。ドアのキーをつくる大島《おおしま》、厨房《ちゅうぼう》メーカーのワシオなど関連会社を入れると千五百人ほどの従業員を抱えていた。

また、ナミレイを巣立っていった社員たちはすべてが優秀な人材だった。ナミレイがなくなった現在、あちこちに散らばっているが、よく言われていた。

「ナミレイ出身者は、すごい」

たしかに、どこの企業に行っても、その会社のトップになっていた。

これも私の徹底した訓練によるものなのかもしれない。スパルタ教育、猛烈経営の基本的なものを身につけて、その結果が労働時間×能力に表れてくるのである。いくら働いても能力がなければ成果は表れてこない。私は「能力だけでいくらでもやれるんだ」と社員に叩き込んでいた。こうして能力を開発しながら、同時に働く意欲も高くなければならないということを徹底的に叩き込んでいた。

とにかく私自身が率先して働くことによって周囲に示して見せた。朝六時から夜中十二時までとことん働く。そして、あらゆることで社員全員に対してものを言った。

私は社員の顔色から何からすべて頭に入れた。すべてお見通しだった。歩き方ひとつ見ただけで、この社員はやる気があるのかないのか、全部見抜くことができた。

もし、ふらふら歩いている社員を見つけたら、即座に「おまえはクビだ！」と言いつけていた。

もちろん返事ひとつでも、やる気があるのかどうかがわかった。そのため、社員は朝から晩まで緊張の連続で気を抜く暇はなかっただろう。

時折、役員たちから「やりすぎじゃないか！」などと批判されることもあった。

私が指導するナミレイでは日本刀が突然出てきたり、私の手が飛んでの鉄拳制裁があったりするのは日常茶飯事だった。


一九七〇年、まだ三十代になったばかりの私は若く、気力も体力も満ちあふれていた。

すでに私の手元にはナミレイで儲けたカネが有り余るほどあった。

当時の現金にして二百億～三百億円にのぼる。現在の価値で一千億円以上にあたるだろう。

三十歳そこそこの年齢でこれほどの巨額な資金を動かせる人間は日本全国を見渡しても私以外に数人しか存在しなかったはずだ。

私は儲けたカネを元手に土地を買いまくり、株を買い占め、ナミレイとは離れたところでさらに利益を上げた。

ナミレイの急成長は私たち三兄弟の役割分担がうまくいっていたからこそだった。社員数は全国に七百五十人ほど。そのうち本社では百人くらいが働いていた。

事業内容も多岐にわたっていた。シンガポールや香港《ホンコン》といった海外に進出するだけなく、本業以外のほかの部門にもどんどん進出していった。土地・不動産、造園、海外事業、水処理、そして本業である船舶・陸上向けの空調設備の販売が五本柱となっていた。

ナミレイの社長だった兄の幸作もマスコミ向けに自信に満ちた言葉を発していた。企業経営がそれだけ波に乗っていたということなのだろう。

「日本では本業っていうんですか、従来のパターンの産業はダメだと判断して、僕はそれを海外でやろうと思いましてね。それで国内では新しいことをやろうということで、本業は脱日本で、国内では新規事業。いま流行《はや》り言葉のヘンシン経営というのを一昨年からやりまして、去年、決定的に変身をやったわけですね。つまり土地と造園、それと海外事業部と現在の水処理、それと本業。これがいま、五本の柱になっております。おかげで当たりまして、喜んでおります」

一九七一（昭和四十六）年、住友銀行調査役からナミレイ取締役に宮井秀夫《みやいひでお》が転出してきた。ナミレイは無借金、株主配当は十割、社員にボーナスを年に四回支給する優良企業であった。大阪府の優秀な中小企業を支援する投資育成会社にも認定されていた。それゆえ取引先の住友銀行から「ひとり、おたくで取ってくれないか」と頼まれて受け入れたのだった。

会社の経営が安定期に入ってきて住友銀行から役員が派遣されるようになると、私自身の存在が危険視されるようになってしまった。いつしか私たち三兄弟の結束にも乱れが生じ始めていた。

もともとナミレイは銀行からの融資を必要としない無借金経営の優良企業である。だから銀行からお目付役ともいえる人間を受け入れることはなかった。

銀行側もナミレイへの経営参加を目的としたわけではなく、住友グループの仕事をナミレイから受注するという営業拡大が目的だった。そのために宮井を送り込んできた。

あるとき、ナミレイの役員が宮井に「私はもうこれ以上、この会社にはいたくない」とこぼしたことがあったようだ。

ナミレイに来たばかりの宮井が質《ただ》すと、その役員はナミレイで毎年行われている九月一日の「血判の儀式」の件を語り始めた。

宮井はすぐに支店長を呼びつけて、「この会社はどういう会社なんだ？　問題じゃないか」と問題視し始めた。

私は宮井に面会し、誤解を解くために自分のこれまでの経営方針を伝えた。私自身は真剣そのもので、「命がけでやるぞ！」という姿勢を社員たちに示しているだけだったからだ。

だが、宮井は、私を敵視するようになっていき、兄と私のあいだの対立を煽《あお》るようになっていった。

宮井は周囲の者に言い回っていた。

「松浦良右は大変な男だ。あれでは会社経営者とは言えない。むちゃくちゃな狂人だ。俺は狂人にはついていかない。いずれ銀行も手を引くだろう」

たしかに、それまでにも私と兄のあいだには若干の対立はあった。だが、兄弟だから深刻化することはなく、いつの間にかすぐに元どおりの関係に戻っていた。

それと、もともと「ナミレイの真のオーナーは次男の私」だということは兄弟のあいだでも暗黙の了解があった。だが、経営が良好になればなるほど変化が生まれていた。

私がいなくても自分たちで経営できると考える者が増えていったのだ。

私からすればナミレイの経営のことなど無知にしか見えない宮井だったが、その宮井や兄の幸作寄りの取締役たちはそういう意識を持つようになっていき、いつしか一派を形成するようになっていった。

彼らは、もともと私にいろいろ言われるのをいやがっていた。私も彼らの意見に対して「うるさい、おまえ。黙っておけ。おまえらなんか出る幕ではない！」といつも一喝していた。

ナミレイの経営会議は、ある種、私のワンマンショーと化しているところはあった。

「今月はこういう方針で、このようにやる。何か異議はあるか？」

そう私が質問しても、そもそもビビっているから、異議なんか誰も口にできない。トンチンカンな意見なら私にすぐ殴られてしまう。取締役たちはただじっと黙って、時が過ぎるのを待つことしかできなかった。

ナミレイの経営の実権は社長である幸作から会長になっていた私の手に移っていた。人事権も同じだった。それまで兄の幸作が決めて私が承認していたが、次第に私が兄の知らないところで勝手に決めていた。私は完全なる独裁者となっていた。

反発の声が拡大するにつれて、私も来るべき「その日」が来ることをうすうす感じていた。そこで私は大学時代の友人など信頼できる人物を周辺に集め、その日に備え始めた。

とうとう宮井は兄の幸作や部長クラスを集めて私を追放するようにけしかけた。

そこで私は潔く決断した。

「おまえらがそう言うのなら、わかった。俺は手を引く。みなさんに迷惑をかけてはいかん」

一九七一年、私は大阪本社の仕事からは手を引き、本格的に東京に進出した。

東京をゼロから開拓してやろう——。

私は単身で東京に乗り込み、それまで支店があった千代田区神田錦町一丁目にある神田橋《かんだばし》第一ビルに詰め所をつくり、東京支社とした。身ひとつで、新しい土地で社員を採用し、東京支社として新体制をつくりあげることにした。

私は決意した。

東京と関西と実力での勝負だ。俺は東京で一からやり直す——。

それから二年後の一九七三(昭和四十八)年、東京支社はとうとう大阪本社以上の利益を上げることになった。

私は東京でも成功を収めた。

私は兄の幸作に言った。

「兄貴、俺が勝ったな」

幸作は敗北を認め、大阪本社の経営を私の手に委ねることにした。

このとき、私は幸作派をつくりあげた宮井をクビにした。

「おまえは俺を東京に追放したな。おまえはクビだ」

クビにされた宮井はクビにされた腹いせに周囲に言いふらして回った。

「社内対立に巻き込まれて仕事がやりにくくなり、とうとう追い出されてしまった。私に来てほしいと頼んでおきながら追い出すとは……。ナミレイは汚い、けしからん会社だ！」

私は宮井ただひとりをクビにすることだけでは腹の虫が治まらなかった。一派として群れをなした宮井の息のかかった役員たちもクビにした。

一九七三（昭和四十八）年、日本は第一次オイルショックに見舞われていた。そのとき、ナミレイは八百人の社員を抱えていた。この年の年末が迫るなか、私は考えあぐねていた。

いまのような状態が続けば、うちの会社に正月はやってこないかもしれないな——。

それほどまでに追い詰められていた。

どうしてくれようか——。

年末も押し迫ったある日、私は国鉄の東北本線《とうほく》に乗っていた。郡山《こおりやま》で乗り換えて福島県会津《あいづ》若松《わかまつ》市に向かった。

ナミレイは農協の水処理事業も受注していたが、私はその売掛金の取り立ての話し合いをするために会津若松のホテルに宿泊した。ホテルの部屋で私はナミレイの先行きを考えた。

よし！　正月が過ぎたら社員が会社に出てくる。その前に、いまいる社員を一気に半分にしてしまうしかないな——。

そうと決めると、さっそく人物の選定に入った。

こいつとこいつはダメだ——。

辞めさせる人物を選定し、あっという間にそれまでの社員を半分する構想ができあがった。できの悪い社員のなかでもひと癖もふた癖もあって不正をする人間を選んだ。

もちろん効率が悪い、能力が低いということは、やる気がないということでもある。私はそれだけ苦渋の選択を迫られていた。

と同時に、私自身が買い歩いた土地も資金捻出のために処分することにした。日本の経済の先行きを案じてのことだった。

私は未来を予測した。

おそらくオイルショックのあと、日本経済は一時的に縮小するだろう。そうすると売上、利益もこれまでとは変わってくる。だったら拡大していたものを一度縮小してしまおう。もたもたしているとよくない――。

私が所有していた土地の価格はまだ上り調子にあった。だが、私は決断した。

沖縄に持っていた二百万坪ほどの土地は、そのうちの半分の百万坪ほどを売却した。だが、それ以外に保有していた土地の借り入れも残ってもいた。

私は一気に処理することを決めた。東京に帰ってきてから社員名簿を見つめ、大阪の社員も整理するように指示を出した。こうして、一気にけりをつけたのだった。

年が明け、正月が過ぎ、社員が挨拶にやってくる。

「おめでとうございます」

新年の挨拶を受けながら、私は辞めさせる社員を順番に呼んだ。いまでいうリストラだ。

「おまえは、来週から来なくてもいい」

なかには「惜しいな」と思う人材もいた。だが、断腸の思いで社員のクビをどんどん切った。

八百人の社員を一気に半分の四百人にまで切り落とした。社員たちは当然、驚いていた。

だが、その判断があったおかげで、ナミレイは生き残ることができた。

第三章

フィクサー人生の始まり

後藤田正晴との出会い

ナミレイの経営で成功を収めるだけでなく、私は政界との縁も深めていく。

一九七四（昭和四十九）年、私は政界とのつながりを強めていった。きっかけは私と親交があった大平光洋《おおひらみつひろ》だった。

当時の大平は四十歳を過ぎて、それまで勤めていたゼネラル石油（現・東燃《とうねん》ゼネラル石油）を退職し、永田町《ながたちょう》の議員会館裏にある十全《じゅうぜん》ビル五階に事務所を開いた。

大平はゼネラル石油の株主総会などを担当する総務部に二十代のころから在籍していた。さらに企画、開発、渉外などの関係も担当していた。総務部勤務のため、右翼の大立て者であった児《こ》玉誉士夫《だまよしお》をはじめとする、きな臭い世界の人物とのつきあいもあった。

永田町に事務所を構えた大平はフィクサー的な役割を果たしていくようになる。

大平の事務所の費用は私が払っていた。なお、その事務所は「読売《よみうり》新聞」の論説委員などをしていた政治評論家の宮崎吉政《みやざきよしまさ》も使っていた。

その十全ビルの七階に偶然、後藤田正晴《ごとうだまさはる》も事務所を借りていた。これを縁に、私は後藤田と深い関係になっていく。

後藤田はのちに「カミソリ後藤田」「日本のジョゼフ・フーシェ」などの異名を取るが、このときは国政を目指す浪人であった。

後藤田は一九一四（大正三）年八月九日、徳島県麻植《おえ》郡東山村《ひがしやまそん》（現・吉野川《よしのがわ》市美郷《みさと》）に生まれた。一九三九（昭和十四）年に東京帝大法学部を卒業すると内務省に入省。一九六九（昭和四十四）年、警察庁長官に就任。長官時代は、よど号ハイジャック事件をはじめ、過激派によるテロやハイジャック、あさま山荘事件、土田《つちだ》・日石《にっせき》・ピース缶爆弾事件などの対応に追われた。一九七二（昭和四十七）年、後藤田は警察庁長官を辞任し、この年の七月に田中角栄《たなかかくえい》内閣の事務の内閣官房副長官に就任した。

田中の懐刀として辣腕を振るった後藤田は一九七四年七月、政界に進出すべく、郷里の徳島県から参院選に立候補した。このとき、徳島県選挙区には、現職の候補者として田中内閣の副総理だった三木武夫《みきたけお》の城代家老といわれた久次米健太郎《くじめけんたろう》がいた。

後藤田は田中の後押しを受けて現職の久次米を追いやるかたちで国政に進出しようとしたのだ。この選挙は自民党で一派をそれぞれ率いる田中と三木の代理戦争ともいえた。

どちらが自民党の公認を得るのかでも大いにもめた。調整の結果、後藤田が公認を得たが、これには三木が猛反発した。

のちに三木は総理になったときに「反田中」「反金権政治」を標榜《ひょうぼう》し、田中に対して強い姿勢を示したが、後藤田の強引な擁立はその伏線にもなった。

田中の対応に不満を持った三木は参院選後に副総理を辞任し、田中政権自体が不安定化していった。

この選挙は派閥抗争が徳島に飛び火した構図となり、「三角《さんかく》代理戦争」「阿波《あわ》戦争」などと呼ばれ、全国的にも注目を浴びることになる。

選挙戦は当初、後藤田に有利と見られた。だが、結果は久次米の十九万六千二百十票に対して、後藤田は十五万三千三百八十八票しか獲得できず、敗北した。保守を二分する熾烈《しれつ》な戦いに後藤田は負けてしまい、さらに陣営からは多くの選挙違反による逮捕者を出して、みずからの輝かしい経歴に大きく傷をつける結果となった。

強力な後ろ盾であった田中も金脈問題を報じられたことをきっかけに、参院選からわずか四カ月後の一九七四年十一月に総理を辞任した。

後藤田にとっては悪いことが続いた。

田中の後継として総理総裁に選ばれたのは選挙戦を通じて政敵となった三木だった。後藤田にとっては雌伏を余儀なくされる状況が続いていた。

当時の後藤田は金銭面で苦しんでいたが、私は経済的に最も成功を収めていた時期だった。

偶然にすぎないが、同じビルという間柄から、私のところに後藤田から相談事が舞い込むようになっていった。

私と以前から親しくしていた衆議院議員の毛利《もうり》松平《まつへい》が後藤田の知り合いで、あるとき、紹介してきた。

愛媛県選出の衆議院議員だった毛利はすでに亡くなっているが、柔道七段、空手五段、合気道は免許皆伝と政界随一の武道の達人であり、戦後の東京で民族活動に明け暮れていた大山倍達《おおやまますたつ》と知り合い、国際空手道連盟極真会館の設立に貢献し、副会長や会長を務めている。

その毛利が後藤田を私のところまで連れてきたのである。

後藤田は最初は私を見て、「わけのわからない男だが、まあいいだろう」などと思ったようだった。

それ以来、後藤田からちょくちょく相談が持ち込まれるようになった。

選挙違反のあと、経済的にも苦しんでいた後藤田は私に経済的な支援を申し入れた。政治にはカネがかかる。

参院選に敗れた後藤田は次の衆院選に徳島から出馬しようと再起を図っていた。

後藤田にはカネがなかった。もちろん田中や、日本《にほん》電建や国際興業を経営する小佐野賢治《おさのけんじ》が後ろ盾としていくらかの援助はしているようだった。後藤田にとっての最初の選挙では田中が資金を提供していた。小佐野はその後の選挙から資金を提供するようになっていく。

それ以外にも、のちのち後藤田が政界の階段を上がっていくにつれて、旧制水戸《みと》高校の先輩である三井不動産の江戸英雄《えどひでお》社長らが選挙資金を出資するようにはなっていくが、参院選に敗れ、元警察庁長官といえども一介の素浪人にすぎない後藤田に豊富な資金を提供してくれる経済人は少なかった。

参院選で陣営から多くの選挙違反者を出したこともあり、後藤田は多額の弁護費用を必要としていた。

そのときに私の関係する弁護士が応援に入った。弁護費用も必要だから、それも見てやった。当時、すでに、のちに結成する法曹政治連盟の前身の法曹研究会があった。

私は後藤田に「何が必要なんだ？　言ってみろ」と聞くと、後藤田は親指と人差し指で丸をつくって言った。

「コレ（カネ）がいる」

それから後藤田とのつきあいが始まっていく。後藤田は私とは二十六歳と親子ほどの年齢差があったが、毎週一回は食事をするようになっていた。

年齢差もあり、後藤田と私はなぜか不思議と意気投合した。後藤田は私のやり方を理解してくれていた。

異色な組み合わせの二人だが、後藤田は性格を相手に合わせられる柔軟さを備えた男でもある。清廉潔癖なところがあり、カネにも節度があり、ガツガツしていなかった。

私は後藤田のそういう部分にひかれた。

ただし私の前では後藤田は本音で頼んできた。

「選挙でいるものをすべて集めてくれ」

正直に頼んできた。カネ儲けなどできない警察官僚出身の男から懇願され、面倒を見てやるかという気持ちになった。

なお、十全ビルの後藤田の事務所の費用もやがて私が払うようになった。後藤田と関係が深まったきっかけは、私が持っている国際情報が欲しいということで、彼が政治家になったあとで密接になった。

私は当時、PLO（パレスチナ解放機構）を応援していて、ヤセル・アラファト議長と親しかった。アラファトは非同盟諸国百二十カ国のリーダー的な存在だった。

だからアラファトやリビアのカダフィからの情報は世界政治の情報として精密で的確な情報だった。私はアラファトから聞いた情報をみんな後藤田にレクチャーした。

だから後藤田は国会で呼ばれたときも「松浦からは中東情勢の情報をもらっていた」と回答していた。

自分の秘書を派遣

それから後藤田が当選したあと、永田町の十全ビルの七階に後藤田の事務所をつくってやった。後藤田が警察庁長官時代に秘書をやっていたノンキャリアを事務局長にして私の社員を秘書にした。秋月恵一郎《あきづきけいいちろう》という大阪大学を卒業した社員を第一秘書にしたわけだ。

秋月が最後まで筆頭秘書のままだったら、後藤田は総理になっていたと思う。秋月は優秀だったし、後藤田も秋月をものすごく気に入ってくれていた。

後藤田は大平正芳《おおひらまさよし》内閣で自治大臣として初入閣するが、ちょうど私と石原慎太郎《いしはらしんたろう》が運河をつくるためにニカラグアに行っていたときだった。

東京の後藤田から国際電話が入って「俺、大臣になったから、優秀な人間をひとり秘書として回してくれないか」と言ってきた。

すぐに私は外国からそのまま会社に電話をかけて、「秋月、おまえ行ってこい」と言った。秋月を指名したわけで、後藤田もひと目で気に入った。秋月の父親は軍人だったが、秋月は苦学して大阪大学に通っているころに私の弟の家庭教師をしていた男だ。それを私が会社をやるころに引っ張って入社させた。秘書になるころはナミレイの部長職をやっていた。

秋月には「おまえ、ちょうどいいから後藤田の秘書になれ」と言って行かせて、後藤田も喜んでくれた。いずれは秋月が後藤田の周辺のすべてを仕切るようになる予定だった。


私は後藤田との関係を深めていった。後藤田は紳士的な人物で、あまりむちゃをいわない。私はそこが気に入った。

私は後藤田を選挙資金面でずいぶん助けた。トータルで五億円以上は出資しただろう。まだバブルが起きる前の金額だから相当なものだ。

後藤田はカネが必要になったときは私からの資金提供を受けたが、受け取らないときもあった。

一定の節度を持っていた。カネならいくらでも欲しいという男ではなかった。逆に、後藤田が私のために口をきいてくれることもあった。

「私の気持ちだ」

私は後藤田の好意は快く受け取るようにしていた。

お互いのあいだはきちっとした関係だった。

私は後藤田の警察関係のコネクションを使って何かをしようとしたことは一度もない。だが、後藤田と深いつきあいがあることがほかの政治家に対する牽制《けんせい》という点では大いにプラスになった。後藤田とつきあいがあるというだけで警戒したり畏怖したりしてくる政治家はいくらでもいた。それだけカミソリ後藤田の情報力は恐れられていたのだ。

後藤田もカネ目的の儲け仕事はあまり好きではなかった。カネだけでなく、私から中東情勢や対アメリカの戦略等に関する意見は貪欲に求めた。後藤田とは一定の関係が続いていた。

後藤田にはあらゆる党とコンセンサスを図ってやっていこうという考え方があった。左も右もなかった。後藤田はその時その時で国にとってプラスかマイナスか、国民にとってプラスかマイナスか、世界がどう考えるかというバランスを非常に考えて行動する人だった。そのためには必要とあらば日本共産党にも声をかけるし、右翼にも声をかけるし、労働組合にも声をかける。

後藤田のようなバランスの感覚のある政治家は、いまはいなくなった。

無私の人・後藤田正晴

後藤田は、ひと言でいえば清廉潔白、質実剛健、公明正大、私利私欲がなく、国や国民のことを意識して政治をやる人だった。

中曽根康弘《なかそねやすひろ》とは正反対。中曽根は後藤田と同じ内務官僚出身の政治家だが、私利私欲の塊みたいな人物だった。

戦後の政治家のなかでは、私は吉田茂《よしだしげる》、石橋湛山《いしばしたんざん》、池田勇人《いけだはやと》なども評価しているが、総理にはならなかったが、後藤田は彼ら以上の人物だ。

そこまで能力もあり、実力もあった後藤田が総理総裁になれなかったのは、なぜか。

やはり彼は田中派出身で、田中に非常に近く、デイヴィッド・ロックフェラーやヘンリー・キッシンジャーなどから非常に警戒されていたからだ。

キッシンジャーはロッキード事件で田中をつぶしたけれども、それだけではない。大平正芳や竹下登《たけしたのぼる》、橋本龍太郎《はしもとりゅうたろう》なども結局殺されている。彼らも中国と近い立場にあったからアメリカから警戒された。

後藤田は田中の知恵袋的存在だったから、田中が力を失うと、自身も力を失っていった。

児玉誉士夫との因縁

私は上京してきた二十七歳のときから児玉誉士夫と因縁があった。

そのころ、東京でさまざまな人と知り合うなかで三田和夫《みたかずお》と出会った。三田はもともと「読売新聞」の記者だったが、ホテルニュージャパンで有名な横井英樹《よこいひでき》を襲撃した安藤昇《あんどうのぼる》の配下を一時的に匿《かくま》ったことがあり、逮捕されて読売をクビになった。

三田はその後、「正論新聞」という新聞をつくって活動していた。三田はさまざまな情報を持っていて、私は三田と組んで活動することもあった。

その三田から「児玉ほど悪いやつはいない。でも、自分が児玉の問題を取り上げたら殺されるから、怖くてできない。あんた、やってくれないか」と頼まれたのだ。

当時の私は命知らずの暴れん坊だったから、児玉のバッシングもやった。

「正論新聞」でバーンと不正を書いた。児玉だけでなく笹川良一《ささかわりょういち》も叩いた。各方面から恐れられている二大右翼をいきなり叩いたから、「関西の松浦はいったい何者なんだ」と注目された。

私もある種の経済ギャングだと思われたわけだ。

当時、その二人は完全にタブーな存在になっていた。叩くことは命の危険すらあった。

でも、私には絶えず命の危険があり、殺されてもしかたないと思っていたから、気にならなかった。

もちろん「後ろからズドンとやられるかな」なんて思っていた。でも、拳銃や日本刀でケンカしたことは百回くらいあるから、そこまで恐れてはいなかった。

前から向かってくるような「殺してやるぞ」と殺意をむき出しにしているから、案外怖くない。やられるときは、後ろから来たやつにやられるものだと思っていた。


私とは敵対関係だったが、児玉は売国奴で、簡単にいえば、やはりGHQ（連合国軍最高司令官総司令部）、そしてCIA（アメリカ中央情報局）のスパイだった。アメリカのエージェントで、戦後の日本を悪くさせた最大の犯罪者だといえるだろう。

右翼というのは、戦前は売国奴と対峙《たいじ》したが、戦後の右翼はまったく逆だ。売国奴が今度は右翼の看板を掲げたわけで、主客転倒してしまった。

児玉は数々の悪行をしたが、なかでも許せないのは竹島《たけしま》を売り飛ばしたことだ。

児玉は町井久之《まちいひさゆき》（韓国名・鄭建永《チョンゴニョン》）と組んで一九六〇年代に竹島を売り飛ばした。韓国の銀行から児玉が会長、町井が社長を務める東亜《とうあ》相互企業に当時のカネで六十億円を送金させている。

右翼はいまでも北方領土の返還を謳《うた》い文句にしていて、旧ソ連の時代からソ連大使館に北方領土を返還するように抗議していた。

だが、韓国大使館には韓国が実効支配している竹島について返すようにと抗議はしていなかった。本来ならば言わないといけないのに、なぜ多くの右翼団体が沈黙していたのか。それは自分たちの背後にいる児玉が町井と組んでカネをもらっていたからだ。

戦後の日本の右翼のほとんどがアメリカを敵視しなかったのは児玉の影響力が強いからだ。だから売国的な右翼しかいなかったのだ。

大和證券の社長交代劇

大和證券の菊一岩夫《きくいちいわお》社長から土井定包《どいさだかね》社長への交代劇にも、私は深いところでからんでいた。私に最も勢いがあったころだ。絶頂期ともいえるだろう。

じつは、土井は副社長時代から私の株の売買の担当者だった。

一九八〇（昭和五十五）年三月末、大和證券の決算役員会があった。

その場で菊一が「土井、おまえは大和投資信託の社長になれ」と言い出した。土井にしてみたら突然の話だった。本人は副社長で、まださらに上を狙う野心があったからだ。

菊一は自分の後任に土井ではなく自分が寵愛《ちょうあい》する栗田司《くりたつかさ》専務を後継者にしようと考えていた。だから副社長の土井の存在が邪魔になり、子会社に厄介払いしたくなったのだろう。しかも菊一は栗田を社長に据えるまで、もう五年くらいは自分が社長で居座るつもりだった。

役員会で子会社行きを告げられた土井は切羽詰まって私のところに相談に来た。話を聞いてみると、「やっぱり会社に残りたい。なんとかなりませんか」と言う。

「そこまで言うなら」ということで、私は菊一のことを調べ上げた。

そうすると、菊一の弱みがボロボロ出てきた。なかでもひどいのは大和證券のカネで八重洲《やえす》画廊の真部俊生《まなべとしお》から梅原龍三郎《うめはらりゅうざぶろう》の絵をたくさん買い込んでいることだった。

しかもその絵は真部の手による贋作《がんさく》だった。真部は贋作づくりの天才で、自分で絵を描いてそれを売ってしまう。大和証券は梅原以外の作品も含めて八重洲画廊から絵画を購入して購入金額の一割、一〇％が菊一にリベートとして流れていることもわかった。

二億円の絵画を購入したら二千万円を受け取っているわけだ。

私はこの話をつかみ、すぐに土井以外の二人の副社長をはじめとする当時の役員たちを呼んで問い質した。

「菊一がこの絵を買っているのは知っているのか」

すると、彼らは「知っています」と言う。

だから、「八重洲画廊と裏取引があるだろう。こっちは資料を持っているんだぞ」とすごんでやった。さすがに裏取引のことは知らなかったようで、役員全員が驚いていた。

最後に菊一子飼いの栗田も呼び出して、「八重洲画廊から買っている絵、全部贋作じゃないか。表にこの話が出たらどうするんだ」と怒鳴りつけてやった。

それからは、ひとりだけいた土井派の役員がそれぞれを説得して回って、一カ月くらいで役員会はみんな土井派に寝返った。菊一の寵臣《ちょうしん》の栗田まで最後は土井派になった。

それで臨時役員会を開き、菊一の退陣と土井の社長就任がとんとん拍子に決まった。土井はもう有頂天になって、喜んで私のところに挨拶に来た。

私は土井の個人的な顧問になり、それ以降、世界各地のどこに行っても現地の大和證券の支店がVIP待遇でもてなしてくれるようになった。

そのあと、私が逮捕されたことで大和證券は離れていったが、土井本人からは感謝された。

土井は一九九七（平成九）年に総会屋への利益供与事件で会長を退任するが、一九八〇年に社長に就任してから、副会長、会長と二十年近く大和證券に君臨し続けた。

徳間康快と五億円

徳間《とくま》書店の創業者である徳間康快《やすよし》とも私は親しかった。徳間には五億円貸している。

徳間とは徳間書店が新橋《しんばし》にあったときにしょっちゅう会っていた。彼はレコード関係の会社もやっていた。

九州の福岡相互銀行（現・西日本《にしにっぽん》シティ銀行）の四島司《ししまつかさ》が悪徳金融みたいなことをやっているというので、四島を私は徹底的に責めた。そのときも「四島を責めるのをやめてほしい」と徳間が言ってきた。

あるとき、徳間は「資金繰りに五億円を使わせてくれ」と頼んできた。私は「いいよ。儲かったら返してくれ」と言って貸した。「レコードが売れて、映画をつくって、どえらい収入が入る。そのあと返す」と言って映画をつくったが、当たらず、儲からなかった。「儲かったときでいい」とこっちが言ったまま、彼は二〇〇〇（平成十二）年に亡くなった。

住友銀行を篭絡

私は銀行を相手に頭を下げてカネを借りたことは一度もない。商売人でありながら、こちらが弱みを見せて頼むかたちで借りることはしなかった。

私が銀行のなかで、とくにつきあいがあったのは住友銀行だ。

のちに東洋工業《とうようこうぎょう》（現・マツダ）の会長になる岩澤正二《いわさわまさじ》という副頭取がいた。岩澤は一橋《ひとつばし》大学出身で、私とは三十歳以上も年が離れていた。だが、何かカネがいるときは岩澤に気軽に説明した。

一方、岩澤は頭取の磯田一郎《いそだいちろう》と敵対していたから、私と磯田はあまりいい関係ではなかった。

あるとき、住友銀行と近畿財務局とのあいだでトラブルがあり、社会党の参議院議員の和田静夫《わだしずお》が、その件をネタに国会で質問することがあった。

勝手に和田がどこかからネタを拾ってきたようだった。そのとき、岩澤が私のもとに飛んできて頼んできた。

「国会に磯田が呼ばれて困っている」

私は「いいじゃないか。とことんやらしたらどうだ」と言ってやった。

だが、岩澤は「なんとか片づけてくれ」と必死だ。臆病者の磯田は国会に出たくなかったのだろう。

私は、「それじゃあ、岩澤さん、私が解決してやるよ」と言い、和田を呼んだ。

私は民社党や社会党の議員たちの面倒も見ていた。とくにカネに汚い和田は私の使い走りのような存在だった。

私は社会党のあらゆる裏対策をする事務所を社会党本部のある永田町の近くのビルの二階に持っていた。そこにはよくフィクサーといわれた田中清玄《たなかせいげん》も出入りしていた。

和田はその事務所にこづかいを取りにいつも来ていた。

和田はその少し前の年末に私が机の上に置いていた千五百万円を、私がトイレに行っているあいだに勝手に持っていったこともあった。足取りを追うと、どうやらそのカネを持ったまま年末休暇で飛行機に乗ってそのままパリに行ったようだった。

だから私は激怒して和田を引っぱたいたこともある。そういう間柄だから「和田、ちょっと来い」と言ったら、負い目があるから、すぐにパッと来て、なんでも言うことを聞いた。

和田を呼び出して、「今日は住友の話だから、おまえも真剣に取り組めよ」と言うと、「なんですか」と言う。

「磯田を国会に呼んだか」

「呼びました」

「さっそく俺のところに磯田の使いが来たから、質問を短くしてやれ。四十五分じゃ長すぎる」

「では、どのぐらいに？」

「十五分にしろ」

「十五分じゃ、ろくに質問できません」

「聞かなくていい。さわりだけやって終わらせろ。それと、磯田は病気で出られないから、代わりに副頭取の岩澤が出る。それでいいな」

和田は「それなら岩澤に会わせてくれ」と言ってきた。だから亀井静香《かめいしずか》の御用達《ごようたし》だった料亭の「外松《そとまつ》」で会わせてやった。

私がその席で岩澤に「どうしてほしいか言いなさい」と促すと、岩澤は細かく質問について要望を言った。和田はもちろん応じるしかない。それで国会でまったく怖くない質問を岩澤が堂々と答えて追及は終わった。磯田はひと安心して、初めて岩澤に頭を下げたらしい。

私が「今度、うちの株を増資する。社内レートの株を十億引き受けろ」と言ったら、磯田はふたつ返事で応じてきた。

このように、私は銀行に対しても、こちらが頭を下げるのではなく、相手が私の要求に応じるようにするテクニックや駆け引きがたくさんあった。

偉そうにして堂々とカネを貸してもらうようなかたちを取るように持っていくわけだ。向こうから借りてほしいと言わせるくらいでないと、うまくはいかない。

殖産住宅事件の真相

私がフィクサーとして介入した事件で印象に残っているのは殖産住宅事件だ。

殖産住宅の創業者は東郷民安《とうごうたみやす》。

東郷は戦後の住宅不足の時代に積立信託で自宅を建設することができる事業を立ち上げて成功した。

昔は銀行の住宅ローンなどを一般の庶民が組むことは難しく、政府による公的な支援も乏しかった。家を建てるといえば、自分で必死に貯金するか、もしくは個人で知人などからカネを借りて、大工に頼んで建設していた。

東郷は毎月積み立てをすれば、ある段階で家を建設することができるしくみを考案し、ビジネスモデルとして普及させた。日本最初の住宅ローン会社だ。

さらに銀行業務まで込みで担うようになって大成功した。会社の規模は急拡大し、殖産住宅は一九七二（昭和四十七）年には東証一部に上場を果たした。東郷は上場時に自身の持ち株を売買して莫大な利益を得た。当時はキャピタル・ゲインが課税対象にはならなかった。

そのころ、日本電建や国際興業を経営する小佐野賢治は殖産住宅を欲しがっていた。殖産住宅の積立制度が欲しかった。

小佐野はそのために児玉誉士夫と組み、まだ総理になる前の中曽根康弘も巻き込んで殖産住宅を自分のものにするために画策した。

東京地検特捜部はGHQの代理人である児玉の部下みたいなものだった。

GHQは東京地検を使って経済事犯を無理やりでっちあげて意に沿わない経営者を陥れる。児玉は自分がかわいがっていた経済事犯を主に担当する河合信太郎《かわいのぶたろう》検事に「おい、おまえ、殖産住宅の東郷をやれ」と指示した。

一九七三（昭和四十八）年六月十三日、殖産住宅会長であった東郷は二十六億円超の脱税容疑で逮捕された。

その東郷があるとき、私の会社に飛び込んできた。東郷は私に「小佐野にハメられた。やられた……」と訴えてきた。

東郷の話は冤罪《えんざい》もいいところで、ひどいものだった。

東郷の話によると、一九六九（昭和四十四）年春、殖産住宅の八木慶一《やぎけいいち》取締役が、ことあろうに、自分が保有している殖産住宅の株式を指定業者の戸栗《とぐり》工務店の戸栗亨《とおる》社長に売却してしまったという。

戸栗の背後には会社乗っ取りで噂《うわさ》のあった小佐野がいた。小佐野は「昭和の政商」「政財界の黒幕」といわれた実業家だった。小佐野は国際興業バス事業、富士屋《ふじや》ホテル事業などを手がける国際興業グループの創業者であり、一九七二（昭和四十七）年七月に総理となる田中角栄の盟友としても知られていた。

山梨県出身の戸栗は同じ山梨県出身の小佐野と同郷のよしみということで、小佐野のダミーともいわれていた。

小佐野は日本電建という住宅産業の会社を保有していたことから、その日本電建と殖産住宅をどうしても合併させたいと考えていた。日本電建は家と建物の月賦販売会社だ。じつは、この会社は田中が一九六一（昭和三十六）年に社長として乗り込んでいた。田中はこの会社の再建を小佐野に任せていた。

東郷の会社を乗っ取りたい小佐野は戸栗を使って殖産住宅の株を買い占めることを企図した。

中曽根康弘の裏切り

私は後藤田とは正反対ともいえる中曽根とも会う機会があった。

だが、殖産住宅の東郷との関係もあって、私にとって中曽根は敵ともいえる存在だった。

権謀術数を張りめぐらすのが好きな中曽根には陰湿なところがあり、何を考えているのかが見えなかった。私は腹がわからない中曽根のようなタイプはあまり好きではなかった。

一九七二（昭和四十七）年四月二十八日、首都圏で中曽根の講演会があった。その日の夜には赤坂《あかさか》の料亭「中川《なかがわ》」で宴席が用意されていた。

中曽根と東郷は、たんに旧制静岡高校の同級生というだけでなく、三年間、学生寮である仰《ぎょう》秀《しゅう》寮《りょう》で生活をともにし、二人とも陸上競技部に所属していた。いわばなんでも話し合える親友だった。

ともに東京大学に進んでからもその仲は続き、戦後、お互いの道は政界と実業界に分かれたものの、親しい関係は変わることはなかった。

そろそろお開きとなる時間になり、中曽根がトイレに立つような様子で席を外し、手招きで東郷にもついてくるように合図を送ってきた。東郷は急いで席を外し、中曽根のあとを追った。

中曽根はあたりをはばかるような小声で東郷にささやいた。

「将来、俺はどうしても総裁選に出馬したいんだ。そうなると、莫大な資金が必要になる。だから、このあいだ頼んだ資金づくりについて、ぜひとも協力をしてもらいたい。総裁選ともなると、二十五億円ぐらい準備しなければならないんだよ」

東郷は中曽根が本気で殖産住宅の株式公開を利用して政治資金づくりをしようと考えていることを、そのときにあらためて知った。

殖産住宅の株式上場の日は半年後の一九七二年十月二日だった。

上場まもなく、ショッキングな事件が持ち上がった。

「週刊新潮《しんちょう》」十一月十八日号が六ページを割いて『絶対騰《あが》る要素がないのに騰っている「黒い政治銘柄」リスト』という特集記事を掲載した。そのなかに殖産住宅の株式公開を利用して「P代議士」が一日にして二十五億円の大儲けをしたというスクープ記事が含まれていた。「P代議士」が中曽根を指していることは、前後の関係から誰の目にも明らかだった。

十一月十七日、東郷は中曽根の事務所を訪れて善後策を検討した。

その結果、次のような処置を取ることが合意された。まず、中曽根に対する百万株の件はなかったことにするため、中曽根の秘書の上和田義彦《かみわだよしひこ》名義の預金を至急解約し、五億円は会社の簿外資金のなかに一時保管して新日本《しんにほん》証券（現・みずほ証券）にプールしておいてもらう。

上和田の名義を借りて行っていた殖産住宅株の買い支えはただちにストップする。

そして週刊誌の噂話《うわさばなし》が鎮静化したときに再び二人で相談してカネをどうするかを決める。

一九七三（昭和四十八）年三月十九日、突然、殖産住宅の秘書室に児玉の事務所の秘書から電話が入った。

「児玉先生がおたくの社長に会いたいと言っておられるから、社長にぜひひとりで来てもらえるようにしてもらいたい。時間は明日の午後九時、場所は赤坂の『千代新《ちよしん》』がいいと先生は言われている。すぐに返事をもらいたい」

その連絡を受けた東郷は、しばし唖然《あぜん》とした。

三月二十日、約束の時間より少し早めに行った東郷だったが、すでに児玉は到着して待っていた。部屋に案内されると、頭を坊主刈りにした児玉がひとりで炬燵《こたつ》に膝を入れて端座していた。

「東郷でございます」

そう言って、東郷は恐るおそるにじり寄り、名刺を差し出した。

「児玉だ」

首だけ向けてドスのきいた声でそう言うと、児玉は自分の名刺を畳の上に放り投げてよこした。

「まあ、座んなさい。中曽根君があとから来るから、こっちへ」

児玉が手元のベルを押すと中曽根がやってきた。

中曽根は馴《な》れなれしい口調で児玉に言った。

「先生、よろしくお願いしますよ」

東郷は二人の会話を聞いて不思議に思っていた。

以前に中曽根の口から戸栗の名前が出た。戸栗が応援している中尾栄一《なかおえいいち》代議士は中曽根派の有力者だ。その中尾の後援会をつくっているのが野村《のむら》證券。そして中曽根と児玉の関係、また中曽根と野村證券の北裏喜一郎《きたうらきいちろう》社長との関係もある。ひょっとしたら、中曽根も私を会社から追放しようとするグループの仲間ではないか——。

五月二十八日、殖産住宅の上場後初の株主総会は児玉に紹介された岡村吾一《おかむらごいち》の仕切りによって三十分もかからずに終了した。

岡村は一九六一（昭和三十六）年に埼玉、群馬両県の博徒を結集して北星会《ほくせいかい》を結成。一九六三（昭和三十八）年に会長となっていた。その年の十二月、児玉が結成した関東の博徒、稲川会《いながわかい》をはじめとする七団体による関東会の結成とともに常任理事となる。

東郷はこの総会で取締役会長となった。

東郷は児玉のもとに株主総会を乗り切った挨拶に行った。このとき、東郷は児玉に殖産住宅の時価二千五百万円の株二万株を渡した。

東郷によると、じつはこれらの動きの背後には小佐野がいたという。小佐野はいろいろな方面から東郷に追い込みをしかけてきた。

にもかかわらず、東郷はいっこうに「はい」と首を縦に振らず、小佐野の言うことを聞こうとしない。

とうとう、しびれを切らした小佐野は東郷を懲らしめるために強硬手段に出ることを決意した。

「東郷を逮捕させよう！」

小佐野は作戦を立てた。

株式公開で自分の持ち株を売却すると、株価は十倍、二十倍になる。これはキャピタル・ゲインとして創業者利得となり、当時は税金がいっさいかからなかった。

だが、小佐野はここに着目し、創業者利得で得た利益を脱税とみなすしくみを考案した。

時の東京地検特捜部長は河合信太郎だった。河合は昭電《しょうでん》疑獄、吹原《ふきばら》・森脇《もりわき》事件、田中彰治《たなかしょうじ》事件、日通《にっつう》事件、造船疑獄など経済事件の捜査、取り調べにあたり、「鬼検事」の名をほしいままにしていた。多くの特捜検事を育てたことでも知られ、「東京地検特捜部生みの親」とまでいわれた専門家だ。

小佐野や児玉の意を酌み、専門家たちが集まって東郷の逮捕に向けて動き出した。普通なら脱税は国税が最初に動く事案だが、このときは東郷の逮捕ありきで東京地検特捜部が直接動いた。

結局、六月十三日、東郷は数多くの株の売買や殖産住宅株百七十一万株の売却にともなう脱税容疑で逮捕された。

そのため、東郷は七月三日に会長も辞任し、普通の取締役になった。だが、取締役会はさらに東郷に取締役の辞任を求めていた。

七月十二日、東郷は保釈された。

保釈された東郷は私に窮状を訴え、打開策について相談を持ち込んできた。

私は考えた。

東郷民安の敵は誰か？　小佐野賢治、田中角栄、中曽根康弘、児玉誉士夫だ――。

私は東郷を応援することを決意した。

よし、小佐野、田中、中曽根、児玉たちを相手に戦ってやろう――。

そもそも東郷の事件そのものがでっちあげられた事件であった。

東郷は一時、私に六百万株の代理権を与えた。

私は東郷の弁護活動を助けることになった。東郷の行政訴訟の弁護活動を請け負った。

第一審で無罪となった東郷だったが、一九八〇（昭和五十五）年七月四日の第二審では逆転有罪判決を受けた。個人としては当時史上最高の約二十六億円の脱税額を認定された。懲役二年六月、執行猶予三年、罰金四億円だった。

その後、七月十一日、東郷は上告の手続きをし、一九八一（昭和五十六）年三月二十三日、上告趣意書を最高裁に提出し、正式に受理された。あとは最高裁の判断を待つのみとなっていた。

一九八一年春、私は殖産住宅に復帰したいという意欲を見せる東郷のために、ひと肌脱ぐことにした。

殖産住宅のメインバンクは三和《さんわ》銀行（現・三菱《みつびし》UFJ銀行）と三井銀行（現・三井住友銀行）だった。一九七四（昭和四十九）年五月末の株主総会を機に三和銀行から矢野次郎《やのじろう》が、三井銀行から小松操が役員として殖産住宅に送り込まれ、ともに取締役に就任した。

殖産住宅は東郷が失脚してから三和銀行の矢野が社内で勢力を拡大し、三和銀行の意のままに操れるほどであった。

そして矢野が殖産住宅社長の椅子に座った。三和銀行内には東郷が復帰するなら手を引くというほど東郷アレルギーが存在していた。

じつは私が面倒を見ている共栄《きょうえい》興業が殖産住宅と深いかかわりがあった。

共栄興業は一九四七（昭和二十二）年に建設省（現・国土交通省）が創設した会社である。ところが昭和四十年代に入って宅地造成ブームが訪れたことで、殖産住宅が共栄興業に入り込んだ。

殖産住宅が親会社のような立場を利用して役員を送り込み、経理を握るようになり、共栄興業の財産すべてを吸い上げていた。そして吸い上げ切ったら共栄興業を切ってしまった。

糸が切れたタコ状態の共栄興業は建設省の役人たちに泣きついた。

この話を聞いた建設省の役人たちは田中角栄や日本道路公団総裁に話を持っていった。

「なんとか共栄興業をどこかに引き取らせなければならない」

この懸案について目白《めじろ》の田中邸で協議をしていたところに私が呼び寄せられた。

目の前には田中をはじめ、高橋国一郎《たかはしくにいちろう》日本道路公団総裁、清水《しみず》建設社長など建設業界、道路業界の顔が勢ぞろいしていた。建設業界も道路業界も共栄興業を大事にしていた。

「赤字を受けてくれ」

私は尋ねた。

「その赤字とやらは、いったいいくらですか？」

「三億円しか赤字はない」

それを聞いて、私は「三億円ならいいだろう」と考えた田中と一心同体の日本道路公団もかかわっている。私は道路公団も積極的に応援してくれる約束を取りつけ、引き取ることにした。

私は十億円ほど共栄興産に出資し、ナミレイの元取締役を送り込んだ。また、私の個人会社アールエム興産が共栄興業株五二％を持つ筆頭株主にもなった。

共栄興業を引き取った私は経営内容を分析した。

すごい赤字がついている。なぜだ――。

当初聞いていた三億円どころではなかった。調べれば調べるほどその額は増えていく。十億円、十五億円と莫大な赤字の実態が明るみに出た。

さっそく原因を調べ上げた。その結果、殖産住宅に相当財産を騙《だま》し取られていたことが表に出てきた。

殖産住宅は鎌倉にある十万坪の土地をはじめ、何から何まで全部を取り上げていた。そして最後に残っていた三つのビルまで共栄興業から奪い取っていた。

何が殖産や――。

私は頭に血がのぼった。

殖産住宅は経理担当役員と部長を送り込み、完全に経理を牛耳り、十数億円もあった共栄興業の財産すべてを殖産住宅名義に変えていた。そして共栄興業を空っぽにしてしまったあと、送り込んだ人材をすべて引き揚げて、倒産しても構わないと投げ出した。

私は殖産住宅に電話した。

相手はつっけんどんな応対であった。

「なんやねん？」

私は言い放った。

「道路公団総裁を長くやっていた方から頼まれて共栄興業を引き取ったが、おたくが食いものにしたせいで十億円も穴が開いた。合法的か知らんけど、こんなむちゃなことをしちゃいかん。返せ」

殖産住宅を追及すると、その背後に総会屋の島崎栄治《しまざきえいじ》や児玉の秘書がいた。

私は東郷のために殖産住宅と三和銀行を攻撃した。

私はなんとしても東郷をかばいたいと思い、攻撃をしかけ続けた。

殖産住宅が共栄興業から騙し取ったすべての財産を返すように請求書を送りつけた。

背後にいた島崎にも私は三億円のカネを貸していたことから強く出た。

島崎も私に態度を示した。

「ちゃんとやりますから」

殖産住宅は「すべて三和銀行がやったことだ」と説明してきた。

私は伝えた。

「社長に言え」

私とのあいだに児玉の秘書が入り、矢野との交渉が成立した。

「ちゃんと返してやれ」

「はい。返します」

殖産住宅は共栄興業に三つのビルを返却するということで応じ、話は丸く収まった。

その結果、十一月、殖産住宅側は三億五千五百万円のビルを、わずか三千万円の価格で私に渡してきた。

殖産住宅が奪い取った財産の十分の一ほどのものでしかなかった。結局、私は泣き寝入りすることになった。

数奇な運命

一九八四（昭和五十九）年三月十六日、私が全面的に協力していた東郷の殖産住宅事件は最高裁で上告を棄却され、東郷の有罪が確定した。懲役二年六月、執行猶予三年、罰金四億円の刑が確定した。

その年の二年前、一九八二（昭和五十七）年、中曽根は念願の総理に就任していた。

中曽根は東郷の上告が棄却されたことを知り、マスコミに対して感想を述べた。

「裁判については論評しない。個人的には東郷君がああなって気の毒だ」

一審は無罪となったが、二審で個人としては当時史上最高の約二十六億円の所得税法違反の有罪判決を受けていた。

ちなみに判決文にはこうあった。

「一般に入手困難で値上がりすることが確実な新規上場株を、公開価格で取得する機会を得ること自体が賄賂にあたる」

東郷の脱税事件は東郷側の敗訴で終わった。有罪判決だった。

三年の執行猶予がついているが、罰金四億円は納めなければならない。だが、東郷には罰金が払えなかった。罰金が払えないとなれば、一日八十万円に換算した労役につかなければならない。四億円では五百日の労役となる。東郷は、その年の五月で満六十八歳になろうとしていた。五百日の労役に耐えることができるか自信はなかったが、罰金が払えない以上、労役につくしかなかった。

一九八五（昭和六十）年四月十二日、罰金納付不能と判断した東京高等検察庁から東郷のもとに通知が来た。

「十九日に、出頭せよ」

四月十九日、東郷は東京拘置所に出頭した。だが、身体検査の結果、糖尿病が悪化していることが判明して病棟送りとなった。

さらに、その後の精密検査の結果、胃癌も発見され、胃の三分の二を切り取る大手術を受けることになった。

結果的に東郷は有罪が確定して労役に服すことになり、身体検査を受けることができたから胃癌が早期に発見され、一命を取りとめることができた。

東郷はその後、二〇〇三（平成十五）年五月十日に八十三歳で亡くなるまで生きた。人生とはわからないものである。

第四章

石原慎太郎と私

石原慎太郎との出会い

一九七二（昭和四十七）年、羽根田《はねだ》という男が私のもとを訪ねてきた。羽根田は福田赳夫《ふくだたけお》内閣で環境庁（現・環境省）長官となった石原慎太郎を連れてきた。

石原は一橋大学法学部在学中の一九五六（昭和三十一）年に文壇デビュー作の『太陽の季節』が第三十四回芥川賞《あくたがわしょう》を受賞し、作家として脚光を浴びた。作中に描かれた奔放に生きる若者たちを表す「太陽族」なる流行語も生まれた。また、同作品の映画化では弟の裕次郎《ゆうじろう》がデビューするきっかけとなった。

石原は文壇だけに収まらず、みずからの活動の範囲を政界へと広げた。

一九六八（昭和四十三）年に参議院議員通常選挙に全国区から出馬、初当選し、一九七二年には衆議院議員に鞍替《くらが》えし、東京二区から出馬して当選する。

一九七五（昭和五十）年には現職で革新系の美濃部亮吉《みのべりょうきち》知事に挑戦するかたちで東京都知事選に出馬した。自民党推薦で出馬した石原は二百三十三万票を獲得するが美濃部の前に落選。

その後、一九七六（昭和五十一）年十二月の総選挙で衆議院議員に復帰し、総選挙後に発足した福田赳夫内閣で環境庁長官として初入閣を果たした。

もともと羽根田は石原の選挙区に住んでいた。政治に興味を持っていた羽根田は石原の私設秘書として勤めていた。羽根田は予科練、特攻隊上がりであった。

羽根田は石原のことを「オヤジ」と呼び、慕っていた。

その羽根田と予科練時代の同期の男が私のことを紹介し、羽根田が石原を連れてきた。

私は石原慎太郎に興味を抱いた。

頭の回転が速く、行動力もある。パッパッと機敏に動く。つきあってもいいだろう——。

石原は芸能界との親交も深く、誰と会っても物怖《ものお》じすることはなかった。良くも悪くも尊大な人間だった。

大和證券の土井定包社長の最高顧問になってからは、私が世界中どこの主要都市に行っても現地の大和證券の支店長がアテンドしてくれるようになった。車からホテルまで、なんでも手配してくれた。

石原も私と外遊するとアゴアシつきになるから喜んで同行していた。

当時の石原は酒と女が大好き。でも、日本では世間体が気になるし、女房がうるさいから羽根を伸ばせない。

彼は非常に恐妻家で、日本でもコソコソ遊んでいたが、外国では羽根を伸ばせるから、もう海外に向かう機内でビーンと立てているくらいだった。

ベニグノ・アキノを救え

私は福田赳夫政権下で起こった三つの大事件の裏側で動いたことがある。フィリピンの政治家ベニグノ・アキノの助命、尖閣《せんかく》諸島の領有権問題、そして日航機がハイジャックされたダッカ事件である。

アキノは当時、フィリピン国民から絶大なる人気を得ていた。アキノは若くして市長から一九六一年、タルラック州の知事に当選し、一九六六年には自由党の幹事長に就任した。一九六七年には三十五歳で上院議員に当選する。

フィリピンでは事実上の独裁体制を敷いていたフェルディナンド・マルコス大統領の時代、国民から人気のあったアキノはマルコス政権の最大の脅威にして大統領の最強のライバルであった。

一九七二年、そんなアキノの運命を大きく変える出来事が起こった。マルコスが全権を掌握すべくフィリピン全土に戒厳令を敷いた。このとき、野党の中心になってマルコスに反対したのがアキノだった。政府にとって危険人物とされたアキノは逮捕され、反逆罪で八年間投獄された。容疑は政府転覆の陰謀と武器の不法所持、殺人などであった。

一九七七年、アキノはとうとう死刑を宣告されてしまった。

このとき、石原は福田総理の親書を持ってマルコスのもとにアキノの助命嘆願に行くことになった。

私はマルコスとも親しい関係だった。そこで石原は私に頼みごとをしに来たのだ。

「マルコスに私を紹介してくれないか」

話を聞き、私は石原に「国会議員の友だちだから」とマルコスに会わせることを約束した。

私はフィリピンではマニラホテルのペントハウスを定宿にしていた。その部屋の一室に石原を宿泊させた。

このマニラホテルのペントハウスにはアキノの夫人であるコラソン・アキノが子どもを連れて私のもとに命乞いにやってきた。

「ベニグノを助けてください。お願いします。お願いします」

のちにコラソンはフィリピンの第十一代大統領となるが、このときは夫が獄中にあり、質素でみすぼらしい姿であった。

私は夫のことを思い、必死に頼み込むコラソンの姿に胸を打たれた。

私はマルコスが居住しているマラカニアン宮殿まで石原を連れていき、マルコスとイメルダ夫人に会わせた。

マルコスが「私は大統領だから、日本の政府から正式な外交のかたちで言われたというルートを取りたい」と言うから、「たしかに、それはそのとおりだ」と思って、福田総理の親書を持参した。

石原は福田総理からの親書を手渡した。ただし手渡すだけで、ひと言も発しない。

そこで私がマルコスに迫った。

「アキノの死刑を解除しろ」

アキノを助けて逃がしてやることを、私はマルコスに提案した。

総理の親書があれば公式な会談になる。マニラにいる日本の大使と私がマルコスの横に座り、マルコスが石原と対談するかたちで会談して、「わかりました」と助命に応じた。

結局、マルコスは国民に人気のあるアキノを処刑することはできず、一九八〇年には手術を受けることを理由にアメリカへと追放している。

外遊の真の目的

一方、私はＰＬＯのヤセル・アラファト議長だけでなく、南米各国をはじめとする革命家とも交流を結んでいた。

私は彼らへの支援も活発化させていた。

その対象にはアメリカ中部に位置するニカラグアで活動しているサンディニスタ民族解放戦線も入っていた。私はサンディニスタ民族解放戦線への支援も力を入れていた。

サンディニスタ民族解放戦線は一九六一年にキューバ革命の影響を受け、トマス・ボルヘ（のちにサンディニスタ政権の内務大臣）、カルロス・フォンセカ（一九七六年に戦死）らによって創設された。

一九六三年にソモサ独裁政権に対する武装闘争を開始し、一九七二年のニカラグア大地震のあとで勢力を拡大する半面、内部でプロレタリア潮流派、持久人民戦線派、第三者派に三分裂していた。

ニカラグアでは一九七四年ごろから独裁者だったアナスタシオ・ソモサ・デバイレに対する反ソモサの動きが広まっていたが、その最中の一九七八年十月、体制側によってソモサ独裁政権批判の論陣を張った反政府系新聞の社主ペドロ・ホアキン・チャモロが暗殺された。

これを契機に反ソモサ勢力のなかにはサンディニスタへの支持基盤が広がり、結果的にチャモロの暗殺はかえってソモサ体制をより大きく揺るがすことになっていた。

多くの革命家との親交を深めていた私は彼らを石原に引き合わせた。

というより、私の外遊に石原が同行したといったほうが適切かもしれない。

フィリピンのマルコス大統領に面会するためにマラカニアン宮殿には二度連れていった。コスタリカの大統領やドミニカの大統領、ニカラグアのダニエル・オルテガ大統領にも会わせた。

私に同行すると国賓待遇で迎えられるため、石原は同行することを好んだ。

コスタリカにも頻繁に足を運んだが、そのときはいつも石原が同行してきた。

最初のきっかけは石原の弟の裕次郎がバハマ諸島から出発するヨットレースに参加する時期と、

私がコスタリカに行く時期が重なったことだった。

コスタリカでは大統領から政府の関係機関に私を国賓待遇でもてなすようにとすぐに連絡が入る。それを知っている石原が頼んできた。

「私も一緒に連れてってくれ」

私は石原の思惑を探った。

政治家として国際性を養おうと思っているのだろうか――。

作家としての一面を持つ石原はさまざまな人物への興味があったのかもしれない。私に同行しては要人と会い、遊んで帰る。

私は総理からの手紙を預かってきた石原を大統領と面会させ、彼らに日本の有力な政治家のひとりとして紹介してやった。

また、現職大統領の率いる与党が敗れた大統領選挙の直後には新大統領のもとで副大統領になることが決まっていた若い弁護士を紹介してやった。

コスタリカの海岸では石原と一緒に泳ぐこともあった。

そのとき、石原から左腕に残る傷について聞かれたことがあった。

「その傷はどうした？」

私は血判の事実を語った。

「私もそのとき、いささか気負っていましたんやな。血判するだけなのに深く刺しすぎましてん。

なんや、どこか小さな筋を切ってしもうたらしくて、いまでもこの薬指がうまく動きまへんのや」

石原は私の話に興味深く耳を傾けていた。

私はいつも全フロアが二百坪くらいあるペントハウスに宿泊した。そこでは裸でプールに飛び込んだり、食事をしたりすることができた。

石原は一九七九（昭和五十四）年に出版した『戦士の羽飾り　男の博物誌』（角川書店《かどかわ》）のなかの「プッシングな男」の章で私との関係や交友を書いている。私は著書のなかで「M」として登場している。一部を紹介したい。

〈他の兄弟は余り知らぬが、会長のMは、若山富三郎《わかやまとみさぶろう》張りの極道そのものの印象で、（中略）三兄弟をみな知る人の話では、他の二人はとてもMと同じ血を分けた兄弟とは思えぬ印象だそうだ〉

また、コスタリカの視察に同行したときのエピソードも披露している。

〈その時、私はMの性格を物語る、日本人の場合には滅多に見られぬものごとを目にした。

こちらは日本語、相手はスペイン語で互いに間に通訳を立てて話す。

こういう場合、話せば話すほど、ついつい私も相手の政治家も、こちらの言葉のわかる通訳の顔を見て話しがちになるが、Mの場合は全く違う。彼は終始、日本語が全くわかる筈《はず》のない相手の外国人に向って、相手が日本語がわからぬから一層そうなるのか、大きな声で叱りつけるように、ゆっくりと、表情を変えて、大きな身振り手振りで話して聞かせる。「ええか、大統領よく聞きなはれや。あんたんとこのように土地こまいくせに山の多い国は、世界で一番日本に似てまんのや。その日本が、どないしてその悪条件をこなして、農業を発達させ合理化させたか、それを、おたくはちゃんと勉強せなあきません。わかりまっしゃろ、まず農業の整備、そのための日本の技術の導入。そして、生活水準を上げ、合理化で余った労働力をやな、工業化に使う。それしかおまへんやないか」勿論《もちろん》、それをそのまま通訳が訳すのだが、それを聞かなくても、相手はMの日本語にいちいち頷《うなず》いて、彼の語気や顔の表情につられて、笑ったり、眉をひそめたり、つまり言葉はわからなくても、何となく彼のいうところに合意したような錯覚を覚えさせられてしまうのだ。だから、通訳が訳す段になると、彼らはますます大きな頷きを返し、話がぐいぐい進んでいく感じがよくわかる。

相手が会社の社長くらいならまあわかるが、小さくとも一国の大統領が、ついついMのペースにはまるところが私には見ていて痛快なのだ。相手に全くわからぬ言葉で話しながら、相手にわかったような錯覚に陥らせる芸は、芸としても並みではないし、その芸のためにまず要るものは、男としての気迫だろう〉

マニラのペントハウスにコラソン・アキノが子どもを連れて夫の助命嘆願に来たときのことだ。石原を「アキノ夫人が来たぞ」と呼んでも部屋から出てこない。女とコレをするのに夢中になって出てこないのだ。

しょうがないから、私が「マルコスと話をしますから安心してください」なんて対応していると、石原はようやく顔を出す。

こちらは、「おまえに頼まれたからフィリピンまで来ているんだぞ」なんて思っていた。

石原はそういうときでも女のことばかりだったのだ。

マルコスとアキノのあいだで

フィリピンでアキノが逮捕、監禁されてから四年後、一九七六年のことだった。私はマルコスから相談を受けていた。

一九七二年、反逆罪という名目でマルコスから逮捕、投獄されたアキノは、獄中生活を送っていた。

マルコスは大統領として再選されるために政敵のアキノを幽閉し、その隙を盗んで議会を閉鎖し、戒厳令下の一方的な改憲で自身の権力を強化していた。

だが、国民からの反発もあり、依然として国民的人気の高い政敵のアキノを処刑することはマルコスにはできなかった。とはいえ、獄中にこのままつなぎ続けておけば、いつまでも自分にとって危険な火種を抱えることになる。

一案を考えたマルコスはフィリピンを訪れた私にユラヤンヤン空港で頼んできた。

「アキノがもう政治活動は行わないと約束するなら、それだけの条件で、アキノを追放というかたちで日本なりアメリカへの亡命を許そうと思う。アキノを正式のビザで出国させる」

私はアキノの妻のコラソン・アキノにマルコスの考えを伝えた。

コラソンは提案に納得し、獄中のアキノを訪ねて説得した。だが、アキノは聞き入れなかった。

だが、コラソンもマルコスもあきらめない。

マルコスはコラソンに尋ねた。

「誰かアキノを説得できそうな人間はいないか？」

コラソンは答えた。

「石原慎太郎なら……」

マルコスから私のもとに石原なら説得できるかもしれないとの連絡が入った。

私は石原を訪ねて話をすることにした。

「マルコスはアキノを殺すことで自分が生きているあいだに国民が彼の銅像を建てて英雄に祭り上げることを恐れているんだ。あの男はなんでも欲しがる人間で、終身大統領になったあとは、もう国民の英雄くらいしかありません。アキノが政治活動をしないと約束するなら、日本なり、アメリカなり、どこへでも亡命を許すと言ってますのや」

そう説明しながら私は切り出した。

「だが、いくら話をしてもアキノ本人が首を縦に振らない。アキノがおまえならアキノを説得できるかもしれないと言っているから、説得してくれませんか」

石原は私もアキノが捕らわれている獄舎まで同道することを条件に説得を引き受けた。

私と石原はフィリピンへと旅立った。空港に着くと軍用の褐色のアメリカ製の乗用車に乗せられ、二時間ほど走って海に近い軍の獄舎に着いた。

だが、結局、石原による説得は失敗に終わった。アキノは納得しなかった。

一九七七年、アキノは死刑判決を下された。

だが、さすがのマルコスもアキノを実際に処刑することはできなかった。それからはアキノにとって何よりつらい拷問の日々が続いた。

その二年後の一九七九年、アキノは散歩中に突然、心臓発作で倒れた。手術は必要だったが、アキノは拒否した。フィリピンの軍病院での手術によって合法的に殺される可能性を感じたからだった。

そこで私はさらにアキノのために動いた。マルコスと話し合い、アキノを入院させることを理由にしてアメリカのテキサスへと逃がすことで合意した。

結局、一九八〇年に入ってマルコスは「アメリカで手術を受けさせる」という名目でアキノをフィリピンから追放した。その際、「帰国は許さない」とマルコスは言明した。マルコスにしてみたら政敵のアキノをようやく厄介払いできたわけだ。

アキノは妻のコラソンとともにアメリカのテキサスに逃れることになった。

八年ものあいだ、過酷な獄中生活を送ったアキノはアメリカに渡り、心臓の手術を受けて無事に成功した。

その後、そのままアメリカにとどまり、ハーバード大学の客員研究員となった。

ジャーナリズムがアキノを殺した

一九八一年一月に予定されたローマ教皇ヨハネ・パウロ二世のフィリピン訪問を前にしてマルコスは戒厳令を解除した。

フィリピン国民は民主化への期待を抱いたが、反政府活動に対する厳しい取り締まりは変わらなかった。この年の六月にマルコスは首相の職を辞任し、新憲法の下での最初の大統領選挙に立候補した。

だが、この選挙は主要野党がいずれもボイコットし、信任投票を嫌ったマルコスの圧力によって、彼が以前に所属していた国民党だけが候補者を擁立した。

この形式的な選挙でマルコスは投票数の九割以上を獲得したが、諸外国から信任されるようなものではまったくなかった。

その二年後の一九八三年、悲劇は起こる。

この時期になるとマルコスは腎臓疾患が悪化し、政務も滞るようになっていた。

あるとき、ジャーナリストの若宮清《わかみやきよし》が私に言ってきた。

った。

「松浦会長、ボストンに行ってアキノを励ましてきますよ」

そうひと言だけ言い残してボストンに渡った若宮はアキノのインタビューに成功した。

アキノは「ニューヨーク・タイムズ」の記者に正式な帰国声明を伝えた。

アメリカに亡命したとはいえ、フィリピン国内におけるアキノの人気は依然として高いままだった。

危機感を募らせたマルコスはアキノ帰国の一報を知って激怒した。

八月十五日、アキノはアメリカを出国してフィリピンへと向かった。

八月二十一日午前、アキノは台北《タイペイ》から中華《ちゅうか》航空機でマニラ国際空港に向かった。若宮はこの飛行機に同行していた。

午後一時十分、中華航空八一一便は予定どおりマニラ国際空港に到着した。

アキノにとっては収監以来、十一年ぶりに踏む祖国の土であった。だが、アキノが数歩も歩かぬうちに銃声が響いた。

アキノは真後ろから頭を撃たれ、その場に倒れた。

騒然とするなか、さらにもう一発の銃声が響き、もうひとりが倒れた。

世界中の人がテレビカメラを通じて見ている前で起きた突然の惨事だった。

アキノの様子を確かめようと乗客たちが押し出していくと、それを私服の官憲が押し戻す。乗客たちとともに突き倒された若宮はそのまま官憲らの足の下をくぐって這《は》っていき、タラップの上の戸口から地上に頭からうつぶせに倒れているアキノを見た。

アキノの銃殺について、マルコスは「アキノは空港に潜入していた無頼漢の暗殺者に襲われて死亡し、犯人もまたその場で射殺された」とフィリピン国民に報告した。だが、誰ひとりとして、その報告を額面どおりには信じなかった。

私はこの一報を知って激怒し、深い後悔の念に駆られた。

俺が石原と一緒になり、せっかく助けたアキノの命なのに——。若宮がおだてて、わけのわからない話をして連れ帰ってきたから殺されたんだ。なんてことをしてくれたんだ——。

私は怒りに震えた。

若宮はこの世紀の現場に立ち会ったジャーナリストとして一躍有名になった。

フィリピンではアキノの暗殺から二年半後の一九八六年二月、死んだ夫を追って帰国した未亡人のコラソンが大統領選挙に立候補した。

この選挙ではマルコス陣営の得票不正操作が判明して国軍の改革派が決起し、結果、百万人もの市民がこれを支持して通りを埋め尽くしたため、マルコスは権力を失い、コラソンが大統領就任を宣言した。

混乱を回避するために介入したアメリカは、いまだどっちつかずで日和見《ひよりみ》を決め込んでいる軍の将軍たちを脅し、カネまでばらまいてマルコスからの離反を促した。

最後には空挺《くうてい》特殊部隊がマラカニアン宮殿に乗り込み、独裁者マルコスに銃口を向けたことで、マルコスはイメルダ夫人とともにアメリカ軍の用意したヘリコプターに乗って、ハワイへと逃亡した。

マルコスは亡命先のハワイで三年後の一九八九年九月二十八日に亡くなった。

不倫の共犯者

石原は十五年間も隠していた隠し子が週刊誌の報道でバレたことがある。

石原がアパートの家賃を払わないというので、子どもを産ませた愛人の女が怒ったわけだ。五万円のアパートに住まわせていたことを週刊誌に話した。それが表に出た途端に女房の典子《のりこ》が暴れた。どうやら女房は十五年間もの長いあいだ、隠し子の存在を知らなかったという。石原もそれまで「そんなことは絶対ない」と言っていたのだろう。妻の典子は焼きもち焼きで有名だ。いつも亭主の浮気を疑っているところがあった。

私と石原がニューヨークのホテルに泊まっているときに、石原が夜中にドアをトントン、トントンとするから、「どうしたんだ」と聞くと、「ちょっと電話に出てくれないか」と言う。それで「この夜中に誰がかけてきたんだ」と言ったら「いや、女房なんだ。誰と一緒なんだと、いま追及されているから、俺はマッちゃん（筆者）と一緒だと言っているんだけども、本人を出しなさいと言うから。頼むわ、出てくれ」と泣きついてきた。

それで典子に「私が一緒に泊まってますよ」と言ってやったら、ようやく納得して電話を切った。もちろん石原の横では若い女が声を殺して隠れていた。

典子は成田《なりた》空港に帰るときは、わざわざ迎えに来て、石原が誰と飛行機を降りているのかを見張っていた。それで私と二人で出てくると「ああ、よかった」とニコニコしている。それぐらい焼きもちを焼く女に十五年間、隠し続けた子どもがバレた。石原は三日間寝かせてもらえなかったくらい叱られたらしい。

それで血圧が上がって体にも問題が起こって衆議院を辞めると決めたそうだ。そのときに、たまたまオウム事件が始まっていたから、それに関連して辞めたといわれていたが、実際は隠し子がバレたことが原因だ。

石原はあれだけの収入を得て、もちろん企業からもカネをもらい、自分は贅沢《ぜいたく》三昧で毎晩高級ブランデーを飲む。それでそこそこのレベルの高い女を求めて抱く。飲み、打つはあまりやらないけれども、そんな贅沢をしている男が、なぜ自分の子どもを任せている女の面倒を見ないのか。あのとき、「この男は冷淡な男だな」と思った。

利用された徳田虎雄

石原を応援していたのが徳洲会《とくしゅうかい》の徳田虎雄《とくだとらお》だった。徳田も利用されたひとりだ。徳田も徹底的なケチで、むちゃくちゃな合理主義者。鹿児島の徳之島《とくのしま》出身で、大阪大学の医学部に行き、すぐに病院を建てた。

じつは、その病院のカネを誰が出したかといえば、私が出した。徳田が頼みに来て、「カネがない、病院をつくってください」と言ってきた。当時の私はカネを持っていたから、「よし、建ててやる」と病床が百ほどある病院をつくってやった。徳田はそのときのカネを二十年ほどかけて返した。

そのあいだに徳洲会はどんどん大きくなっていった。

徳田は徹底的な合理主義者だから、ムダはいっさいしない。

だが、石原には相当つぎ込んでいた。徳田が初めて出したのは二千五百万円。隠し子がバレて議員を辞めていたときだ。

そのときはまだ青島幸男《あおしまゆきお》が東京都知事をやっていたが、もう先がないと見た石原は赤坂のホテルの七階に石原事務所をつくっていた。その事務所は私が面倒を見ていたが、もう維持できないという。

霊友会《れいゆうかい》の信者だった石原は霊友会の面倒を見ていたので、霊友会の本部横の貸しビルのいちばん小さい部屋をもらっていた。小説でもまた書こうかということで、そこにいたのだ。

そうしたら、青島が一期だけでパッと辞めた。

それで石原は私のところに「どうしたらいいか」と相談に来た。

「どうしたいんだ？」と聞くと、「都知事に出たい」と。「それなら出たらいいんじゃないか」と言うと、「カネがない」と。「おまえ、カネ持っとるだろう」と聞いても、「いや、あれは全部女房が管理している。びた一文くれない」と。女房の典子がカネを貯めていて、渡してくれないという。

それで、「それじゃあカネをつくってやる」と私の秘書を呼んで、「選挙資金をつくってやれ」と言った。秘書は石原と相談して大成《たいせい》建設の顧問を呼んできた。それで石原と大成建設が話し合った。

東京都にはさまざまなプロジェクトがあるから、大成建設もそれを狙っていた。

さらに徳田を呼んで、「おまえ、ちょっと、都立病院やらんか。都立病院がものすごくいっぱいある。これを全部われわれがマネジメントできる。都立病院は赤字だけど、俺たちは黒字にできる。どうだ」と。

石原に「徳洲会と組んでやったら」と言ったら、「もう言われたとおりだ。当選したらやるよ」と。それで徳田は二千五百万円を死ぬ思いで出した。ものすごいケチが「やってやる」と言った。徳田は「一筆書いてくれ」と言ってきたから、石原はホテルオークラで書類をつくった。当選して知事になったら徳洲会と東京都立病院は業務提携するという書類ができて、石原もハンコを押して二千五百万円を受け取った。

一九九八（平成十）年の都知事選は候補者が乱立して石原が当選した。

だが、石原は当選したら大成建設でなく、すぐに鹿島《かじま》建設を呼んだ。鹿島には自分の元秘書だった栗原俊記《くりはらとしき》がいた。知事選に鹿島から派遣されていた秘書が栗原だった。

結局、大成建設ではなく鹿島を優遇するようになった。完全な約束違反だ。

それで、うちの秘書も顔がつぶれ、大成建設との関係が悪くなった。だから、どこかの雑誌に「約束違反だ。石原に騙された」と書いた。

それと同時に徳洲会とも業務提携しなかった。結局、両方とも約束は反故《ほご》にした。

石原は当選すると浜渦武生《はまうずたけお》副知事にカネのことは任せて利権を開拓していった。その都度、新しいところを呼べばカネになるわけだから、考えたのだろう。

私にも「カジノの件を任せる」と言っていたが、結局、その案件はバーニングプロダクションの周防郁雄《すほういくお》や亀井静香がやっている。

私はこのころにはすでに石原の人物を見切って半分愛想《あいそ》を尽かしていた。

結局、私が最後に石原と対峙したのは、都立公園から東京都が屋台、焼きそば、テキヤの商売をやっている人たちを全部追っ払ったときだ。戦前からやっている人も含めて、すべて排除したのだ。

そのとき、テキヤの親分たちが私のところに相談に来た。そして私が話をつけるということで石原に連絡して、「知事室にテキヤと一緒に行く」と言ったら、「どうぞ」と言うから、テキヤを全部連れて知事室に入った。

だが、石原はいなかった。逃げたのだ。

代わりに兵藤茂《ひょうどうしげる》という特別秘書が出てきた。兵藤は「お待ちしておりました」と愛想よくテキヤの親分たちに特別秘書だと名刺を配っていた。親分たちも「いやあ、こんな知事室に初めて来た、特別秘書がみんなに挨拶に来た」と感心していた。

石原もすぐに来てわれわれの陳情を聞いてくれるのかと思いきや、いつまで経っても石原は来ない。

「おい、どないしたんだ、兵藤君。石原はどうしたんだ」「いや、いま、ちょっといろんな仕事が重なってまして」と一時間経っても来ない。「なんとかしろ、おまえ。ここに十六団体の親分衆が来てるじゃないか。これ以上待たすのは失礼だ」「いや、すいません」とはっきりしない。

結局、石原は来ないということになった。「出てこない。これ、どうするんだ」と兵藤に言うと、「その代わりに公園緑地部で全部対応するようになってます」と言った。「直接、公園緑地部に行ってください」と。

それで公園緑地部の別棟のどこかに行ったら、もう三十人以上が会議室に座っている。それで十六団体の席がザッとつくってあった。どこかの労働組合の団交のような感じだった。

私が真ん中に座ってテキヤの親分を並べ、パッと見たら、三十人の前列に座っているやつは、どうも東京都の職員らしくない風貌だなと思った。

「あなた方は東京都の方ですか」と私が聞いたら黙っていて、なぜか私をにらんでいる。「あっ、これは警視庁だな」と思ったから、「おいっ、警視庁か！」と大声で怒鳴った。そうしたら「はい、警視庁です」と。「コラッ、兵藤。俺は警視庁に陳情に来たんじゃない。東京都へ陳情に来てるんだ。即、石原を呼んでこいっ！」と私は言った。

すると今度はこっちのテキヤが「ふざけるな、おまえら」と言い出した。たらい回しにされたことに気づいたのだ。私はこのまいくと騒動になり、現行犯でやられると思ったから、「今日は中止！」と言って引き揚げた。それで京王《けいおう》プラザホテルに行ってお茶でも飲もうと思ったら、今日は席がありませんと言う。パッと新宿《しんじゅく》署の四課の連中が来て、「今日はもう、ここは使わないでください」と言ってきた。「何を言っているんだ、俺たちは……」と言いかけたら、「わかりました」と態度がコロッと変わって四課の人たちが席をつくって、そこでコーヒーを飲んだ。

私は「石原の野郎、これは許せねえ」となった。それから石原は私から逃げてばかりだ。石原はニューオータニのゴールデンスパに水泳に来るから、そこで偶然会ったことがある。「おい、コラッ！」と言って私が怒ったら、「うわあっ」と驚いて逃げた。あんなに年を取って、よくこんなに走って逃げるなあと思うほどの逃げ足だった。それからはもう縁がない。

石原は都知事時代に築地《つきじ》から豊洲《とよす》への市場移転を進めたが、私はあの移転には反対だった。東京ガスの工場跡地を石原と浜渦が東京都で買ったが、あの時点から、むちゃくちゃなことやっていた。

東京ガスは「あんな場所にマンション建てても無理だろう」と思っていたはずだ。もちろんマンションにかぎらず、ビルも建たない、工場もできない、人が働く場所ではないということがわかっていた。土地にベンゼンなどの危険な物質があるわけだから、そんなところに魚市場を持っていけるはずがない。「トイレのなかに台所をつくるようなことをするのか」と建築士が言っていたくらいだ。

ものすごい大量のシアンがあの地下の汚泥のなかにはある。シアンというのは気化する。気化したら青酸ガスになる可能性がある。それを吸うかもしれない。そういうところで働かせたり、魚をさばいたりするのだから、おかしいに決まっている。

若いころは、わりと垢抜《あかぬ》けた行動をしたときもあったが、やはり政治をやっていると、だんだん人間が腐っていくものだ。

尖閣諸島を守れ

福田赳夫政権下で私が動いた三つの大事件の二つ目が尖閣諸島問題である。

一九七八（昭和五十三）年五月、コスタリカに滞在中の私のもとに東京から一本の国際電話がかかってきた。

「尖閣諸島に中国の民兵が上陸しようとしている。漁船が尖閣諸島を取り巻いている」

この年の十月には中国の副総理の鄧小平《とうしょうへい》が日中平和友好条約の批准書交換のために来日する

予定であった。副総理とはいえ、鄧小平は事実上の中国の最高指導者のひとり。中国首脳の訪日は初めてのことであった。

その報を聞いた私は急遽《きゅうきょ》、日本に帰国することを決めた。

尖閣諸島はすでに無人であったが、大正時代までは日本人が五十人ほど住み、鰹節工場があったという。

私は帰国するとすぐに親交のある自民党の衆議院議員の毛利松平と福田赳夫内閣の園田《そのだ》直《すなお》官房長官に連絡を入れた。

私は毛利、園田、石原らと協議した。

「すぐにでも尖閣に行かなければならない」

ところが福田総理は私の提案に反対だった。

「鄧小平が来る前に日中関係に波風を立ててはいかん。そっとして動くな。尖閣諸島に行ったり上陸したりするのは慎め。相手を刺激するな」

五カ月後には鄧小平の来日が予定されている。この時期、福田内閣では鄧小平の来日と、日中平和友好条約の批准書交換に向けて動いていた。

だが、私にも思うところがあった。

「そんなもの、よう知るか」

福田総理は警察庁長官を通じて沖縄県警に指示を出した。

「いかなる船舶も尖閣諸島に行ってはいけない。尖閣諸島に行けと言われても行くな」

沖縄県警は各漁船を取り締まった。

私はこの方針に危惧を抱いた。

鄧小平の来日までは静かにしていろというが、それでは相手の思うツボだ――。

もし中国側が上陸し、鄧小平の来日時に「尖閣諸島は中国の領土だ」と言われたら、それこそ問題だった。

一方、消極的な福田総理とは異なり、毛利はたじろがなかった。

もともと毛利は計算で動く人間ではなかった。慶應義塾《けいおうぎじゅく》大学柔道部出身で格闘家の魂を持つ熱い男だった。毛利も私の考えに同調し、衆参の国会議員に寄付を募り、一所懸命になって動き回った。

私はついに決断した。

「日本の日の丸を、われ先に尖閣諸島に立てなければいけない」

ところが、いざ決行しようとすると、誰ひとりとして尖閣諸島に行きたがらなかった。そこで私は尖閣諸島に上陸する人間を集めることにした。

決死の上陸

結局、政治結社・石門社《せきもんしゃ》代表の関二郎《せきじろう》という中央大学レスリング出身の男が上陸することになった。私は関とは大平光洋からの紹介で知り合いだった。

一九七八（昭和五十三）年五月九日、尖閣諸島領有決死隊が結成された。総隊長は関、隊長は笠原正敏、そのほか隊員は七人であった。

私と石門社の人間を含めて十人ほどで沖縄県那覇《なは》市に向かった。

私は沖縄でも頻繁に土地の売買をしていたため、多くの沖縄の人間と顔なじみになっていた。これまでの実績から「私の頼みなら」と無理を聞いてくれる人間も多かった。要するに顔がきいたのだ。

私はまず指示を出した。

「尖閣諸島に行ってくれる船を捜せ」

どの漁船も尖閣諸島に向かえば、沖縄県警に逮捕されてしまう。だから出航しようとはしなかった。

そこで私は沖縄のヤクザの沖縄旭琉會《きょくりゅうかい》の羽根地勲《はねじいさお》に頼むことにした。羽根地は沖縄旭琉會の本部長であった。

普通であれば那覇と尖閣諸島の往復運賃は二十万円ほどだ。時間は約二十五時間かかる。石垣《いしがき》島《じま》からは七、八時間ほどだ。

船賃は二十万円だが、船員は違法行為で逮捕されることもある。そのため、私は六百万円を渡すことにした。

羽根地の協力もあり、ようやく行ってくれる船が見つかり、一団はひどい船酔いに遭いながら尖閣諸島を目指した。

尖閣諸島の周囲は海上保安庁の巡視船の監視があった。中国の漁船も来ていた。

そんな緊張状態にある海域に私たちの漁船が乗り込んだ。

海上保安庁の巡視船からは撤退を促す指示が聞こえた。

「上陸するな。出ていけ！」

だが、上陸しなければ目的は果たせない。一団はついに決行に移した。

五月十一日、荒れ狂う波を乗り越え、海上保安庁の巡視船による妨害も潜《くぐ》り抜けて海に飛び込んだ。一団は必死になって尖閣諸島を目指して泳いだ。尖閣諸島のひとつである魚釣島《うおつりしま》に戦後初めて上陸し、戦後初となる大日章旗を掲げた。それが一回目の上陸だった。

さっそく持っていったテントや缶詰などの食料を島に運び上げた。

海上保安庁は激怒した。

そこで私は園田に依頼して海上保安庁に連絡を入れてもらった。

「上陸してしまったものはしかたがないから助けろ。わざわざ抑留などするな」

園田や石原らが必死に動いた。

「なぜ、反対するんだ。日本のために行っているんだ。中国が上陸する前に日本の旗を立てなければいけない。彼らの動きを認めろ！」

結局、海上保安庁も白旗を揚げた。

一回目は十日間の上陸だった。中国の船も近隣にあるなかで、彼らは危険な状況のなかで寝泊まりを続けた。

私は上陸したメンバーの身を案じていた。

持っていった食料は十日ほどでなくなる。それ以上は難しい。どこかのタイミングで交代させなければ、あいつらは死んでしまう――。

そこで私は第二陣の部隊を送ることを決めた。そのときは海上保安庁も支援する側に回った。今度は海上保安庁の了解を得ているため、石垣島から出航した。

海上保安庁は二回目からは表立っての協力はしないものの、黙認するようになった。そのため漁船を堂々と尖閣諸島の近くまで寄せることができ、一回目に比べたら容易に上陸することができた。

第一陣のメンバーと入れ替わり、新しいメンバーが上陸した。テントだけだった住居も人並みに住めるように整えられ、日本の旗も立て、簡易灯台も建てられた。

私たちが建てた灯台は小さいバッテリーの灯台だった。

多くの反対を押し切ったなかで、私は上陸するメンバーを十日間単位で入れ替えるようにしながら、頓挫することなく上陸状態を続けた。

東京では私たちは毎週一回、対策会議を開いていた。そこに右翼団体の日本《にほん》青年社の幹部がやってきた。

日本青年社は、その構成員は約三千人といわれている。

一九六一（昭和三十六）年十月、住吉《すみよし》連合会副会長で住吉一家、小林《こばやし》会《かい》初代会長の小林楠扶《くすお》が衛藤豊久《えとうとよひさ》と東京・大田《おおた》区周辺の若者を集めて右翼団体・楠皇道隊《くすのきこうどうたい》を結成した。

一九六九（昭和四十四）年三月、七〇年安保に備えるために発展的に楠皇道隊を解消し、あらためて日本青年社として発足した。

その幹部が申し出た。

「みなさんと一緒に活動をやりたい」

その幹部はその後も対策会議に顔を出した。

日本青年社の衛藤会長たちも私のもとにやってきた。

「必ず灯台をあそこに建てます」

私は言った。

「灯台を建てるならカンパしよう」

私は自身のポケットマネーで補った。総額一億五千万円ほどの出費だった。

同時に私たちは海上保安庁や運輸省（現・国土交通省）に対してヘリポートをつくる予算を確保するように動いた。ヘリポートなら五百万〜一千万円ほどでできる。その建設に向けての動きも私が仕組んだ。

結局、政府は尖閣諸島を実効支配するための拠点としてヘリポートをつくった。

政府が重い腰を上げて尖閣諸島の実効支配に力を入れ始めた以上、もはや私が苦労して何かをする必要はなくなった。こうして私たちの役目にピリオドが打たれることになる。

日本青年社はその年の八月に尖閣諸島に上陸して本格的な灯台を建設することになった。日本青年社の活動と私の活動はいっさい関係がなかった。すべて私の活動が終わったあとの話になる。

一九七八（昭和五十三）年十月二十二日、当時、副総理の鄧小平は日中平和友好条約の批准書を交換するために、ついに来日した。鄧小平は領土問題についても発言した。

「日本の領土の尖閣諸島の帰属は、いま決着できなければ子々孫々の時代に解決すればいい」

なお、私たちの対策会議に顔を出していた日本青年社の幹部は、のちに灯台を建てる作業による過労のために石垣島で死んだ。

石原慎太郎の狼狽

その後、石原は「文藝春秋《ぶんげいしゅんじゅう》」一九九五（平成七）年七月号で、『何を守り何を直すか　いまこそ問う――国家の意思を沈めるのは誰か』と題して尖閣諸島・魚釣島の灯台建設に触れている。

〈かつて私は拠金して有志の学生たちを島に送り手製の灯台を作ったりしたものだった〉

それを目にした日本青年社の衛藤会長は石原に質問書を出した。

公開質問状は七項目で構成されている。

一、学生への拠金と彼らの灯台建設は事実か。

二、事実であれば魚釣島には二基の灯台があるべきだが、実際には一基しかないが、この事実をどう考えるか。

三、灯台を建設した島の島名、建設年月日、その後の保守点検作業を明らかにされたい。

四、拠金の年月日、相手先、金額とその領収書を示されたい。

五、灯台を建てたとされる学生の所属大学名、氏名を明らかにされたい。

六、石原氏の記述で日本青年社は石原氏から金銭や労力の提供を受けたとの誤解を持たれた可能性があるが、この点をどう考えるか。

七、浦和市《うらわし》（現・さいたま市）在住の尖閣諸島新地権者の氏名と売却申し込み年月日を明らかにされたい。

という内容であった。

質問書に慌てた石原は私のところにすぐに飛んできた。

「衛藤会長がこんな質問書を送ってきた」

そこで私が衛藤に電話を入れた。

「規模はわからないが、俺が資金を出して送った関たちが小さな灯台をつくっておる。石原はそのときにかかわっている。そのことを言っているんじゃないか。あなたたちはそのあとでやったことだ。だから石原がそれくらいの主張をしても通用するんじゃないか」

私はこう言って石原を助けてやった。

日本青年社は灯台を建立してから日本の領土として二十八年間実効支配し、二〇〇五（平成十七）年二月に国に無償譲渡した。

二〇一二（平成二十四）年九月十一日、日本政府は魚釣島、北小島《きたこじま》および南小島《みなみこじま》の三島を埼玉県在住の地権者から購入し、国への所有権移転登記を完了した。これによって現在、私有地は久《く》場島《ばしま》のみとなっている。

なお、石原は二〇〇三（平成十五）年二月三日の「産経《さんけい》新聞」朝刊の「日本よ」というコラムで、「海図に載らない灯台」と題して日本青年社を絶賛した。

〈このごたごたは返還以来続いていて、業を煮やしたかつての青嵐会《せいらんかい》議員が挙金し、学生有志を派遣して魚釣島に手製の灯台を建設したものだが、さらにその後の昭和五十三（引用者注＝一九七八）年、右翼結社『日本青年社』が発奮し多額の資金を投入して立派な灯台を建設してくれた。その作業による過労のために隊員の幹部が死亡までしたが、そうした犠牲の上に出来上がった完《かん》璧《ぺき》な灯台は、なぜかいまだに正式に登録されず海図に記載されることがない。

私は運輸大臣を退任した後灯台の完成を聞き、運輸省の水路部に紹介し専門家の調査を得、灯台としての不足部分を補填《ほてん》してもらいさらなる検査を受け正式な灯台としての資格を得た。しかしいざそれを海図に記載すべき段階で、なんと日本国外務省から「時期尚早故に保留すべき」との横やりが入り灯台は完全な灯台として作動していながら、海図の上に正式に記載されずにいる。

外務省のいう「時期尚早故に保留すべき」といういいがかりは、尖閣の領土権を主張しているシナへの慮《おもんぱか》りに相違あるまい。これは奇怪、というよりも最早《もはや》歴然とした国家への背信であって、自らがかつて省務として行った返還交渉とその成果への否定に他ならない〉

ダッカ事件での暗闘

福田赳夫政権下で私が動いた三つの大事件の三つ目が、一九七七（昭和五十二）年九月二十八日に日本赤軍《にほんせきぐん》がバングラデシュの首都ダッカで起こした日本《にほん》航空機のハイジャック事件である。石原とは無関係だが、ここで触れておきたい。

この事件は、フランスのパリ＝シャルル・ド・ゴール空港発ギリシャのアテネ国際空港、エジプトのカイロ国際空港、パキスタンのジンナー国際空港、インドのムンバイ国際空港、タイのドンムアン国際空港、香港の啓徳《カイタック》国際空港経由東京国際空港行きの日本航空四七二便が経由地のムンバイ空港を離陸直後、拳銃、手榴弾《しゅりゅうだん》などで武装した日本赤軍グループ五人によりハイジャックされたものだ。

日航機は進路を変更してダッカのジア国際空港に強行着陸し、犯人グループは人質の身代金として六百万ドル（当時の為替レートで約十六億円）と、日本で服役および勾留中の九人（奥平純《おくだいらじゅん》三《ぞう》、城崎勉《しろさきつとむ》、大道寺《だいどうじ》あや子《こ》、浴田由紀子《えきだゆきこ》、泉水博《せんすいひろし》、仁平映《にへいあきら》、植垣康博《うえがきやすひろ》、知念功《ちねんいさお》、大村寿雄《おおむらとしお》）の釈放と日本赤軍への参加を要求し、さらに拒否された場合や回答がない場合は人質を順次殺害すると警告した。

日本政府はこの事件に対して最終的に交渉や武力での解決をよしとせず、十月一日に福田総理が「ひとりの生命《いのち》は地球より重い」と述べ、身代金の支払いと、「超法規的措置」として収監メンバーなどの引き渡しを行うことを決めた。

釈放要求された九人のうち植垣、知念、大村の三人は「政治革命を目指す赤軍とはイデオロギーが異なる」と、釈放と日本赤軍への参加を拒否したため、釈放されたのは残りの六人だった。

交渉の末に人質たちは解放され、ハイジャック犯五人と釈放犯六人はアルジェリアの政府当局に投降し、その管理下に置かれることになった。

私は事件が発生した直後から親交のある園田官房長官に「こんなバカなことをしていいのか。人の命が地球よりは重いというが、それはそれとして、ほかに解決する方法を考えなきゃいけない。たんなるテロ組織であろうが、犯罪組織であろうが、赤軍であろうが、交換条件によって人質を解放するような交渉に、民間対民間ならともかく、一国の政府が直接取引に応じるということは、絶対許せるものではない」とはっきり伝えた。

だが、福田総理には人質を助けようと思う人質の関係者や関係企業からさまざまな圧力がかかったようで、その結果、身代金を支払ったうえに、未決囚たちを解放してしまった。

私はその一報を聞いて「けしからん。断固許せない」と、さらに激怒し、日本政府の弱腰ぶりを嘆いた。

当時、私は後藤田正晴の相談役的な立場だったから、後藤田とも意見交換した。

後藤田は福田総理に批判的な田中派に所属していたし、もともとが警察庁長官だから、「一度捕まえた犯人を理不尽な理由で釈放するとは、あってはならないことだ」とはっきり言っていた。

ハイジャック犯五人と保釈犯六人がアルジェリアにそのままなのもおかしかった。

私は、なんとかできないか、と思案していた。

その矢先、パリに本社があるロシア系の国際金融資本の最高顧問と話をする機会があった。

その最高顧問と話をするなかで、「解決する方法はある」という話を聞いた。

話を聞いているみと、当時、アルジェリアに軍事、警察訓練をしているアメリカン・トレード・ファイナンスという会社があり、その会社はＣＩＡの影響下にあるという。

同社と交渉すれば、ハイジャック犯たちを取り返すことが可能だという話だった。

私は同社と交渉をすることを決意し、交渉のパートナーとして、国連高等弁務官の緒方貞子《おがたさだこ》の実弟と組むことにした。実弟はアラビア石油の顧問をしていた。

私は、実弟とともにこの問題を解決するプロジェクトをつくった。実弟と連絡を取り、アメリカン・トレード・ファイナンスと話をしようとすると、「ワシントンに来てくれたら、いつでも会う」と言う。「それならば」と思い、私と実弟はワシントンに飛び、一週間ほど相手と交渉した。

アメリカン・トレード・ファイナンスとの交渉の結果、アルジェリアの司法当局をはじめとする政府を説得し、ハイジャック犯たちを日本に奪回することは可能だという話でまとまりつつあった。

ただし、アルジェリア政府はビジネスとしては関与しないが、アメリカン・トレード・ファイナンスはＣＩＡの影響下にあるとはいえ民間会社だ。当時の価格で十億円前後で契約してほしいと主張した。

私たちは日本政府の代理として動いていた。契約を迫られていることを政府に伝えると、園田は「わかりました。善処しましょう」と乗り気だった。

だが、決定権があるのは、もちろん福田総理。園田と福田とのあいだでどういう話し合いがあったかはわからないが、おそらくカネを出して犯人たちを取り戻すということに福田がビビったのだろう。

結局、園田からは「それ以外の方法があるか検討してくれ」とのことだった。だが、民間の会社が入っているのに、カネ以外の手段を使うというのは難しい。

結局、「カネを出さないなら、これ以上、話は進められない」と断り、話は終わってしまった。

第五章
私が出会った政治家たち

小池百合子との腐れ縁

私は東京都知事の小池百合子《こいけゆりこ》とのつきあいも長い。

小池家とつきあいができたのは、一九七五（昭和五十）年のことだ。

百合子の父の勇二郎《ゆうじろう》の商売が傾き、債権者たちに追われるようになった。

その窮状を見かねて私が救いの手を差し伸べたのが小池家とのつきあいの始まりだ。

もともと勇二郎は国際三昌《さんしょう》という小さな貿易会社を経営していて、エジプトからあまり質のよくない原油を安価で仕入れて商売していた。

その取引相手が関西電力だった。勇二郎は関西電力のワンマン会長だった芦原義重《あしはらよししげ》のもとにせっせと通い、かわいがられていた。

国際三昌は関西電力と直接取引する口座を持っていないから、あいだに大協《だいきょう》石油（現・コスモ石油）を通じての取引だった。国際三昌の利益は月に一千万円ほどだった。

その商売が行き詰まり、ついに不渡りを出し、ヤクザの金融屋が入ってきて芦屋《あしや》の自宅も乗っ取られてしまった。

要するに、借金で首が回らない状態になっていたのだ。

困った勇二郎は知り合いのチンピラを通じて私のところに助けを求めに来た。

当時はそういった処理の難しい案件が頻繁に私のところに持ち込まれていた。

私は「ヤクザにいじめられている中小企業は、ほうっておいたらつぶれてしまう」と思って助けてやることにした。

勇二郎は芦屋を引き払い、私が用意した六本木《ろっぽんぎ》のビルの一室に身を潜めた。

匿った私のもとには百五十社ほどの債権者が押しかけてきた。

「騙された」

「ウソつきだ」

債権者たちは口々に罵ってきたが、引き受けた以上はかばってやることにした。

勇二郎の債務は当時で十億円くらいに膨れ上がっていたが、それを私が三億円くらい債権者たちに支払って破産処理した。

その後、勇二郎は私の秘書として雇ってやることにした。

勇二郎は山師のようなところがあって、朝から晩まで私の事務所で自分の手柄話を平気でやっていた。

話の中身は全部ホラ話ばかりで、「エジプトの大統領と仲がいい」とか、そんなものばかり。

その話のなかで、「うちの娘の百合子はカイロ大学を中退した」と言ったことも覚えている。

作家の石井妙子《いしいたえこ》が『女帝　小池百合子』（文藝春秋）で学歴詐称を暴いたが、カイロ大学中退というのは私も生き証人のひとりだ。

ホラ話ばかりの勇二郎だが、娘ひとりをカイロ大学に入学させる程度のコネクションは持っていたのだろう。

石井はカイロ時代の小池のルームメイトの証言を取っているが、私が勇二郎から当時聞いた話と同じだ。

当時、勇二郎は国際三昌のカイロ支局を設けて百合子の兄の勇《いさむ》を派遣していた。

そのあと、私は小池一家にカイロで「ナニワ」という日本料理のレストランをやらせることにした。勇二郎は実質店長で給料を払ってやっていた。母親にも勇にも百合子にもカネを渡してやったことが何度もある。

カイロ大学を中退して日本に戻ってきた百合子は私の神田の事務所に入りびたっていた。

私はこのとき、こづかいをあげたり、服を買ったりしてやった。中東から客が来たときに通訳として使ってやろうと思っていたからだ。当時は私とは立場が違ったから、生意気な態度を取られたりすることはまったくなかった。一家の面倒を私が見ているのだから当たり前だ。

だが、エジプトのアブドゥル・カーデル・ハーテム副首相が来日したとき、百合子に通訳を頼んだら、アラビア語ではなく英語を使っていた。最初の挨拶ぐらいはアラビア語でもいいはずなのに、それすらしない。あの様子ではおそらくアラビア語もほとんど話せないのだろうと思う。

アラビア語のレベルがそのくらいの人間がアラブ世界で最難関のカイロ大学を卒業できるわけがない。しかも百合子は首席卒業とうそぶいていたのだから、ありえない。

カイロ大学は公式に「小池百合子は卒業している」とメッセージを発しているが、エジプトはカネでなんとでもなる国だ。百合子を卒業生にするだけで恩が売れるのだから、そのくらい、いくらでも融通をきかせるだろう。

もし百合子が総理にでもなったら、さらに大きな貸しをつくれる。日本からカネを引っ張るチャンスくらいに考えているはずだ。

小池一家とつきあいがあったのは、私が逮捕されるまでだから、一九八二（昭和五十七）年ごろまでだ。

小池一家は私が逮捕されるとコロッと態度を変え、私のエジプトの十六億円ほどの財産を奪って逃げた。水産加工会社の株を勇二郎と勇が勝手に処分したのだ。

百合子とはその後も偶然、二、三回会うことはあった。彼女は昔とは打って変わって堂々と「お元気でしょうか」なんて挨拶してきた。たいしたタマだ。

だが、いま考えれば、父親も母親も長男もしたたかなところはあった。血は一緒だ。

百合子も権力者を巧みに見抜いて利用し、取り込んでいくのはうまい。

テレビキャスターから政治家に転身し、日本新党《にほんしんとう》の細川護熙《ほそかわもりひろ》とくっついて、そのあとは小沢一《おざわいち》郎《ろう》、さらには小泉《こいずみ》 純一郎《じゅんいちろう》と、そのあたりの嗅覚は抜群。権力者に取り入るのが抜群にうまい。

いつの間にか「女帝」といわれているんだから、駆け上がっていくのがうまいのだ。

父の勇二郎も稀代《きだい》のウソつきではあったが、娘の百合子は千三百万人の都民を相手にウソをつき続けているのだから、その点のスケールはデカい。

小泉純一郎と竹中平蔵

小泉純一郎や竹中平蔵《たけなかへいぞう》とはつきあいがない。

竹中は大学卒業後に日本《にっぽん》開発銀行（現・日本《にっぽん》政策投資銀行）に入行したときに周囲からバカにされていた男だったことは知っている。銀行では同期のなかでは出世も遅れていて劣等生だったという話を耳にした。

だが、銀行に在職中に大学に行ってからは要領がよく、辞めてからはとんとん拍子で要職に起用されるようになった。アサヒビールの樋口廣太郎《ひぐちひろたろう》に近づいて政府の経済財政諮問機関のメンバーになり、いつの間にかアメリカの有力なエージェントになっている。国士だった後藤田正晴とは比べものにならない売国奴だ。

竹中を要職に起用した小泉は、後藤田の前ではおとなしい学生みたいな男だった。ただカネへの卑しさだけはなかった。

小泉はものをもらわない。そういうケジメはあった。ただ、竹中同様にアメリカのエージェントになっている。一度ワシントンに行って脅されているから、それ以来、ずっとエージェントとして行動している。

だから郵政民営化も命がけで取り組んだ。アメリカは北朝鮮に勝手に行った小泉が許せなかったから、小泉の弱みをつかんで徹底的に言うことを聞くようにした。

当時の自民党において「政界のドン」と呼ばれたキングメーカーの金丸信《かねまるしん》が脱税で政界引退に追い込まれたのも北朝鮮と独自に関係を結んだのが理由。アメリカの言うことを聞かない政治家は、みんなそれでやられている。

田中角栄も東南アジアを訪問したときにバッシングを受けたが、それもアメリカによる工作だ。田中もアメリカに疎んじられたから、ロッキード事件でやられてしまったのだ。

亀井静香との決別

私は亀井静香ともつきあいがあった。

亀井は警察庁を辞めたときは埼玉県警の課長だった。

亀井は東京大学を卒業し、最初は別府《べふ》化学工業（現・住友精化）に就職した。そこの寮に寺尾《てらお》幸太郎《こうたろう》という男が住んでいて、亀井は一年後に寺尾に「俺はサラリーマンを辞めて警察官僚になる。そして、いずれ政治家になりたい。そのときはおまえも協力してくれ」と言って会社を辞めたのだ。

寺尾も別府化学工業を退職して伊藤忠《いとうちゅう》商事に就職し、その後、私のところの社員になった。

亀井が初めて衆院選に出馬するときに寺尾から言われた。

「自分の友人の亀井という警察官が今度退職して選挙に出たいと言っています。私は選挙に出るときは助けると約束しているのですが、ナミレイの社員のまま亀井の秘書をやらせてもらえないですか」

要するに、給料をうちからもらいながら亀井の秘書をやりたいと言ってきたのだ。

私は「それなら亀井と会わせろ」と言って亀井と会った。さすがに人となりを見ないわけにはいかないからだ。会ってみると亀井はピシッとしていたから、「よし、わかった。じゃあ、おまえをつけるぞ」と言って寺尾をつけてやった。

当時の私は飛ぶ鳥を落とす勢いだった。亀井が警察官僚出身だったから、後藤田にも会わせてやろうかと思って後藤田に電話した。

「警察官僚の亀井っていうのが今度、衆議院に出ますから、応援します」

普通は自分の出身省庁の後輩なら喜ぶものだが、後藤田は違った。それだけ亀井のことを毛嫌いしていたのだ。

後藤田は烈火のごとく怒って、「亀井なんか応援するな。やめておけ」と言ってきた。なぜかと聞くと、「あいつは筋が悪い」という。

それでも私は亀井を応援することにした。当時は後藤田より私のほうが立場が上だった。

私は大和證券の土井定包社長の個人的な顧問だったから、土井に「亀井を応援するから、つきあいのある会社を五百社ほど亀井の後援会に入れてやれ」とまで言ってやった。カネも相当集まったようだ。

亀井は地盤も看板も何もなかったが、結局、一九七九（昭和五十四）年十月の衆院選に広島三区から出馬して当選した。

当選したあとに私が後藤田に「前に話した亀井が当選したぞ」と言ったら、気分が悪くなったような顔をして、「なんてことをしたんだ、おまえは」と言ってきた。

後藤田は最後まで亀井のことを認めていなかった。だから一度も会おうとしなかった。やはり警察庁長官経験者と地方の課長では差がある。

亀井が「ちょっと挨拶したい」と言っても、後藤田はまったく取り合わない。ダメの一点張り。私と後藤田は当時、毎週、永田町の「ふくでん」で食事をしていたから、私は亀井に「食事のあとに顔を出せ」と言って会わせてやることにした。

それで亀井を待たせておいて後藤田に会わせると、やっぱり後藤田は「何をしてくれるんだ」という顔をしていた。それだけ亀井に会いたくなかったのだろう。

亀井が「亀井でございます。これから後藤田先生のご指導をいただきたい」と挨拶しても、後藤田は何も言わない。ひと言も発しない。

しょうがないから、亀井には「挨拶できたんだから、いいだろう」と言って帰したが、後藤田は渋面を浮かべたままで、亀井が帰ったあとも、「余計なことをするな」などと言ってきた。「たまた会っただけだ」と言い訳するしかなかった。

だが、まずいのは、亀井のそのあとの言動だった。亀井は今度は「後藤田と会った」と、まるでお墨つきでももらったかのような感じで言いふらして回った。

後藤田の亀井嫌いは徹底していた。亀井のカネの汚さに辟易《へきえき》しているようだった。後藤田は亀井が警察庁時代に捜査の関係でカネをもらってもみ消しているという事件を聞いていた。でも、私には細かく理由を言うことはなく、「筋が悪いから嫌いだ」としか言わなかった。亀井はヤクザからカネをもらうなど、悪さも相当やっていた。後藤田にはその部分への警戒心があるようだった。


亀井が私から離れたのは、私が高砂《たかさご》熱学工業に関連して逮捕されたことがきっかけだ。

それまでは毎日のように会いに来ていた亀井だが、私が逮捕されると、弁護士経由で「絶対にカネのことはいっさい言わないでくれ」と小菅《こすげ》の東京拘置所にいる自分のところに伝えてきた。

亀井の冷たい態度に「この野郎」と思った。「私のことを心配するどころか、自分のことだけ心配する汚い野郎だな」と思った。「取り調べを録音しろ」とまで言って回っていたらしいから、それ以来、もういっさい出入り禁止にした。

二〇〇一（平成十三）年のポスト森喜朗《もりよしろう》を争う自民党総裁選で亀井と小泉が争ったときにも、後藤田は「絶対に亀井は総理にしちゃいけない」とまで言っていた。私に「おまえが選挙で当選させた結果、こうなったんだぞ」なんて言うほどだった。当時の亀井は建設大臣や運輸大臣をやり、派閥の会長も務め、自民党の政調会長まで務めていた。後藤田には、亀井の政界での出世が苦々しかったのだろう。

結局、このときの総裁選は小泉が勝ったが、一時は亀井になる可能性もあった。

山口敏夫の失脚

小柄な体格、精悍《せいかん》な顔立ちと歯切れのいい弁舌に権謀術数に長《た》けた政治的センスで一般国民にもよく知られ、「政界の牛若丸《うしわかまる》」「珍念《ちんねん》」などのニックネームで親しまれた山口敏夫《やまぐちとしお》と私は縁があった。

山口は一九七六（昭和五十一）年、ロッキード事件が発覚すると同時に河野洋平《こうのようへい》、西岡武夫《にしおかたけお》、田川誠一《たがわせいいち》らと自民党を離党し、第二の保守政党を目指して「新自由クラブ」を結党する。その年の衆院選では若さと改革、クリーンなイメージを押し出して一挙に十二人の新人を当選させて大勝する。

山口は一九八〇（昭和五十五）年に新自由クラブの幹事長に就任すると、与野党のあいだを縦横無尽に飛び回り、マスコミから「牛若丸」「寝業師」「政界の仕掛け人」などさまざまな異名をつけられて活躍した。一九八三（昭和五十八）年に自民党と新自由クラブが連立政権を樹立するが、山口はこの先頭に立って動いている。

翌年の一九八四（昭和五十九）年、山口は第二次中曽根改造内閣で労働大臣として初入閣を果たす。

その後、山口は自民党に戻り、さらに自民党を飛び出し、非自民・非共産勢力が合流して結成された新進党《しんしんとう》に参加した。

ところが新進党の結党大会が開かれる前日の一九九四（平成六）年十二月九日に経営破綻した高橋治則《たかはしはるのり》理事長の東京協和信用組合と、鈴木紳介《すずきしんすけ》理事長の安全信用組合の救済を目的に、日本《にっぽん》銀行と民間銀行が共同出資して新銀行を設立することが発表された。

二つの信用組合は不動産投資に失敗して経営難に陥ったイ・アイ・イ・グループなどへの融資が焦げつき、多額の不良債権を抱えて自力再建が不可能な状態にあることが、この年の六月に大蔵省（現・財務省）と東京都の合同検査で明らかになっていた。

年が明けた一九九五（平成七）年二月六、七日の二日間にわたり、衆議院予算委員会では旧東京協和と旧安全の二信用組合の経営破綻と東京共同銀行（現・整理回収機構）の設立問題についての質疑が行われた。

その最中の二月十四日、「朝日新聞」朝刊一面にさらなるスクープが掲載された。記事は『山口敏氏周辺企業に35億円　東京協和・安全信組が融資　ゴルフ場開発絡み』との見出しで、〈東京協和信用組合と安全信用組合から、元労相で新進党幹事長代理の山口敏夫代議士の親族らが関係する企業グループに、昨年六月時点で総額約三十五億円を超す融資が行われていたことが、朝日新聞社の調べで明らかになった〉と書かれていた。

融資は経営不振に陥った山口の実弟が経営するゴルフ場開発会社の資金繰りなどにあてられたとし、二つの信組の関係者もほとんど返済されていないとした。

また、山口は東京協和信用組合の理事長だった高橋と以前からつきあいがあり、ゴルフ場開発会社が別の不動産会社からピーク時に約三十億円を借金した際に二人で連帯保証をしていたことも報じられた。

山口はスクープが掲載された二月十四日、突然、新進党の幹事長代理を辞任した。さらに一カ月後の三月二十二日には新進党を離党した。

だが、山口への疑惑追及は三月二十日に起きたオウム真理教《しんりきょう》による地下鉄サリン事件によって一時的に吹き飛んでしまう。

この時期の山口は二信用組合救済疑惑とオウム真理教の怪文書チャートの両方にキーパーソンとして登場した。オウムの怪文書チャートにはロシアのボリス・エリツィン大統領の側近のオレグ・ロボフ安全保障会議書記とオウム真理教の橋渡しをしたのが山口だとされていた。

山口は二信組だけでなくオウム真理教でも疑惑について報じられ、連日、マスコミに取り上げられていく。

六月十七日、山口と中西啓介《なかにしけいすけ》前衆議院議員の二人が二信用組合による乱脈融資事件に関与したとして衆議院で証人喚問を受けた。山口は「自分は無罪で潔白だ」とマスコミに対する批判を続けていた。

一方、強制捜査の着手から半年を経ても思うような材料が上がらない検察内部では山口の案件を断念する局面が迫りつつあった。

だが、高橋が再逮捕され、検察の取り調べで山口の関与を認める供述を始めたことで、状況はさらに一変した。

検察のターゲットはいよいよ山口に絞られつつあった。

特捜部に徹底抗戦

十一月三日、山口は私が結成した法曹政治連盟の初代会長だった池田《いけだ》治《おさむ》弁護士を呼び出した。

「どうも東京地検が情報をリークして世論操作している。俺を立件するとは何ごとか。地検の内部は腐っている。綱紀粛正をしたい」

一方、「ナミレイ事件」（第七章参照）で私を騙して逮捕への道筋をつけた張本人の東京地検特捜部の山口悠介《やまぐちゆうすけ》への恨みはいつまでも消えることがなかった。山口悠介が手がけた主な事件にはリッカー事件、撚糸工連《ねんしこうれん》事件、平和相互銀行不正融資事件、日本共産党幹部宅電話盗聴事件などがある。

調べてみたところ、山口悠介は東京地検特別捜査部長を一九八四（昭和五十九）年十一月二十日から一九八七（昭和六十二）年二月一日まで務めていた。そして、この時点で山口悠介は札幌《さっぽろ》高検検事長へと異動していた。

山口敏夫は十一月に土井《どい》たか子《こ》衆議院議長に提出した「最高検察庁の綱紀粛正に関する質問主意書」を作成する際に独自の調査を実施していた。その調査では私を陥れた山口悠介の欠点が浮上していた。

山口敏夫は私にその調査の結果を知らせてきた。

「山口悠介は、どうも女癖が悪いようだ」

私はすぐに山口敏夫に週刊誌に売るように指示した。

山口悠介は箱根《はこね》でコンパニオンをしていた女性と出会い、箱根から東京に呼び寄せ、毎週のように新宿のラブホテルで密会していた。私はその事実を暴露させることにした。

山口敏夫による検察首脳陣たちの不正を暴く活動は衰えることはなかった。

宗像紀夫《むなかたのりお》大津《おおつ》地検検事正（前東京地検特捜部長）、山口悠介札幌高検検事長（元東京地検特捜部長）、飛田清弘《とびたきよひろ》福岡高検検事長（前東京地検検事正）、神垣清水《かみがきせいすい》東京地検刑事部筆頭副部長、池田《いけだ》茂穂《しげお》東京地検公判部長、佐野真一《さのしんいち》大阪法務局局長、そして吉永祐介《よしながゆうすけ》最高検検事総長と土肥孝治《どひたかはる》東京高検検事長という錚々《そうそう》たるメンバーの不正を調べ上げた。

山口敏夫は私に逐一相談しに来た。私は言った。

「検事なんか、どうでもいいからやってしまえ」

山口は二回目の質問主意書の準備をひそかに進めていた。

私はすぐに第二弾が続くだろうと思っていた。だが、なかなか出てこない。不思議に思って山口に聞いてみた。

すると、山口は打ち明けた。

「検察との話し合いのなかで、在宅で簡単にすまそう、ガサ（強制捜査）はしない、秘書たちも不起訴にするから、上層部を刺激するような検察攻撃はもうやめてくれ、ということで話がついているんだよ。ソフトランディングということだよ」

だが、私にはその話が信じられなかった。

検察がそこまで甘いことを言うとは――。ましてや裁判の過程についてまで約束ができるものなのか――。

私は山口と検察のあいだに入っている人物に確認してみた。

「ガサはしない。それから、あまり過激なことはしないように、ということだった」

どうやらニュアンスが大きく違っていた。それでも山口は検察と裏約束ができていると信じ切っていた。

ところが、この私の不安が的中する――。

一九九五（平成七）年十一月二十八日、東京協和、安全の二信用組合の乱脈融資事件で山口敏夫の実姉の山口仁枝《よしえ》、実弟の根本勝人、高橋治則、鈴木紳介、そして秘書も含めて逮捕された八人が背任や業務上横領の罪で起訴された。

さらに東京地検特捜部は議員会館の山口の事務所や自宅などを背任の疑いで捜索した。

十一月三十日午後、山口は池田弁護士を連れて東京地検特捜部に乗り込んだ。突然の来訪に特捜部は驚いた。

山口は検察に抗議した。

「信義が破られた」

山口は検察との対決姿勢を鮮明にした。

だが、乗り込まれた地検側も黙ってはいない。これまで在宅起訴に持ち込むと見られていた検察当局も国会に対する「逮捕許諾請求」という強靭《きょうじん》な手段へと方向転換した。

国会議員には国会の会期中は原則として逮捕されないという「不逮捕特権」が憲法で保障されている。それでも逮捕するための検察側の伝家の宝刀が逮捕許諾請求である。

悲壮な決意

差し迫った状況のなか、山口はたびたび私のところに相談にやってきた。

私はなんとか在宅起訴で収めてやれないかと手を貸していた。

だが、山口は私に言い放った。

「俺は徹底的に戦う」

そして山口は怒りを爆発させた。

「質問主意書の第二弾も出す。いままで相手を信じてきたのに。逮捕するならやってみろ。逮捕状を出せ。こちらから出頭などしない。生命を使って抗議する」

私は山口の言葉に反応した。

「犬死にはいかん」

すると山口は返した。

「野村秋介《のむらしゅうすけ》や三島由紀夫《みしまゆきお》のような真似《まね》はしない。国家のためになるように、政治指導者の目を覚まさせるようなやり方をする」

それから山口は豹変《ひょうへん》した。

十二月に入り、山口はさらに私のもとに相談にやってくるようになった。

「いかに日本を立て直すか。どのようにして、いまの日本に警鐘を鳴らすか」

そんなことばかり、山口は話した。

だが、そのなかに血なまぐさい話もちらつくようになってきた。

「責任の取り方の範を私が示す」

マスコミ各社は日々エスカレートしていく山口と東京地検特捜部のやりとりを逐一報道した。

十二月四日、東京地検特捜部は、山口に対する逮捕許諾請求を提出した。いよいよ正念場を迎えた。

この日、山口は十項目にわたる第二弾「最高検察庁の綱紀粛正に関する再質問主意書」を衆議院に提出した。検察スキャンダルを相次いで暴露するその内容は法務、検察関係者を震え上がらせるものだった。

第二弾には私を騙した山口悠介に関する質問も含まれていた。

この山口悠介に関する疑惑は山口悠介の愛人の知人が山口敏夫事務所に二千万円で買ってくれと持ち込んだ情報だった。二人の電話のやりとりを吹き込んだテープや手紙も一緒に提供された。

だが、山口敏夫は謝礼は払えないと答えていた。

また、第二弾の質問主意書では吉永最高検検事総長と土肥東京高検検事長の疑惑も取り上げた。

いよいよ逮捕が迫った十二月五日、山口はついにみずからの死に場所を探すようになっていた。

「俺は絶対に逮捕されない」

山口は親しい人たちに言い続けていた。山口の頭には「自決」という文字がよぎっていたようだった。

山口はその日、午後九時から記者会見を行った。

会見後、山口は私のところにやってきた。

「明日、この俺が許諾請求にかけられるという。俺は屈辱を受けたくない」

私は尋ねた。

「屈辱を受けたくないとは、どういうことだ？」

山口は答えた。

「私は、いま拳銃で撃たれる。殺してくれ」

「誰があなたを撃つんだい？」

私は尋ねた。

「あなたが撃ってくれ」

「バカなこと言うな。俺が撃てば殺人罪で俺がやられる。何を言うか！」

私ははっきり断った。

「それなら、いまから新幹線に飛び込む」

山口は自分の意思を曲げなかった。

「えっ。新幹線に飛び込んでも、しゃあないだろう」

私も山口をなだめようとした。

「ならば、ビルから飛び降りさせてくれ。明日、俺は生き恥をさらしたくない」

山口は切羽詰まっているようだった。

「よし、わかった。本当に死ぬのか？」

私は山口の覚悟を質した。

「死ぬ」

私は山口の気持ちをかなえてやることにした。

「よし、わかった。ほんなら国会議事堂の許諾請求の現場で死ね。やるか？」

山口はしばし考えた。

「やる」

私も念には念を入れた。

「肚《はら》を決めてやると決めた以上は絶対に間違いないように死ぬか？」

山口は決意を決めた。

「死ぬ」

はじめは「拳銃で撃ってくれ」だった。

だが、さすがに私が手助けして山口を殺すことなどできるわけがない。

その次は新幹線に飛び込む。さらにはビルから飛び降りるという。

山口は本気で死に場所を考えていた。

私は山口に強く言った。

「ならば、みずからをドンと撃て。それも国会議事堂のなかでだ。その前に演説しろ。『この腐った国会！　この腐った議員ども！　そして私も腐っていた。だから私が国会議員の代表となり、責任を取って死んでやる』と。そう言って、バーンと責任取れ。やれるか？」

山口はきっぱり答えた。

「わかった。やる」

そして続けた。

「私は、いままで自分のことばかりを考えて国を食いものにしてきた寄生虫だ。しかし、国会には私より悪いやつがたくさんいる。私以上の悪徳議員らの罪を一身に背負って責任を取る」

私はソビエト労農赤軍（のちのソ連陸軍）が一九三三年に制式採用した軍用自動拳銃トカレフTT－33の四十五口径を山口に渡してやった。

「そこまで言うなら、これで死ね……」

トカレフを手にした山口は、血相を変えて私の部屋を飛び出していった。夜の十一時くらいだった。

直後に山口から電話あった。

「やはり議員として国会を血で汚すようなことはできない……」

山口は、わけのわからないことを言い出し始めていた。

「明日、午前十一時から衆議院議員会館で記者会見を開いて、その場で死ぬ。そこでドンとやる」

それを聞いた私は了解した。

「よし、それならそれでいけ」

山口は約束どおり記者会見の通知をマスコミに出した。その夜から未明にかけて、山口は夜を徹して遺書をしたためた。

翌朝八時、私は千代田区三番町《さんばんちょう》にある山口の自宅に電話を入れた。

「山口、どこにおる？」

「朝五時ごろから姿が見えません」

秘書たちは総出で山口を探しに走っているようだった。

午前九時、十時、十一時……いくら電話をしても、まだ山口は捕まらない。記者会見の会場にはすでに記者が百人ほど集まっていた。

報道陣が集まり、テレビカメラがセッティングされ、山口の顧問弁護士の池田も到着した。だが、山口はついに現れなかった。

私は思った。

山口は往生際が悪いな。心の準備ができずにウロウロしているのだろう――。

十一時を過ぎても、十一時半、十二時になっても、山口は姿を現さなかった。

記者連中も怒り始めた。

「往生際が悪いよ」

「いったい、どうなってんの」

焦れた記者たちは池田に向かって声を荒らげ始めた。自分で記者会見を予告しておいてその場に姿を現さないのだから、頭に来るのは当然だった。

急遽《じ》、山口事務所からの電話で記者会見の開始時間は午後一時に変更され、場所も変更することになった。

だが、約束の午後一時を過ぎても、一時半になっても、山口は姿を現さない。

私は直感した。

これはえらいことになるな。山口は私の拳銃を持ってどっかに行ってしまった。とんでもないことになるぞ――。

そのとき、私は池田を山口の事務所に詰めさせた。

「池田か？　山口はどこに行った？」

「いや、まだ来ません。困ったな……」

池田も山口を探していた。

でも、誰も所在がわからない。とうとう記者たちは怒って帰っていった。

そのうち、午後二時に衆議院本会議が開かれ、山口の逮捕許諾請求が可決された。

午後二時十五分ごろ、山口みずからが逮捕状も出ていないのに東京地検に出頭したという連絡が入った。

午後二時半、池田から私に連絡が入った。

「いま、山口から電話がありました」

「山口、何しとるん？」

「山口、車で東京地検に向かっております」

「えぇッ！」

私は驚くと同時に、しまったと思った。

これでは俺がやられる。山口は俺の拳銃を持っている。まさか拳銃を持ったままで――。

私も急遽、東京地検に向かい、山口を待ち伏せすることにした。

山口が東京地検に入る直前に山口を捕まえ、拳銃を返してもらうことを考えた。私は神田の事務所から車を飛ばした。

ところが記者連中が東京地検前に群がっている。

私が乗るリムジンを見た記者連中はパシャッ、パシャッと写真を撮り始めた。車外に出るわけにもいかない。

顔でも写されたら、それこそ大事になってしまう――。

私は運転手に指示した。

「山口を探せ」

だが、その時点で、すでに山口は東京地検に入っていた。

肚を決めなければならない――。

私は覚悟を決めて事務所に戻った。

だが、なぜか電話が鳴り響く……事務所にある八台の電話が全開で鳴っていた。

「そちらは、どちらさんですか？」

相手側が尋ねてきた。

「法曹政治センターです」

名前を答えると、すぐに切る電話ばかり。

私は不思議な気分に駆られた。

何があったのか？　山口は許諾請求が通り、すでに東京地検に入っているはずだが——。

後日、明らかになるが、前日からの山口の行動は次のようなものだった。

朝五時まで山口は自宅で身辺整理を行っていた。秘書や家族らが仮眠を取ったころ、山口は帝国ホテルに入った。

そこで辞世や肉親に宛てた遺書めいたものを残し、山口は覚悟を決めたという。

ところが、その不穏な動きを察知した側近は山口に睡眠薬を飲ませ、許諾請求が可決する本会議ギリギリまで山口を眠らせていたということだった。

だが、机の上には家族や東京協和信用組合の高橋治則元理事長宛の遺書数通と辞世らしきものが残されていたという。山口の死のうという覚悟は本物だったのかもしれない。

だが、午後一時半ごろに目が覚めてしまったというのである。

逮捕当日の山口の動きをＴＢＳは密着取材で追っていた。

それによると、午後二時少し前、山口は最後の記者会見をすっぽかし、帝国ホテルをあとにして車に乗り込み、東京地検に向かった。

その途中、山口は衆議院での逮捕許諾決議を知ることになる。その際、車のなかから山口はある人物に電話をかけた。

「いま、地検に向かっているんですよ。ごたごたするのがいやだから……あの、睡眠薬が、要するに、熟睡してしまって……」

当人同士にしかわからない意味不明なやりとりを交わす様子が、ＴＢＳの報道番組「スペースＪ」で流れた。

山口が帝国ホテルを出発してからやったのは、私の事務所に電話をかけることだった。だが、そのとき、すでに私は外出していた。山口を捕まえるために、私は東京地検に向かう車のなかだった。

私がいない事務所の留守電には山口のメッセージが残されていた。

「私はご迷惑をかけました。いまから特捜部に行きますので、松浦さんによろしく伝えてください」

そのとき、山口の携帯電話には私の事務所の電話番号が映し出されていた。その場面に密着していたＴＢＳを通じて私の事務所の電話番号はテレビ画面にアップで映し出された。

その映像を見た人たちが、いっせいに映し出された電話番号をプッシュした。

「腹を切ってお詫《わ》びしたい」

それが山口が残した電話のメッセージだった。

拳銃の行方

その日の晩、一本の電話が私にかかってきた。「山口敏夫の秘書」と名乗る男からだった。

「山口から、ぜひお返しするようにと言われて預かっているものがあります」

私はとっさに考えた。

これはひょっとするとハメられる。相手が相手だ——。

電話は右翼の一水会《いっすいかい》の関係者からで、書記長の木村三浩《きむらみつひろ》の知り合いからだった。

ひょっとしたら俺をハメるつもりだな——。

私はとっさにそう思い、とぼけた。

「なんの話だ？」

相手も続けた。

「大事なものを預かっています。お返ししなければなりません」

私は注意深く話した。

「そんなもの預けたことなどないよ。なんの話だ。おまえの連絡先は？」

その男がしつこく何回も電話をしてくるから、結局、私は、

「山口の自宅の近所にある東郷《とうごう》（元帥記念）公園の〝三番〟の木の下に捨てろ」

と指示して、山口に私が拳銃を預けた問題の解決を図った。

十二月二十五日、旧東京協和信用組合の不正融資事件で、東京地検特捜部は山口の実姉の山口仁枝と高橋治則を背任罪で追起訴した。

山口は背任、業務上横領、詐欺、そして衆議院予算委員会での証人喚問における議員証言法違反（偽証）に問われ、逮捕された。

その後、十二月二十七日、東京地検特捜部は山口を背任罪などで起訴し、同事件の捜査終了宣言を行った。

逮捕された山口は取り調べ中にも検察批判を繰り返した。

山口が指摘した検察庁の疑惑のなかで、ひとつの結論が出たのは覚醒剤問題を起こした女性と交際していた山口悠介の件だけだった。

山口敏夫の質問主意書の裏を取るべく週刊誌記者が山口悠介検事の官舎を訪れたのは山口が起訴される数日前だった。

週刊誌記者に対して山口悠介は言った。

「対応は次席に任せてある」

山口悠介は辞表を提出し、まもなく検察を去った。

一方、山口敏夫は一九九六（平成八）年の総選挙に出馬せず、事実上政界を引退した。この選挙には山口に代わる候補として妻の佳子《けいこ》が出馬したが、惨敗を喫して落選した。これで父親の代から続く政治家一家の歴史は終焉《しゅうえん》を迎えた。

私のもとに拳銃を返しに来た人物はその後も「松浦が山口敏夫に拳銃を預けた」という噂を言いふらし続けた。

結局、噂は警察の耳に入り、私の世田谷《せたがや》の自宅に強制捜査が入った。警視庁の赤坂署と警視庁本庁だった。

このとき、なぜか自宅から拳銃の弾が四十発ほど発見された。私にはいっさい身に覚えのないことだった。何しろ世田谷の自宅には住んでいない。

普段から住んでいたのは私の息子たちだった。そのため息子が捕まってしまった。私は頭をめぐらせた。

なぜ、四十発も出てきたのか――。

弾丸四十発と拳銃の革のサックが部屋から出てきたという。それなら拳銃本体もどこかにあるはずだ。

私は長男の幸太郎《こうたろう》に聞いた。

「いったいどこから出てきた？　なんで持っていたんだ？」

幸太郎は答えた。

「知らない」

覚えがないようだった。

おかしい。それなら弟のものか――。

次男の大助《だいすけ》も逮捕されていた。次男の大助は警視庁に、長男の幸太郎は赤坂署に連れていかれた。私は思った。

長男と次男がくだらないことで捕まってしまった。これは嫁さんにバレたら怒られるな――。

私は弁護士に調べさせた。だが、逮捕された本人たちもよくわからないとしか言わない。誰かが置いていったとしか思えなかった。私は考えあぐねた。

警察の罠《わな》ではないとしたら、誰かの陰謀か――。

独自の調査を進めていくうちに、どうやら誰の仕業かが判明した。

私がニカラグア大使館に影響力を持っていたとき、大使の息子がその世田谷の自宅に頻繁に泊まりに来ていた。

その息子が置き忘れたのではないか――。

それしか考えられなかった。拳銃の弾丸は息子二人も知らない荷物から出てきていた。

きっとニカラグア大使の息子が寝泊まりしていたときに私物を置きっぱなしにしたのだろう。

そのなかに拳銃の弾が入っていたのだろう――。

私はすぐニカラグア大使だったホルへ・ウエスに電話を入れた。

「おまえの息子が置き忘れていった拳銃の弾が出てきて、いまこっちで大事件になってる。すぐその弾は自分のものだと名乗れ。そして弁護士を警察へ行かせろ。捕まっている俺の息子らは知らないと言っているんだ。本体はどこにあるんだ？　警察からずっと追及されている。早く警察へ行け！」

ニカラグア政府に対しても「すぐに警察に事情を話すように」と指示した。私は外交ルートで処理するように要請した。

結局、ニカラグア政府はニカラグア大使に「今回見つかった弾丸は私の息子が持っていき、忘れたものである」という文書を作成させ、外務省経由で警察に提出した。

弾丸の所有者がニカラグア大使の息子のものだと判明したことで、私の息子二人は二十日間の勾留だけで助かった。

この事件も、もとをただせば山口が原因だった。私は山口からとんでもない迷惑を受けたのだった。

山口は三百八十八日拘置されたあと、小菅にある東京拘置所から出所した。

山口に預けた拳銃は私が受け取って処分したのだが、出所後、山口はそのことを気にしていた。

山口は私に尋ねた。

「拳銃はどこだ？」

私は答える。

「知らない」

そう言ってシラを切った。

「じゃあ、あいつ、まだ持っているのか？」

山口は気になってしょうがない様子だった。

「そんなこと、知らない」

私は横を向くだけだった。

山口はずっと首を傾《かし》げるばかりだろうな——。

拳銃はすでにもうない。私は腹のなかで笑っていた。

山口も逮捕前夜の自身の行動の一部始終が公になればいやがるはずだった。その後、山口は拳銃の行方について尋ねなくなった。だが、いまだに気にしている様子はうかがえた。

一方、私は山口の行動には怒りを禁じえなかった。

「死ぬ」と約束して死ぬことができなかったということは男として恥ずかしいかぎりだ。ましてや俺を騙して拳銃まで持っていって死に切れなかったとは情けない——。

私にしてみれば、山口の取った行為は裏切り以外の何ものでもなかった。

拳銃で自殺することをやめた理由がそもそもおかしい。国会を血で汚したくないと言っていたが、単純に痛いのが怖くなったのだろう——。

その一方で、私は山口のことを政治家としては評価した。

あれだけフットワークがいい政治家はなかなかいない——。

だが、それ以上にいちばん偉いのは、山口の妻の佳子である。

あんな奥さん、山口にはもったいない。それくらいできた女だ——。

私は山口に藤田耕三《ふじたこうぞう》という弁護士を紹介した。

二〇〇〇（平成十二）年に東京都が打ち出した外形標準課税の導入に対しての裁判があった。東京都が一審、二審に負け、銀行側が勝った。

その後、東京都が最高裁に上告し、東京都と銀行側は和解した。この和解を実現した弁護士が藤田だ。藤田によって東京都知事である石原の面子《メンツ》はかろうじて保たれた。また、本田宗一郎《ほんだそういちろう》の長男である無限《むげん》（現・M-TEC）の本田博俊《ひろとし》社長の脱税事件も藤田が担当している。非常に優秀な弁護士だった。

旧東京協和、旧安全両信用組合の乱脈融資事件で背任や業務上横領などの罪に問われた山口は二〇〇〇年に東京地裁で懲役四年、二〇〇三（平成十五）年に東京高裁で懲役三年六月の実刑判決を受けた。

二〇〇六（平成十八）年十二月四日、最高裁は懲役三年六月とした二審判決を支持し、被告側の上告を棄却する決定をした。

山口は十二月十八日、最高裁決定を不服として異議を申し立てた。

だが、十二月二十一日付で最高裁第一小法廷はこの異議を棄却する決定をした。そのため山口の懲役三年六月の実刑が確定した。

山口は二〇〇七（平成十九）年三月二十二日、東京地方検察庁に出頭し、収監された。本来、収監は二〇〇七年二月中を予定していた。

だが、山口は北里《きたさと》大学病院に入院し、診断書を提出して検査をしていたために収監の時期が遅れた。山口は未決拘置日数のうち百日の刑期算入を認められたことから、二〇〇九（平成二十一）年十月に仮釈放された。

その後、山口は政治活動は行っていなかったが、二〇一六（平成二十八）年七月三十一日投開票の東京都知事選に出馬して一万五千九百八十六票を獲得し、落選した。

一方、山口敏夫が提出した「最高検察庁の綱紀粛正に関する質問主意書」の第二弾で札幌高検検事長を辞任した山口悠介は一九九九（平成十一）年八月三十一日、肝不全のため東京都内の病院で死去した。六十五歳だった。

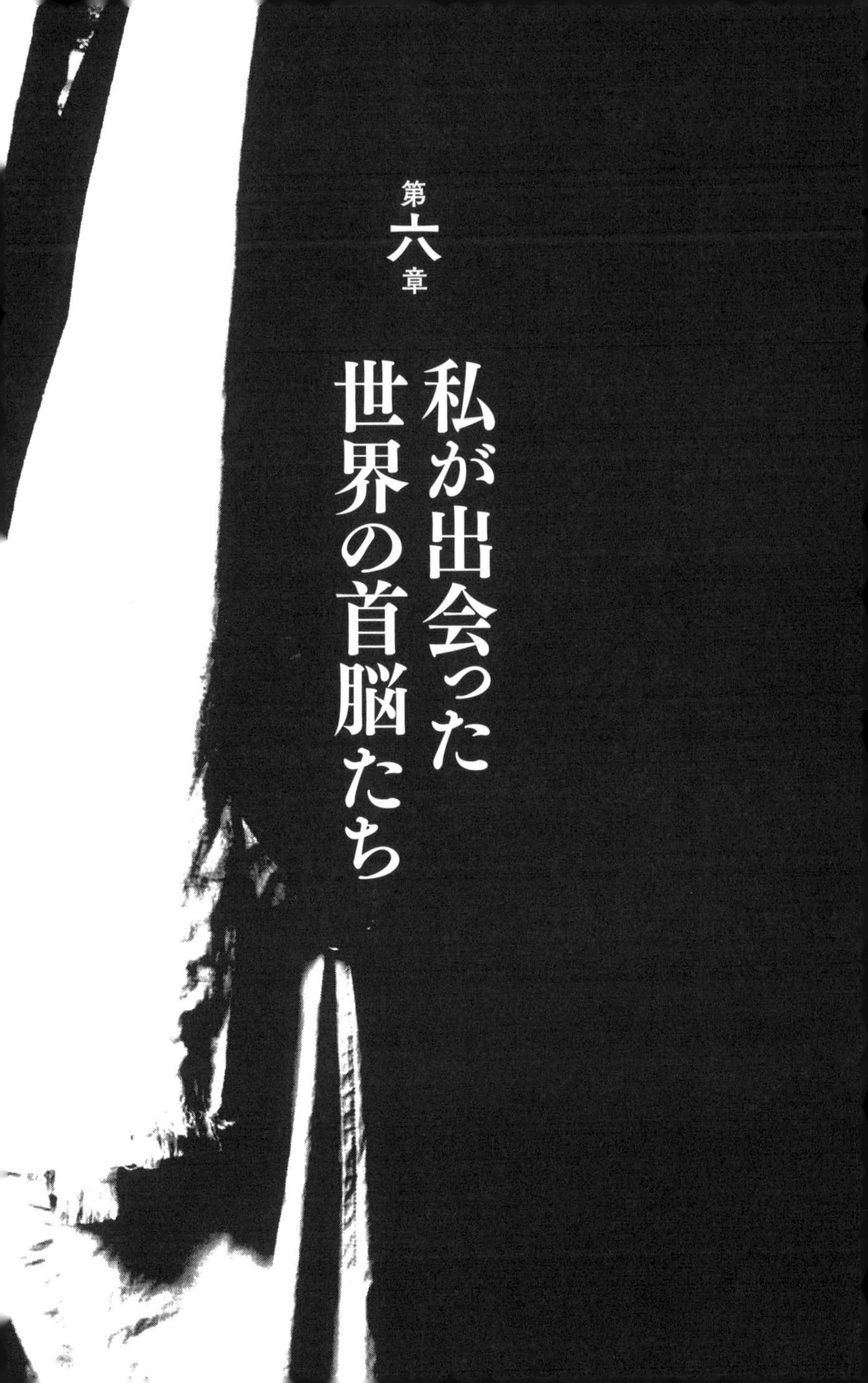

第六章

私が出会った世界の首脳たち

アラファトとの密会

一九八一（昭和五十六）年十月、ＰＬＯ執行委員会議長でありパレスチナ自治政府大統領だった「パレスチナの唯一最高の指導者」ヤセル・アラファトが来日した。

アラファトが日本に来るように画策したのは私と後藤田だった。

私はアラファトと親しい間柄だった。

私はアラファトをはじめ、フランスの左派の政治家だった社会党のフランソワ・ミッテラン大統領、スペインの社会主義者のフェリペ・ゴンザレス・マルケス首相、スウェーデンの社会民主労働党党首を務めたイングヴァール・カールソン首相、ニカラグアでサンディニスタ民族解放戦線を率いたダニエル・オルテガ大統領など、さまざまな政治家や革命家との交流があった。

それにプラスして東西冷戦期に東西どちらの陣営にも属さない第三勢力の非同盟諸国の各国首脳たちとも親しかった。

インドの初代首相のジャワーハルラール・ネルーや、デヴィ夫人の嫁ぎ先として有名なインドネシアのスカルノ大統領、アラブ連合共和国の大統領ガマール・アブドゥル＝ナセル、ユーゴスラビアの大統領ヨシップ・ブロズ・チトーらの呼びかけによって一九六一年に非同盟諸国会議が設立された。その会議はその後、アラファトたちに引き継がれていた。

アラファトと最初に会ったのはポルトガルの首都リスボンだった。

民主社会主義や社会主義を掲げる政党による国際組織として社会主義インターナショナルがある。この組織は戦後の一九五一年にイギリスの労働党、フランスの社会党、ドイツの社会民主党、イタリアの社会党、オーストリアの社会民主党など欧州の社会民主主義政党を中心に創設され、ロンドンに本部を置いていた。

日本からはかつての社会党と民社党が加盟しており、現在も社会民主党が加盟している。反共産主義、反新自由主義、自由、人権、民主、平等、博愛などフランス革命やアメリカ独立革命の精神および複数政党制、市場経済、社会的連帯、働く者の権利、富の再分配などを提唱している。

一九七五年、リスボンで社会主義インターナショナルの世界大会が開催された。その会議に出席した私は特別講演を行ったアラファトに出会った。

アラファトの講演はアラブ語で行われた。もちろん日本語の通訳などいないため、私には何を言っているのかさっぱりわからなかった。

だが、講演が終わったあと、私は廊下を歩いていたアラファトを捕まえた。私はアラファトに言った。

「ベリーグッド、スピーチ」

アラファトも返答した。

「ぜひ一回、会ってゆっくり話したい。レバノンのベイルートに来てくれ」

私はアラファトの秘書とアポイントを取り、一度日本に帰国したのち、即座にベイルートに飛び立った。初めてアラファトに出会ってから一カ月も経過していなかった。アラファトはいつ暗殺されるかしれない立場であった。そのため、本人には真夜中でなければ面会が許されなかった。

私に与えられたのは真夜中の二時過ぎという時間だった。眠かったが、アラファトの迎えが来るまでホテルでじっと待っていた。迎えの車に乗ると尾行を警戒し、周辺をグルグル回ってから、とある建物のなかに入った。私にはその建物がどこかわからなかった。徹底した秘密厳守であった。連れていかれた建物に行くと、部屋でアラファトが私を待っていた。

私はアラファトを魅力的な男だと感じた。アラファト以外の革命家もそうだが、やはり革命運動の指導者は、ある種のカリスマ性を備えていた。

彼らはみずからの人生をささげ、命を懸けて革命運動に取り組んでいた。本当の闘士にしか持ちうることができない魅力を彼らは備えていた。私には一目瞭然だった。

アラファトはアメリカとイスラエルの両国を敵に回しながらも、アラブ諸国の支援を受けながら、パレスチナの独立のために戦っていた。

だが、アラファトを支援しているはずのサウジアラビアなどはアラファトをアメリカに売り飛ばすようなことを平気でやっていた。そういう悲惨な目に遭いながらも、アラファトは革命運動に力を入れていた。

アラファトはパレスチナの難民キャンプで危険と背中合わせの生活を送っていた。

私は難民キャンプにも何度となく足を運んだ。難民キャンプには昼間に向かった。難民キャンプの生活は貧しさそのものだった。難民たちはテントと見まがうような簡素な家でホームレス同然の生活を送っている。居場所を失った住人たちはそこまで虐げられていた。

バラックのブロックを積んだだけの十坪くらいの場所に十人くらいが身を寄せて住んでいる。共同トイレは野外にあり、衛生環境も決して満足なものではなかった。

難民キャンプの悲惨な様子を視察したが、現地を案内する責任者たちは、私に次から次へと要望を伝えてきた。

「今度はここに学校をつくってほしい」

私は思った。

これは気の毒だな。助けてあげなきゃいかんな――。

私はパレスチナ難民たちのリーダーであるアラファトにますます共感を覚えた。

アラファトは、みずからの居場所を察知されないために日々居場所を転々とした生活を送っていた。会う約束を交わしても本当に会えるのかはわからない。つねに危険と隣り合わせで政治運動をやっている。

私は感心するばかりだった。

あんな人間は、いまの日本人にはひとりも存在しない――。

私はその後もアラファトに会うために五回ほどベイルートを訪れた。

革命家たち

私はナミビアの独立闘争の指導者で南西アフリカ人民機構（SWAPO《スワッポ》）を長いあいだ率いたサム・ヌジョマ議長とも知り合いだった。

一九九〇年にナミビアは南アフリカからの独立を成し遂げたが、それ以前はナミビア北部に居住するオバンボ人中心の組織であるSWAPOがドイツ撤退後の南アフリカによる統治に反抗し、国際社会に人権状況を訴える活動を始め、独立闘争を行っていた。

ヌジョマはザンビアの首都ルサカを本拠地として南アフリカからの独立に向けて戦った。その結果、ナミビアは独立を果たした。

ナミビア独立後、ヌジョマは初代大統領に選出され、ヌジョマが引退した現在もSWAPO出身の大統領による政権が続いている。

ヌジョマはいわばアラファトの子分であった。私はアラファトから頼まれてヌジョマがいるルサカまで出向いた。そのため、ヌジョマとも親しくなった。

あるとき、アラファトから私のもとに連絡が来た。

「日本から援助を仰ぎたい。パレスチナ暫定政府に援助をしてくれないか」

私はこの話を後藤田正晴に持ち込んだ。きっかけは後藤田と私がつくったが、そのあとは外務省に引き継いでもらわなければならなかった。公式の外交ルートも必要になるからだ。

だが、外務省は私がやろうとしている動きに対して否定的だった。

私は舌打ちした。

臆病でわけのわからない卑劣なところが外務省にはある——。

外務省も私の批判を言いふらしていた。

「松浦がやっていることはよくない」

外務省はパレスチナ側にまで悪意を持って伝えていた。

「カネが欲しければ外務省を通して話をしなければダメだ」

外務省はそう言ってアラファトを揺さぶった。経済協力をするにしても、外務省が中心としてやらなければ成功せず、民間が入ればダメになると説得した。その一方、外務省は大手商社と組むかたちでの経済協力を進めていた。

私は言い放った。

「外務省は外務省で好きなようにやればいい」

結局、私は自分からアラファトとの縁を切った。外務省を中心にやりたいのならば好きにすればいい。私にはそこまで執着心はなかった。

ニカラグア大運河計画

一九八二（昭和五十七）年春、私はニカラグアでの大運河計画を進行させていた。日本で株や土地取引を活発化させながら、その勢いで海外進出にさらに力を入れようとしていた。

私はニカラグアのサンディニスタ民族解放戦線の指導者で、当時、国家再建会議議長を務めていたダニエル・オルテガに提言した。

「ニカラグアの大西洋《たいせいよう》側からサンファン川まで百キロメートル。そこからニカラグア湖は七十キロメートル。太平洋まであと十キロメートルくらいで到達することができる。これならフラットで交差したとしても三十万トンクラスの船が二隻交差できる」

ニカラグア湖はサンファン川でカリブ海とつながっているため、歴史的には湖岸のグラナダは大西洋の港とされていた。

ニカラグア湖の歴史をたどると、カリブ海の海賊の出現も記されている。ニカラグア湖は太平洋にも近い位置にあり、湖のなかのオメテペ島の山からは太平洋を見ることもできるほどだ。

ニカラグア運河をつくる構想を描いた私はオルテガに申し入れた。

「ここを運河にしたい」

一八八〇年、フランスのフェルディナンド・レセップスがパナマ運河をつくろうと計画したとき、アメリカにはパナマではなくニカラグアで運河をつくりたいという意見もあった。だが、ニカラグアの運河は実現されず、結局、パナマ運河が建設された。

私はオルテガに過去の経緯も伝えた。

「アメリカは一八八〇年代にニカラグアに運河をつくる計画をしていたんだ」

この話を知ったオルテガは約束してくれた。

「わかった。ぜひニカラグアでやってくれ。すべて協力する。土地も提供する」

私が思い描いたニカラグア運河はサンファン川、ニカラグア湖、太平洋までの十キロメートル、その全長は二百キロメートル以上にものぼる。大西洋から太平洋までをつなぐものだった。

私は本格的に作業を進めるために考えた。

何億、何兆と費用はかかることになる。そのための資金集めが必要だ――。

私は国際運河開発公団をつくることを考案。この公団が発行する証券によって資金調達することを構想した。

ニカラグア政府が保証人となって建設債券を公団が発行するしくみだった。政府の保証があり、現地の土地を提供する。各市場で資金を集める。いわゆる建設債のようなもので、日本において道路公団が高速道路の建設を行っていることを参考にしたしくみだ。

この事業がもし成功したら世界の海運の流れを変えることになる。私は莫大な利益を得ることができただろう。

運河ができれば、そこには新しい街ができる。パナマ運河が建設されたことでパナマシティのインフラ整備が促進されたのと同じ現象が起きるはずだ。

それまで人が住んでいないパナマ地峡に運河ができたことで、パナマという国は繁栄することになった。昔はジャングルしかなかった土地だ。

ニカラグア運河計画の土地もサンファン川、ニカラグア湖から太平洋までの区域は誰も住んでいない。そこからコスタリカの国境まではジャングルで村もない。その場所をオルテガは私に提供してくれるという。私は二百万人規模の大都市をつくろうと計画した。

空港、鉄道と次々にインフラを整備し、グローバルシティにしよう——。

私はそんな夢を見た。そこには「無国籍国家」、つまりトランス・ワールド・シティが誕生する。地球に住んでいる人ならば誰でもカネさえ払えば住める場所をつくりたかった。

一方、当時の日本の外務省は政治的な配慮からアメリカと対立しているニカラグアに対しては非協力的であった。

私は思った。

政府がやらないなら、俺は全世界と組んでやる——。

オルテガに私は提案した。

「ソ連に行ってくるといい」

オルテガはさっそくソ連に飛び、レオニード・ブレジネフ書記長からニカラグア運河建設の了解を取りつけた。

ブレジネフ書記長も約束した。

「非同盟諸国で応援しようじゃないか」

さらに私はフランスのミッテラン大統領をはじめとする非同盟諸国の首脳たちとニカラグア運河計画の話を進め始めた。

ミッテラン大統領からも了解を取り、非同盟諸国すべてからニカラグア運河計画への了解を得ることに成功した。

さらにイギリスのマーガレット・サッチャー大統領からも同意を取りつけた。

こうしてアメリカ以外の主要国家からの合意を得ることに成功した。

私はニカラグア運河をニカラグアのものにするためにオルテガと組んだわけではなかった。

かつてパナマを領有していたコロンビアも、パナマ運河を開こうとしたフランスのレセップス社にコロンビアの一画であるパナマ地峡を提供した。その結果、アメリカの画策によってパナマという独立国家が誕生した。

私はサンファン川とニカラグア湖、運河の百七十キロメートルを、大西洋から太平洋までの線からコスタリカの国境までを自由貿易区域にすることを考えていた。

特定区域となるため、そこはニカラグアの領土ではなくなる。あくまで独立した地域をつくろうという計画だった。

私は全世界における共有地をつくる構想を持っていた。その独立地域の名称は「テクノ・サイエンス・シティ」にしようと考えていた。その独立地域は私の考える世界連邦のひとつになり、私が思い描く宇宙法が憲法になる。

グローバル法により、ここの領土はひとつ。コスモポリタン・シティのようなものだ。領土内すべてが自由に出入りできて、自由に使える地域をつくる――。

私にはそういう狙いがあった。

運河計画は全世界の経済の活性化につながる。アメリカも理解してくれるだろう――。

私はそんな理想論を抱き、アメリカがニカラグア運河構想に横やりを入れてくるとは思わなかった。

ただ、反米色の強いニカラグア政府に協力していることからCIAに警戒され、ブラックリストに載せられるかもしれないと危惧は抱いていた。

一九八二年三月七日、私は石原慎太郎と一緒に南米から帰国した。

石原は私のニカラグア運河計画に大変興味を持っていた。私がオルテガと話をするときには必ず私の隣に座って、じっと二人の話に耳を傾けていた。

いざ計画が本格化しそうなとき、石原は私に言ってきた。

「私も一枚噛《か》みたい」

私は思った。

とにかく人がやっていることをジャックするのが得意な男だ。飛び乗りがうまい――。

石原のあざとさに感心するくらいだった。

大統領選を後方支援

一九八四年、ニカラグアでは革命政権「国家再建会議」から民政移管することになり、民主的な選挙の結果、国民の支持を受けてオルテガが大統領となった。

オルテガは一九八五年一月十日から一九九〇年四月二十五日までニカラグアの大統領を務めた。

その後、オルテガは二〇〇六年十一月のニカラグア大統領選挙に十六年ぶりに勝利し、現在もその職にある。

この第一次オルテガ政権では大規模な私有財産の国有化が行われた。反対する者に対しては秘密警察を通じて徹底的に弾圧が行われた。この政策はニカラグアの多くの知識人や富裕層をアメリカのロサンゼルスやマイアミに亡命させることになった。

オルテガ大統領の誕生は私にとっても喜びだった。それまで私が資金援助をしてきたことがようやく報われた。

そして私が望んだニカラグア運河計画を、ようやく現実のものとして進められる気運も高まっていた。

オルテガはニカラグア運河を建設するにあたって、ニカラグアの国境までは特別地域として運河開発のために提供することに同意してくれた。

私は念願の国際運河開発公団の設立へと動き出した。

金丸信との約束

一九八五（昭和六十）年、私はニカラグア運河開発国際委員会を設立し、会長に就任した。

オルテガからもインターコンチネンタル・ホテルの一画を提供され、事務所をつくるように要請を受けた。いずれは公団をつくるための場所となる土地を提供することまでオルテガは約束してくれた。

私は運河建設に向けて順調に進んでいた。そして計画を実行に移すために、実現の可能性を環境などの外的要因や内部的な資源や能力といった要因との関連で評価や検証をする、いわゆるフィージビリティー・スタディー、構想設計の段階まで進行させた。

私の構想するニカラグア運河は当時、世界を二分していた二つの超大国、アメリカやソ連の影響を受けない大運河だ。どの勢力にも属さない全世界の共有地、宇宙都市をつくる。それが私の構想だった。

私は総額五兆円の事業計画を打ち出した。運河周辺の土地には二百万人が住める住宅を建設する。さらに飛行場や鉄道といったインフラも整備する。

ついに私は六本木に近い第三十八興和《こうわ》ビルの九階にある駐日ニカラグア大使館で、ニカラグア政府代表の外務大臣、財務大臣らとニカラグア運河計画の契約書にサインを交わした。

一九八九（平成元）年、駐日ニカラグア大使館をひっきりなしに訪れる人物がいた。日本の総合商社や建設会社、石油会社の部長たちだった。彼らはニカラグアで運河計画が持ち上がっていることを聞きつけたのだ。

ウエス駐日大使が資金協力や技術協力を日本に打診し、その要求に応じた企業の担当者が一時間刻みでニカラグア大使館を訪ねるようになった。

三井物産は「ニカラグアさんの運河構想をとりあえず聞いた。今後どうするかは白紙」と言いながら、帰り際には「少しでも進展があれば必ずうちに連絡してほしい」とニカラグア大使館側に念を押すほどであった。

三月にニカラグア政府は東京理科大学で国際政治学を教える曽村保信《そむらやすのぶ》教授を委員長とする「国際運河推進委員会」の民間学術調査団を招いて現地調査を実施した。

この曽村保信教授をはじめ、一橋大学の中川学《なかがわまなぶ》教授や建設省の技監など土木関係の技術者二十人を私が指名して委員会をつくった。その報告書が五月末に発表されるところまでこぎつけた。

財務大臣を代表とする十一人からなるニカラグア政府の運河建設委員会は本格調査をしたうえ

で十年後には運河を完成させたいと考えていた。

だが、日本では記者会見も控えて、とくに発表もしていなかった。

一方、ニカラグアでは新聞に連日取り上げられるほど話題になっていた。

ニカラグア運河計画は日本ではあまり知られていなかったが、日本でこの運河計画を知っている人物のひとりに、当時の自民党において「政界のドン」と呼ばれたキングメーカーの金丸信がいた。

私はすでに親しくしていた毛利松平と金丸の事務所が衆議院議員会館の同じ五階にあったことから、金丸とも以前から顔見知りになっていた。

私は金丸を政界においてかなり力のある人間と見ていた。

人間はいい。頭も切れる。高級官僚などのテクノクラートとは違う面を持つ男だな。青年団の団長、ボス的な存在でありながら、ちょっと人がいいおじさんという面も持ち合わせる人物だな――。

もともと金丸は盟友の竹下登と二人でパナマ運河の改修工事を受注しようと動いていた。

桜田武《さくらだたけし》、小林中《こばやしあたる》、水野成夫《みずのしげお》とともに「財界四天王」と呼ばれ、日本《にほん》商工会議所の会頭を務めた新日本製鐵《しんにっぽんせいてつ》(現・日本《にほん》製鉄)会長の永野重雄《ながのしげお》がいる。

永野はパナマのオマル・トリホス将軍時代、パナマ運河の改修工事についてパナマまで出向き、実権を握っていたトリホスに会って申し入れていた。

「運河をきれいにしましょう」

その申し入れには五洋《ごよう》建設も同行していた。永野一族と五洋建設は親戚関係にある。永野重雄の弟の俊雄《としお》は五洋建設の会長を務めていた。

浚渫《しゅんせつ》工事を得意とする五洋建設は一九六一（昭和三十六）年、スエズ運河の浚渫工事を受注していた。

そこに竹下と金丸が参加し、外務省を動かしてパナマと日本による合同委員会をつくった。新たに運河をつくるのではなく古い運河の改修が目的だった。

私はニカラグアでの運河建設のために、金丸と五時間にもおよぶ話し合いをした。

金丸が所有する山梨県の山中湖《やまなかこ》にある別荘で炬燵に入りながら、新たにニカラグアで運河をつくる計画について、一つひとつ説明した。

金丸は私の計画の全貌を理解したようで、こう言った。

「全面的に協力します」

金丸も最後には私に約束してくれた。

「ニカラグア運河をやってくれ。パナマにはそう大きなカネを使わないことにしよう。ニカラグア運河に大きなカネを使おう」

これによって、外務省のパナマ運河改修計画の方針も変わった。

パナマ侵攻からの暗転

私はマクロ・エンジニアリング学会を発足させた。アメリカのボストンにあるマサチューセッツ工科大学（ＭＩＴ）と組んでやった。

一橋大学の中川学経済学部長がＭＩＴと組んで日本の学者や土木技術者を集めた。そのマクロ・エンジニアリング学会のなかでニカラグア運河計画に取り組んでいた。そのため、アメリカのＭＩＴでもよく知られた計画ではあった。

このニカラグア運河計画は経済活性化の大きな引き金になると期待された。中南米やラテンアメリカ諸国は莫大な債務に苦しんでいる国が多かった。ニカラグア、メキシコ、グアテマラ、ホンジュラス、エルサルバドル、コスタリカ、パナマ……どの国も借金を抱えていた。

私は巨大なプロジェクトが始動すれば中米諸国の経済もよくなるだろうと見積もった。さらにアメリカとの関係も改善され、治安がよくなれば、ゲリラもなくなるはずだった。

だが、日本の外務省中南米局はそっけなかった。

「実現の可能性はきわめて小さい。日本政府はまったく関与してない」

たしかに日本として公に協力することは難しいのだろう。アメリカはパナマ運河に力を入れたかった。日本政府としても竹下の影響力は強く、竹下・ノリエガというラインがある以上、パナマ運河の改修工事に焦点を当てるしかなかった。

一方で、ニカラグアは反米志向のオルテガ政権だ。

だが、私はそのような些末《さまつ》なことは気にしなかった。駐日ニカラグア大使館にも日本政府を相手にしないように指示した。

私が「あんな役立たずの外務官僚なんかの相手をするな！」と言ったからだ。

一九八九年の年末から一九九〇年の初頭にかけてアメリカはパナマに侵攻し、パナマの独裁者マヌエル・ノリエガを拘束した。

当時のパナマは麻薬交易の温床となり、非民主的な政治体制もあって、中米各国のなかでも孤立していた。

アメリカのジョージ・ハーバート・ウォーカー・ブッシュ大統領（パパ・ブッシュ）は麻薬撲滅を掲げていたが、十月に発生したモイセス・ヒロルディィ少佐ら軍の一部によるクーデターを支援せず、ヒロルディィは鎮圧されて失敗に終わった。

だが、十二月二十日になると、ブッシュ大統領はアメリカ軍二万四千人をパナマに侵攻させ、反ノリエガのギジェルモ・エンダラを大統領に就任させた。ノリエガ率いるパナマ国家防衛軍とのあいだで激しい戦闘が行われたが、アメリカ軍によって首都パナマシティが占領され、翌一九九〇年一月、ノリエガは米軍に拘束された。

パナマの実力者であるノリエガの麻薬疑惑をめぐってアメリカとパナマの関係が悪化したこと

により、日本、アメリカ、パナマの三つの国で構成するパナマ運河代替案調査委員会の活動は停止した。

第二パナマ運河の実現性は急速に下降していった。おかげでニカラグア運河計画案はよりクローズアップされた。

国際運河開発公団にとっても悪い話ではなかった。

オルテガ大統領をはじめ、ニカラグア政府の外務大臣、大蔵大臣なども積極的だった。

「これはいける!」

パナマ侵攻の直後の一九九〇年二月、ニカラグア運河の成功の兆しが見えたそのとき、ニカラグアで大統領選挙が行われた。

私はオルテガ大統領の再選は問題ないと楽観視していた。

私は十億円ほどオルテガ大統領の再選のために資金をつぎ込んでいた。

だが、オルテガ大統領はビオレタ・チャモロに負けてしまった。ニカラグア初の女性大統領の誕生だった。チャモロの背後にはCIAがいた。

ニカラグアでは四月にチャモロ新政権が発足した。

六月には親米の反政府民兵組織のコントラが武装解除・解体完了を宣言する一方、国軍(それまで革命前の反政府武装勢力時代からの名称「サンディニスタ人民軍」を用いていたが改称)が八万人から一万五千人に削減され、長いあいだ続いたニカラグアの内戦は実質的に終結した。

オルテガは親米派ではなくソ連に近い立場だった。

私がオルテガと会合するときにもKGB（ソ連国家保安委員会）が同席して監視をしていた。

ソ連はニカラグアやキューバを拠点にして中南米に強い影響力を持とうと画策していた。

一方、新大統領のチャモロはオルテガより親米派で、政策的にも穏健派だった。オルテガが大統領選挙に負けたことにより、私はチャモロとは敵対するようになった。

もともとサンディニスタ民族解放戦線のメンバーだったチャモロとは親交があった。

私が一九七九（昭和五十四）年にサンディニスタ革命が成功したときに東京に招待した幹部のひとりだった。

チャモロを東京に招待した際には大平正芳総理にも紹介していた。チャモロは大平と日本とニカラグアとの経済協力についても話をしていた。

もともとそのような関係があったが、チャモロは前任のオルテガがやっていたことはすべて否定した。オルテガと深い親交を持つ私に対しても対応は冷たかった。

ニカラグアに駐留する日本大使館の職員たちも、ここぞとばかりに私の悪口を言いふらした。

「松浦はヤクザだ」

余計なことまで吹き込んだ。

「あんなのと組んだらニカラグア政府はとんでもないことになる」

だが、私も負けてはいられない。

後日、電話で怒鳴り上げた。

「おまえら、俺のことをなんだと言ってるんだ?」

それまで私は駐日ニカラグア大使館の面倒を十年ほど見ていた。ニカラグア大使館は麻布《あざぶ》にある中南米各国の大使館ばかりが入居しているビルの九階にあった。

私はニカラグア大使館の全費用を捻出した。大使公邸も借りてやり、職員の給料も払っていた。そのうえ、大使の子どもたちの学費まで肩代わりしていた。

もちろんニカラグア政府にも莫大な援助をしていた。私は革命運動に二億円、革命後の十年間に総額三十億円もの出資をしていた。

オルテガが選挙に敗れたのち、ニカラグア大使館にも新しい大使が派遣されてきた。

新しい大使は私に言った。

「松浦さんが使っている大使館の車を返却してほしい」

だが、その車は実質的に私の車だった。私が購入し、大使館の名義にしているだけだった。

バカなことを言うな。取られる筋合いはない——。

私は返すつもりなどなかった。

ところが外交官ナンバーがついていた。外務省の儀典局が私のもとにやってきた。

「あのナンバーの車は本来、大使しか乗ってはいけない車ですから、日本人のあなたが乗ってはいけません」

私は言った。

「それならナンバープレートを外してくれ」

私はナンバープレートだけをニカラグア大使館に返してやった。

オルテガが落選したことによってニカラグア運河計画は頓挫した。

ところが、それだけではなかった。私のプロジェクトをつぶしただけでなく、前政権に協力をしていたという理由から、ニカラグアに入国したら逮捕するとまで通告してきた。

私は怒った。

「バカなことを言うな！　俺はニカラグア政府に協力したんだ。これが成功したらニカラグアの利益になり、ニカラグア国民の利益にもなる。そう思って進めていたのに、おまえらは俺がオルテガ前大統領を支援したから逮捕するだと！」

革命の恩人の私に対してニカラグアは、そんなひどい扱いをしてきた。

チャモロにすればオルテガは、もはやただの敵でしかなくなっていた。

だが、私の信念は違った。

俺は中南米の小国のためだけではなく、百億の全世界人類のために動いたのだ――。

私にとっての一世一代の大構想が頓挫したことは私に大きなショックを与えた。

後日、チャモロは私のもとに新しい大使経由でメッセージを届けた。

「できることなら、もう一回、いまのチャモロ政権のなかでニカラグア運河の開発を考えてもいい」

だが、私は断った。

「ダメだ。もうやらん」

私は不義理をする人間とは組まなかった。

一方で、私自身にもニカラグア政府と再び組むだけの元気も体力もなかった。すでに私の力は最盛期だったころの五分の一、十分の一にまで減っていた。大きいプロジェクトをするには私は勢いを失っていた。

私はひとつのことを学んでいた。

国家がやることを個人でやったとしても無理だ――。

私は利権を掌握し、商売としてカネを稼ぎたかったわけではない。ニカラグア運河という歴史に名を残す事業をつくりあげたという実績がただただ欲しかった。

一銭の儲けがなくとも、生きた証《あかし》が残れば、名を残すことができる。私自身の生き様として大運河を残したかった。カネなんか残しても、すぐなくなってしまうのだから――。

非核諸国同盟会議

私は世界についても早くから目を向けていた。

もともと憧れていたのはモンゴル帝国をつくったチンギス・ハンだ。だからユーラシア帝国を構想した。

リチャード・ニクソンがブレジネフや毛沢東《もうたくとう》のところに行ったときに、「アメリカは日本に相談なしで勝手にやる国なんだ」と思った。

あれは私のなかでは衝撃だった。それまでは中国やソ連など共産主義圏が敵だという認識があったが、ベトナム戦争でのアメリカの動きを見ていると、日本がアメリカの植民地の状態のようなままで振り回されていてもよくないなと認識するようになった。いつまでもアメリカの言うことをなんでも聞く植民地ではなく、独立国にしないといけないという気持ちを持つようになった。

反米感情というより、日本を植民地から脱却させなくてはという考えだ。

一九七一年ごろ、ヘンリー・キッシンジャーが中国を訪問したときだ。

そういう考えが芽生えたあと、一九七七年にイランのパーレビ国王が逃げて殺される事件があった。

この事件にも「アメリカとガチガチの同盟国の首脳でも簡単に殺されることがあるんだな」と

驚いた。ベトナムのサイゴン（現・ホーチミン）が陥落したときもそうだった。

こうした動きを見ていると、日米同盟もいつまで続くかわからない。アメリカが守ってくれるわけでもないというのがわかってくる。反米というより、日本の独立を志向して、私はユーラシア帝国財団を四十五年前につくった。そのときは本気だった。当時は中国もソ連もインドも国力は乏しかった。

これがユーラシアの九〇％で、あとは中央アジア。一方、日本は当時世界最大の債権国家で、勢いがあった。

私は尖閣諸島に灯台を建てて中国が攻めてこないことも証明した。

日本を中心に非核諸国による同盟会議をつくって、さらにミサイルがないから人工衛星をつくって、宇宙法を整備して……と世界戦略を考えたのだ。パナマ運河の構想もその一環だ。

中東に関心を持ったのはイランのパーレビ国王の事件後、私は社会主義インターナショナルの会議でアラファトと親しくなったことがきっかけだった。

私は当時、社会党で国際局にいた杉山正三《すぎやましょうぞう》という男の面倒を見ていた。それと民社党の塚本《つかもと》三郎《さぶろう》。どちらの政党も社会主義インターナショナルという国際組織に加入していた。

その社会主義インターナショナルの会議にはヨーロッパの左派政党の指導者がたくさん集まる。フランスのミッテランやスペインのゴンザレスなど。

ニカラグアやドミニカの首脳たちと仲よくなったのも、もとはそのつながり。アラファトともそうだ。

私はアラファトと親しかったから非核諸国同盟会議をつくったりした。そういうつきあいを深めて国際政治の世界になじんでいった。私がいうユーラシア帝国財団をつくるにはネットワークが必要だった。

当時はいまの百倍ほど勢いがあった。金丸信のことも気にしていなかった。小泉純一郎などは私にものも言えなかった。石原慎太郎もそうだ。

私はまだ三十代で調子に乗っていた。世界のトップと肩を並べていたわけだ。

だが、逮捕されて刑務所に入って、そこで「これが人生なのか」と思った。そこで「勝って兜の緒を締めよ」という言葉を実感した。

二人の天才政治家

世界の指導者で一目置《いちもく》いたのは、やはりアラファトだ。自分たちの国がないのに他国の指導者と話し合い、相手を説得する力を持っているのだから、そこはほかの人とは違う。アラファトは素浪人みたいなもので、ゲリラ隊の隊長と一緒だ。アラファトはナセルに次ぐアラブの指導者だった。

現在ではロシアのウラジーミル・プーチンが断トツだ。プーチンは天才政治家だと思っている。かつてのロシアはミハイル・ゴルバチョフの売国的行為でCIAに乗せられて民主化という名目でみずからの領土を切り売りしてしまった。

日本でいえば関東一円だけが残ったような状態だ。その次に指導者になったエリツィンは酒を飲むだけで、経済もどん底の状態だった。

そういう最悪の状況下でプーチンは、現れてわずか十年でロシアを強い国に戻した。彼は天才。あの指導力、行動力は大変な男だ。織田信長《おだのぶなが》も英雄だが、プーチンはもっと大きい。アラファトとプーチンの二人だ。

第七章

天国から地獄へ

高砂熱学工業の買収

私は企業買収にも積極的に乗り出した。そして、そのことは、のちに後藤田正晴をつぶすための材料にもされ、何より私を窮地に陥れていく。

一九七九（昭和五十四）年、私の企業買収のターゲットに空調機械メーカー大手の高砂熱学工業が候補に挙がった。

高砂熱学工業を選んだのには理由があった。三菱信託銀行（現・三菱ＵＦＪ信託銀行）が二百五十万株で筆頭株主、三菱銀行（現・三菱ＵＦＪ銀行）が二百万株で二位の株主、そして三位以降の株主は少数だった。

銀行は取引上で株を持たされているにすぎない。有力なオーナーが不在であることが高砂熱学工業に目をつけた大きな理由だった。

三菱銀行の保有株数を超えて私がいちばんの株主になれば、大株主としての発言力を持てる。

理由はそれだけではなかった。私自身が成長させたナミレイはもともと冷凍機の会社だ。冷凍機だけでなく空調分野に進み、プラント関係にも進出し、さまざまな新規事業に携わっていた。だが、最盛期でも年商は百八十億円ほどだ。

高砂熱学工業はその点、会社の規模が違った。空調部門では高いシェアを持ち、年商は二千億円ほど。業界ナンバーワン企業だった。

私はナミレイを発展させていくより、大正時代からの歴史を持つ老舗企業の高砂熱学工業を買収したほうが早く業界一位の座を目指せると思っていた。

私は高砂熱学工業の株を運よく集めることに成功した。三〇％以上の株を買い集め、いつの間にか私個人が保有する株とナミレイが保有する株をまとめれば筆頭株主になっていた。

筆頭株主となった私のもとに高砂熱学工業の役員の石井《いしい》勝《まさる》常務が挨拶にやってきた。その席には十全ビルに事務所を出している大平光洋も同席していた。

そのとき、私は持ちかけた。

「業務提携はどうですか？」

石井も喜んだ。

私と石井、そして大平の三人で和気あいあいと話し、互いに「よろしく」ということで話がついた。

こうして高砂熱学工業とナミレイの業務提携が決まった。

その後、私のもとを訪ねてきた重役たちは褒めたたえた。

「松浦さんの仕事は立派なもんだ。ああいうふうにやらなきゃ会社は伸びないですよ。われわれだって松浦さんに懸けているんだ」

高砂熱学工業の日景一郎《ひかげいちろう》社長の腰巾着的存在が石井だった。私と石井は頻繁に食事をする関係になった。

田中清玄の秘書の提案

私はさらに発言力を強めようと貪欲に高砂熱学工業の株を買い足しに走った。

私には日本の株式市場で一大勢力をつくる野心があった。

その話も石井に聞かせてやった。石井は喜んで協力すると応じていた。

株を大量に買い占め、筆頭株主になった私のもとに、あるとき、田中清玄の秘書の杉浦健五《すぎうらけんご》が訪ねてきた。

田中は東京大学時代に日本共産党に入党し、一九三〇（昭和五）年に日本共産党書記長に就任した。この年の七月十七日に治安維持法違反で逮捕。一九三四（昭和九）年に獄中で転向。一九六三（昭和三十八）年四月には三代目山口組の田岡一雄組長や市川房枝《いちかわふさえ》、山岡荘八《やまおかそうはち》らとともに麻薬追放国土浄化同盟（のちの全国国土浄化同盟）をつくった。

杉浦の目的は高砂熱学工業の代理人として私と交渉することだった。

杉浦は私が喜ぶような取引を提案してきた。

「どんな条件でも乗るから、ひとつ協力してくれ。もし和解してくれたなら百億円払います」

その言葉に乗るのも悪くないと思った。

第七章
天国から地獄へ

だが、私の税理士の岩崎東四郎《いわさきとうしろう》に懇願された。

「その話に乗ったら必ずハメられます。やめたほうがいい」

私は岩崎を信じて杉浦の話には応じないことにした。そのため、話を断られた杉浦が逆に私を追い詰めてくるようになる。

ある日、高砂熱学工業の営業担当の北沢《きたざわ》という常務が食事に招待してくれた。その席で北沢は打ち明けた。

「われわれは頑張ります。しかし、もう我慢できません。石井が次の社長を狙っていることはご存じでしょうが、この石井ほど悪いやつはいません」

石井とべったりの仲だった私は不思議に思った。

「何を言うんだ？　俺と石井の関係を知っているだろう」

それでも北沢は懸命に訴えた。

「石井はリベートを取って悪いことをやっている。社内の女にも手を出している。おまけに石井の女だという銀座《ぎんざ》の女には会社のカネを使い込んでいる。その店は下請け会社にどんどん使わせ、高砂熱学工業のサロンのような状態にまでなってしまっている」

北沢の口からは次から次へと石井の悪行が飛び出してきた。

私はさっそく石井に問い質した。

「おまえ、悪いこと、やっているらしいな。リベート取っているのか？」

「いえ、私は取っていません」

「銀座の女に入れ上げているらしいな」

「いいえ、それもありません」

「秘書も手籠《てご》めにしているんだって？」

「いえ……」

私は石井との会話のやりとりから、「こいつは悪いやつだ」と確信した。

次第に私は高砂熱学工業の社長派とも反社長派ともいえない中立の微妙な立場になっていった。

反石井派は私のもとに足しげく通ってきた。そのたびに気持ちは反社長派に傾いた。

日景と石井は会社の癌だ――。

下請けからリベートを取ることは私がいちばん嫌うことだ。会社の収益を著しく損なうからだ。

私がナミレイの経営に乗り出す前、ナミレイではリベートが横行し、会社は赤字で、挙げ句の果てに父は死んだ。私はリベートを憎み、いっさい許さない方針を貫いていた。私が石井の経営方針を問題視するのは当然だった。

いつの間にか、私は反石井派に担がれ、石井に迫った。

「おまえは悪いことばかりしている。背任罪だ！」

私は、東京地検特捜部に石井を背任横領罪で訴えることにした。

石井の背任を手助けしていたのが杉浦だった。杉浦が石井の銀座の女性にカネを配る手配と下請けからのリベートを集める役割を担っていることが判明した。

私は石井の逮捕につなげるために、最初に杉浦を背任横領罪で訴えた。こうして杉浦は神田署に逮捕された。

この段階では私の思惑は順調に進んでいるように見えた――。

杉浦の調書作成が終わり、石井が背任横領罪で逮捕される段階まで追い込んでいた。

一方、この私の動きに日景らは震え上がった。

日景は日景で私の行為を威力業務妨害で訴えるという対抗手段を取ってきた。

石井は自分を守るため、特捜部出身のヤメ検弁護士に泣きついた。その弁護士は山口悠介特捜副部長に相談に行った。そして山口と裏取引することに成功した。これが私の運の尽きとなってしまう。

特捜部の黒い思惑

当時は田中角栄元総理のロッキード事件の公判が行われている最中で、東京地検特捜部は田中の政治生命を絶とうと躍起になっていた。

東京地検特捜部はその田中と懐刀である後藤田正晴を脅威と捉えていた。後藤田の政界での地歩が上がれば検察の立場が危うくなると感じていた。

しかも、後藤田は検察の宿敵ともいえる警察庁長官経験者だった。この内務官僚と司法庁との対立が私の捜査を私にとって悪いほうに後押しすることになった。

もともと検察は後藤田の周辺を洗うことに躍起になっていた。

そこに思いがけない事件が東京地検特捜部のもとに持ち込まれた。

高砂熱学工業が私を威力業務妨害で訴えてきたのだ。東京地検特捜部はこの訴えに両手《もろて》を挙げて飛びついた。

「松浦良右は後藤田正晴と一体となって活動している、関西出身の経済ギャングであり、後藤田の重要な資金源だ。なんとしても松浦を逮捕し、後藤田を失脚させろ」

特捜部にしてみれば高砂熱学工業の威力業務妨害などという訴えはなんでもよかった。この件で私を逮捕し、私にからめて後藤田を貶《おとし》めることが特捜部の目的であった。

本来、私が構想していた絵図は石井を背任横領罪で東京地検特捜部に訴え、杉浦を先に逮捕し、次に石井を逮捕するという段取りだった。

高砂熱学工業は私を含めてナミレイ関係者六人を業務提携や株の買い取りを迫ったとして威力業務妨害で訴えた。

こうしてナミレイ側と高砂熱学工業側の両方からの告訴によって訴訟は相打ち合戦に発展した。私にしてみれば不可思議な訴訟合戦だった。

何が威力業務妨害なんだ——。

後藤田は裁判の行方をひどく心配していた。

私には田中派と敵対する福田派に近い安原美穂《やすはらよしほ》検事総長の思惑によって起こった無理筋な捜査だとしか思えなかった。


一九八二（昭和五十七）年三月、私のもとに山田有宏《やまだありひろ》弁護士が報告にやってきた。

「高砂熱学工業との件ですが、背任横領で逮捕するということです。まもなく捜査が始まります」

私は思った。

やっぱり俺の訴えている石井の背任横領のほうが悪いに決まっている——。

弁護士の井本臺吉《いもとだいきち》も怒っていた。

私の周囲には井本元検事総長、岡﨑格《おかざきいてる》元東京高検検事など錚々たる、いわゆるヤメ検弁護士十八人が集まって対抗策を話し合っていた。

井本は福田赳夫と同じ一九〇五（明治三十八）年に群馬県で生まれ、旧制第一高等学校から東京大学に進んだ。東京地検特捜部で活躍した河井信太郎検事とは日通事件で対立していた。

井本も私に言い放っていた。

「あれが威力業務妨害になるだなんて、とんでもない」

私は井本が言うからには間違いないと思い、内心うれしかった。

これで高砂熱学工業は私の思いどおりになるだろう――。

私はさっそく大阪に向かった。父親の墓参りをし、墓前に報告した。

高砂熱学工業との訴訟は終了して私の全面勝利となりました――。

私はそれから千代田区内幸町《うちさいわいちょう》にある日本プレスセンタービル十階の日本記者クラブプレスセンター内の「アラスカ」というレストランに弁護士十八人を集めた。

「みなさんの努力で今回、高砂熱学問題が無事、われわれサイドの勝利で終了することになりました。これも諸先生方のご努力のおかげと感謝します。本当にありがとうございます」

私は勝利の乾杯でみんなをねぎらった。

突然の逮捕劇

一九八二（昭和五十七）年三月十日、後藤田、民社党書記長の塚本三郎、私の三人で新橋の愛宕《あたご》にある青松寺《せいしょうじ》のなかにある精進料理店「醍醐《だいご》」で食事をしていた。

翌日の十一日はキャピトル東急《とうきゅう》ホテルに個室を取り、午後六時から私と後藤田と社会党の石橋政嗣《いしばしまさし》委員長の三人で食事をともにする予定だった。

後藤田からは野党対策を頼まれていた。公職選挙法の改正が焦点となっていた。参議院全国区制を廃止し、拘束名簿式比例代表制の導入を目指す動きが進められていた。

だが、野党の反対は明らかだった。後藤田はその対策委員長を担っていた。各政党の思惑が錯《さく》綜《そう》するなか、私は自身が持つ幅広い政治家との人脈を駆使し、なんとか穏便にことが運ぶように、背後から手助けするように頼まれていた。

「社会党の反対、民社党の反対を抑えてくれ」

私は社会党とも民社党ともパイプがあった。とくに、のちに民社党の委員長となる塚本とは親しかった。塚本の事務所にも、私の息のかかった社員を送り込んでいた。

ところが三月十一日になり、山田弁護士経由で東京地検特捜部から突然の連絡を受けた。

「東京地検が明日、最後にもう一回、事情を聞きたいと言っています」

私は答えた。

「わかった。説明してあげよう」

私は高砂熱学工業の石井を背任横領罪で捕まえるという話だと信じ切っていた。

そのため、私はいつもの様子で、着の身着のまま、なんの用意もせず、朝十時には東京地検特捜部に出向いた。山田も一緒だった。

部屋に入ると初めて顔を見る検事が待っていた。

「なんでっか？　今日は」

「ちょっと松浦さんにお尋ねして確認したいことがあります」

私は椅子に座った。山田も部屋に入ろうとした。だが、入室を許可されず、外に出されてしまった。

私ひとりと検事ひとりが、一対一で向き合った。私が先に口を開いた。

「なんでんねん、今日は？」

「松浦さん、高砂熱学工業に強要したことがありますか？」

このひと言が私の癇《かん》に障った。

「バカなこと言うな。何が強要だ。俺がそんなことするわけがない」

「残念ながら、逮捕状が出ております」

逮捕状が私の目の前に突き出された。

「何！　バカなことを言うな！」

その場で両手に手錠がガチャンとはめられた。

私は予想外すぎて、ただただ不思議な顔をするしかなかった。

私は叫んだ。

「山田！」

だが、山田はすでに席を外されている。

山田をはじめ、私の弁護士全員が検事の山口に騙されていた。ちなみに、この山口は殖産住宅事件の東郷民安や戸栗亨も担当した。

私はわけのわからぬまま小菅の東京拘置所に車で向かうことになった。

ようやく落ち着きを取り戻した私は初めて自覚した。

負けた——。勝ったつもりの訴訟合戦で負けてしまった——。

私は覚悟した。

負けた以上はしょうがない——。

私はこれまでの記憶をたどり、あることに気づいた。

私は高砂熱学工業の株買い占めにあたり、田中清玄の秘書の杉浦から友好的な和解案を申し入れられたときのことを思い出した。

あのとき、杉浦の話に妥協していたらパクられることはなかった——。

私は後悔の念に駆られた。

杉浦は私に言った。

「百億円儲けさせてやる」

私は税理士の岩崎の説得を受けて、その申し出を断ってしまった。判断ミスであった。

勝機を逃がすことは誰にでもある。この経験はいい教訓になった。

ものごとは自分の判断でやるべきだ。人に惑わされてはいけない——。

私と田中清玄との関係は、その後、いっさいなくなった。

私は取り調べを担当していた土屋《つちや》東一《とういち》検事にお願いした。

「会社に、電話を入れてくれませんか」

本来なら弁護士を通さないと連絡は入れられない。だが、土屋は私に許可してくれた。

私が、警察に逮捕されたことはそのときが初めてではなかった。だが、すべて微罪だった。

だが、今回の逮捕はナミレイに与える影響もそれまでのものとは段違いであることを覚悟した。

私は決断し、土屋にナミレイへの伝言を頼んだ。

「ジタバタするな。今後、いっさい俺との縁を切れ」

それから、私はもうひとつ付け加えた。

「すべての荷物を海に捨てろ。捨て値でいい」

証拠隠滅という意味ではなかった。「身を軽くしろ」という意味だった。

これから世の中を泳ぐために身を軽くしろ、負担を軽くしろ——。

私がそれまでナミレイ名義で購入してきた不動産や株をすべて処分しろという意味だった。

その後、弁護士が面会に来た。弁護士は書類を差し出した。そこには「企業関係の立場をすべて自分から引退し、今後、いっさい経済活動はしない」と書かれていた。

私は弁護士に問い質した。

「なんだ、これは?」

「すいません。すいません」

どの弁護士も、ひたすら頭を下げるばかりだった。

私は納得がいかない。だが、こうなった以上、しょうがないと腹を括《くく》った。

「あんた方を責めてもしょうがない。これからどうするかを、いま考える」

私は企業関係の立場からすべて引退し、今後、いっさい表立って経済活動はしないと約束した。

「あとは好き放題にしてくれ」

土屋とは三日間ほど取り調べにつきあわされた。そのなかで、土屋は私の株取引については興味がないと言い続けた。

「はっきり申し上げます。特捜部は株なんかいっさい興味ありません。後藤田正晴との贈収賄事件があります。これに協力してくれませんか？」

土屋は私に直接ぶつけてきた。

私を調べれば後藤田に何かあるとにらんでいるようだった。

「いろいろ特捜部のほうで調べました。何件かそういうものがあります。これに協力してください」

そう言って協力を求めた。

「それなら俺を贈収賄で逮捕してから言ってくれ。何が威力業務妨害だ。威力業務妨害罪に興味がないなら、なぜ興味ないことで逮捕したんだ」

私もあとには引けなかった。

そんなやりとりが続いた。

三日も顔をつき合わせているうちに、土屋は思い描いていたイメージと会って話してみた私が異なることに気づいたようだった。土屋は断言した。

「あなたは、そんな悪いことをするような人ではないと思いました。だから、この威力業務妨害の件は不起訴にします」

私は尋ねた。

「不起訴にしてくれるのはいいけど、それなら、こっちの贈収賄に協力しろということだね？」

土屋は言った。

「そこまでは言いません」

贈収賄もやる気がないようなことを、土屋は口にし始めていた。

そんなら俺は不起訴で終わるのか――。

私は安堵《あんど》した。

その後は厳しい取り調べどころか、二人で世間話をして時間をつぶした。政治問題から国際問題から、いろんな話題をお互いのあいだで交わした。

勾留期間二十日間のうちの十八日目に、土屋は伝えてきた。

「私は残念ながら担当から外れます」

「えぇッ？」

「後任に別の者が来ますから……」

「なんでかい？」

私は不安に駆られた。

「それは言えません。いずれお目にかかるときがあれば、お話しできるかもわかりません」

土屋が降りて、その後を引き継いだのが馬場俊行《ばばとしゆき》検事だった。

馬場ははじめから私に対してむちゃくちゃにゴマをすり始めた。

「会長さん、会長さん。私がやる以上はね、悪いようにしませんから」

馬場からは調子のいい言葉が次から次へと飛び出てくる。ある日の夕方のことだった。

「喜んでください。高砂熱学工業の社長を背任横領で逮捕します」

「そうか、そうか」

私は喜んだ。

「だから松浦さんが訴えたものを取り上げます」

「ああ、そう。いやー、ありがたいことだ」

私は心から感謝していた。

「その代わり、調書の面でちょっと困ったことがあります。どのみち高砂熱学工業を逮捕するんだから大したことじゃないでしょう。この三月二十六日ですね、会長さんが電話して怒鳴り上げたと向こうが言っているんだけど、そこのところを認めてください」

私は怒鳴り上げてなどいなかった。むしろ向こうが怒鳴り上げたのだった。私はどうしても認めることはできない。馬場の提案は拒否した。

だが、馬場はしぶとく迫った。

「それだけは認めてください」

私はとうとう折れてしまった。

まあ、いいか――。

私は馬場の提案どおり、「私が怒鳴り上げた」ということで同意した。

だが、これを認めたことが起訴の決め手になってしまった。私は結局、恐喝と傷害の容疑で起訴された。

私は馬場に騙されたことを知り、激怒した。

「この野郎！　俺が起訴になっただだと！」

卑怯な取り調べ

話はさかのぼるが、一九八〇（昭和五十五）年一月十六日、私はナミレイの東京本社で詐欺師の青山光雄《あおやまみつお》を暴行して一週間の傷を負わせたことがあった。

青山は診断書を添えて被害届を神田署に出した。そして三月三十一日付で私を傷害で告訴した。

その翌四月には神田署の取り調べを受け、私は犯行の事実を認めた。

だが、その後、この事件はそのままになっていた。これが二年前の話だった。

その逮捕話がいまごろになって蒸し返されて書類送検されることになった。

私は当時を思い出した。神田署に向かうとき、担当していた小田切幸男《おだぎりゆきお》刑事に問いかけた。

「あなた、二億五千万円ほど持ち逃げされて、そいつをやっと捕まえたなら、どうします？」

刑事は答えた。

「そりゃあ、殴りますよ」

「そうだろう。俺もそうだ。二億五千万円持って逃げたやつを捕まえて、二億五千万円盗りやがって、バカ野郎と二、三発殴った。これで、なんで俺が逮捕されなきゃならん？」

「いちおう、診断書がありまして……」

刑事は答えた。

「バカなことを言うな！　鼻血が出たくらいで……。そのあとに顔を洗わせてカレーライスまで食べさせて帰したんだぞ。何が逮捕だ！」

刑事は納得した。

「わかりました。そういう事情なら帰ってください」

検察が何を考えてその事件を掘り返してきたのかわけがわからなかったが、検察はそれを目ざとく見つけてきた。

私は再び起訴された。

その次は殖産住宅相互の関係だった。私は再々逮捕までされた。

今度は殖産住宅相互からビルを脅し取ったという容疑であった。

一九八一（昭和五十六）年、私が殖産住宅と取引関係にあった共栄興業について、経営危機に陥っているのは殖産側の責任だと脅して三億五千五百万円のビルをわずか三千万円で脅し取ったという事件がつくりあげられた。

そのうえ、私が殖産住宅に十八億円を要求したという恐喝未遂までつくりあげられた。

たしかに私は一度だけ殖産住宅の矢野次郎社長に電話を入れたことはあった。

だが、それは脅したわけではなく、当然の権利を主張し、ビルを返してくれと説明しただけだ。

そして矢野も納得したかたちで決着がついていた。

私は心のなかで叫んだ。

バカなことを言うな——。

こうして私は高砂熱学工業事件、青山という詐欺師を殴った事件、そして殖産住宅相互への脅迫の三点で逮捕された。

一方、高砂熱学工業の社長を逮捕すると言っていた馬場は私に対して曖昧な態度を続けた。私はしびれを切らして尋ねた。

「高砂熱学工業はいつやるんだ？」

馬場も答える。

「そのうちにやります」

ところが、いっこうに高砂熱学工業の社長を逮捕する話は聞こえてこない。

結局、私はまんまと馬場に騙された。私は心に誓った。

このままではすまさないからな——。

一方、高砂熱学工業の石井は私の事件以後、一九八六（昭和六十一）年には社長の座につき、二〇〇四（平成十六）年に会長となった。

私をハメることに成功した石井は二十年以上、高砂熱学工業の社長、そして会長として会社に君臨することになった。


高砂熱学工業をはじめとする私が逮捕された一件は、最終的に私の親交のある後藤田を逮捕することが特捜部の狙いだった。

「松浦が後藤田の贈収賄を認めるまでは、なんでもいいから逮捕して留め置いておけ。取り調べを続けろ。後藤田を捕まえろ！」

それが最高検察庁からの命令だった。だからこそ彼らは些末な古い事件まで引っ張り出して私のことを隅から隅まで調べ尽くしたのだ。

異例の保釈

一九八二（昭和五十七）年十一月二十七日、後藤田は第一次中曽根内閣で官房長官に就任した。

田中角栄の力によって総理の座を得た中曽根康弘は、みずからの派閥の議員ではなく、自身の内務省時代の先輩にあたり、田中の側近である後藤田を官房長官に起用した。後藤田はすでに第二次大平内閣で自治大臣兼国家公安委員長兼北海道開発庁（現・国土交通省）長官として入閣を果たしていたが、当選三回で官房長官に起用されることも、政界の慣習から考えると異例の大抜《だいばっ》擢《てき》であった。

後藤田の官房長官就任は私にとっても幸福をもたらしてくれた。

なんと、その直後の十二月三日、私の保釈が許可されたのだ。保釈金は五千万円だった。

その日のうちに小菅の東京拘置所を出ると、私はその足で東京地検特捜部に乗り込んだ。

「馬場、出てこい！」

私は自分を騙した馬場を血眼になって探した。

それを知った副部長の山口が出てきて慌てて対応した。

「馬場は、いまはいません」

それでも私は食い下がった。

「馬場は俺を騙したんだ。いないなら、馬場をここに呼べ！」

山口は口ごもった。

私は大声で怒鳴った。

「おまえらな、後藤田をパクるために、どうでもいい事件をでっちあげやがって。よくも俺をこれだけの目に遭わせたな。新聞に載せたり雑誌に載せたり、相当なことをしてくれたな！」

私はさらに怒鳴り続けた。

「おまえらは正義と真実はとっくに捨てて、でっちあげや捏造《ねつぞう》ばかりやってる専門部隊じゃないか」

私の激しい剣幕を恐れ、周囲は蜘蛛《くも》の子を散らすように逃げていった。

私は怒鳴るだけでは気が収まらない。馬場の自宅から何から何まですべて調べ上げて電話をかけまくった。

そのたびに馬場は答えた。

「私の問題ではありません。特捜部の問題です」

私にすれば、それですむ話ではなかった。

「おまえが担当したんやないか。おまえ、高砂熱学工業の社長を逮捕するとか、よくもでっちあげた話でウソをついて俺を騙してくれたな。おまえだけは絶対に許さん！」

馬場は許しを乞うてきた。

「どうかご勘弁願いたい。私が好きでやったことじゃないんです。すべて上からの指示です。山口です」

馬場は今度は山口の責任だと口にした。

そこで私は山口に確認した。

「山口、今回のことは、おまえがすべて絵を描いたんか？」

そう言って山口を質した。

「最高検からみんな、いろんな問題がありまして……」

山口の態度は曖昧で言葉を濁したままはっきりしない。私の怒りに油を注ぐだけだった。

私は怒りを爆発させた。

「おまえら、みんな許さん！」

私は今度は馬場に毎週脅しをかけるために頻繁に裁判所に顔を出すことにした。馬場にしてみたら自分の職場に押しかけられるようなものだ。生きた心地がしなかっただろう。

私の姿を見かけるたびに馬場は血相を変えて飛んできた。

「会長さん、私には全然そういう気持ちはなかったんです」

それでも私は馬場を叩きまくった。

「もうどうでもいい。おまえとは話をする気がないんだ」

あっという間に馬場はノイローゼになった。ノイローゼになった馬場は、その後、一九八九

(平成元)年七月十六日、大腸癌《だいちょうがん》で亡くなった。

私は、七月十九日の午前十一時半から葛飾《かつしか》区白鳥《しらとり》の四《よ》ツ木《ぎ》斎場で行われた馬場の葬式に出向いた。葬儀には大勢の特捜部の連中が集まっていた。

そのなかで私は大声で叫んだ。

「バカ野郎! 腐り切った検察、検事、地獄に堕《お》ちろ!」

私は馬場の次に山口に狙いを定めた。

国会の爆弾男

高砂熱学工業事件のあと、私は政治家とのつきあいが多かったこともあり、世間の注目を浴びるようになった。

一九八二(昭和五十七)年十二月十四日、「国会の爆弾男」との異名を持ち、ロッキード事件やリクルート事件などでスキャンダル追及の中心的役割を担った社会民主連合の楢崎弥之助《ならざきやのすけ》は国会の第九十七回衆議院予算委員会で後藤田について質問に立った。

楢崎は後藤田に私との関係について質した。

「恐喝、傷害等で逮捕された例のナミレイの問題、松浦良右という人の問題です。後藤田さんの秘書の川人正幸《かわひとまさゆき》というのですか、その人が語っておられますね。長官と松浦氏との知り合いは五十二年（引用者注＝一九八七年）暮れから五十三年にかけてである、どうして交際を密にしてきたか、松浦という人が大変な情報屋である、これはあなたの秘書が語っておるのです。この松浦氏とともに、強要未遂及び恐喝で逮捕された共栄興業の実質的な経営者と言われる他谷省逸《たやしょういち》という人が、松浦氏が逮捕されることしの三月十一日の翌日に突然辞表を提出し、元ナミレイ東京本社船舶事業部長であった秋月恵一郎氏があなたの秘書となっていますね。それで、ちょうど秘書となった五十四年末、あなたは自治大臣、国家公安委員長であったわけですね。このころからナミレイが高砂熱学工業に圧力をかけるのですね。事実はそうなっているのです。そして、そういう秘書を雇われるときに、恐らくこれもまたあなた御存じないというか、相手がそういう自治大臣、国家公安委員長というあなたの肩書きを秘書として大いに利用しやしまいかという危惧はなかったですか」

後藤田は答えた。

「大分事実関係が違うようでございますから、御説明を申し上げます。

いまの秘書、これはもちろん正式の秘書ではございません。事務所の職員でございます。ただ、その他谷というのは実は松浦君のところからの推薦ではございません。私は大体事務所には、大学を出てこれから修業をしようという人をいつも一人は必ず置いておるわけでございます。そういう職員の一人でございます。他谷君は大変まじめないい青年だと私思っております。ただ、滋賀県で県会議員に出たいということの実は修業であったわけでございますが、私はそこで政調の部会等には必ず出席させる、そして、その後五分間で全部まとめて私に報告をさせる、こういう訓練をしておるのですが、どうも基礎の学力が不足であるということで、二年間ばかりおってやめてもらった。やめた後に私のところに音信不通でございました。しかし、それが松浦君のところで働いておって事件を起こした、こういう関係でございます。

それから、秋月君というのは、これは大変りっぱなしっかりした人物でございます。これは、私が実は選挙事務に、手伝ってくれぬかと言って、私の方から頼んでこれは来てもらった人物でございます。私、どうも選挙違反がしょっちゅうあるものですから、君がよく見てどこに事務所としての欠陥があるのかをおれのところにひとつ報告してくれぬかということで実は置いてあったのですが、私が考えてこんなことでないかなというのとぴたり合うような実に正確な情報をもらいました。それによって私は選挙事務所の立て直しをやったわけでございます。そういった関係で選挙後もこれにずっと手伝ってもらっておった。したがって、秋月君というのはそういったことで事件には何の関係もございません」

後藤田は私についても語った。

「それから、いま一点の松浦君の関係ですが、週刊誌等でいろいろございました。確かに変わった人物でございます。しかし、最初は中国情報、それからエジプト、それから中近東、それからその後は中米、それからアメリカ関係、こういう情報を持ってきておりました。また、国内の政治についてもしょっちゅう情報を時に応じて持ってくる。私もこういう商売をやっていましたから、ときどきは検証をいたしております。確度の非常に高い情報を持ってきておったことは事実でございます。

以上が事実関係でございます」

一瞬、後藤田のクビを取った気持ちになり浮かれていた楢崎だったが、私とつきあいを否定せず、積極的に肯定した後藤田に対して攻め手がなくなってしまった。後藤田の切り返しが一段上だった。

後藤田は国会で私のことを「確度の高い情報を持ってきておった」としっかり評価した。実際にこの時点でPLOのアラファト議長と会っていたのは、日本では私だけだった。

なお、この質問のなかに登場する他谷省逸は大平光洋が後藤田の事務所に送り込んでいた人物だった。

結局、楢崎の追及はこれ一回きりで、そのあとは追及しなかった。後藤田が手を打ち、私を追及するなと言ったのかはわからない。

楢崎は国会で爆弾男などといわれていたが、そのネタ元の多くは児玉誉士夫だった。

後藤田はのちに「朝日ジャーナル」一九八五(昭和六十)年六月七日号の記事『告白　ナミレイ事件と政治家たち　「検察は後藤田正晴を狙っていた」　松浦良右氏は語る』でも私について次のように語った。

〈彼は人に誤解されるタイプだねえ

あのね、松浦君という人はねえ、私とは、商売のことでは、何もないんです。だれかの紹介でやってきて、主に中米の問題、アラブの問題、とくにパレスチナの問題などについて、いろんな話をした。当時、日本赤軍の問題があったので、私も興味深く聞いたりした。その後も、外交関係の話をしに来たが、いい加減なことが一つもなかった。

事件のとき、私もいろいろいわれた。ただ、松浦君とは、ほんとうに商売のことは、一つもないんだ。B市の問題が調べの中に出ていたのは知っている。ただ、彼がその点で、何を調べられたかは知らないし、もちろんボクも全く知らない。C市の話は初めて聞いた。彼の知り合いに選挙事務所などを手伝ってもらったことはある。選挙のときに、彼がカネをもってきてくれたこともあったと思うが、そのへんぼくは人任せなので詳しくは知らないんだよ。彼は風貌、挙措、動作、服装などからどうも人に誤解されるようなタイプみたいだねえ〉

私が信頼を寄せていた後藤田には私に対して必死になって助けようという気持ちはなかった。結局は後藤田も権力側の人間である。みずからに司直の手がおよばないのであれば敵対していた検察と握ることなどいくらでもあったのだろう。

あるとき、私は後藤田を批判したことがあった。新聞や週刊誌に後藤田に対する私の批判めいた言葉が掲載されたこともあった。

プライドの高い後藤田にしてみたら、おもしろくなかっただろう。そこから私たちの関係はますます気まずいものになっていった。

私は逮捕されたときは全世界に財産があった。オーストラリアには家も株もあった。事業をやっている権利もあった。

だが、私は逮捕されてから、いっさいそれらのことを忘れた。逮捕された翌日に「すべては終わった。命だけが残ったな」と思うことにした。

二十二歳から四十二歳までのあいだに貯めたすべての財産は捨てると誓ったのだ。

私はカネに対する執着はまったくなかった。私は財産をすべて会社名義にしていた。会社からはわずかな給料をもらうだけで、すべて会社の財産にしたから、私の財産はゼロ。体ひとつで命だけ残してくれたのだと思った。だから、「もうビジネスはやらん」と決めて切り替えたのだ。

第八章 朝堂院大覚の誕生

麻原彰晃との面会

一九九一（平成三）年夏、私は麻原彰晃《あさはらしょうこう》、本名・松本智津夫《まつもとちづお》と面会した。

麻原はのちに松本《まつもと》サリン事件や地下鉄サリン事件などの凶悪な無差別テロ事件を引き起こし、日本全土を震撼《しんかん》させたカルト教団「オウム真理教」の教祖である。

私が面会したときには明らかになっていなかったが、すでにオウム真理教は坂本堤《さかもとつつみ》弁護士一家殺害事件や男性信者殺人事件などの凶悪犯罪に水面下で手を染めていた。

一九九〇（平成二）年五月、オウム真理教は熊本県阿蘇《あそ》郡波野村《なみのそん》（現・阿蘇市）に進出した。

だが、地元住民の激しい反対運動に遭った。

そんななかで、オウム真理教は大手一般紙などマスコミに広告を掲載させてほしいと打診していた。

だが、どのマスコミからも断られていた。そこでオウムの広告掲載紙として社員の給料すら払えないほどの経営難に陥っていたフクニチ新聞が候補として私の脳裏に浮かび上がった。

私は大塚万吉《おおつかまんきち》に指示した。

「フクニチにオウムの広告を載せてやれ」

大塚は裏社会にも通じる金融ブローカーであった。

この時期のフクニチ新聞は一九九〇年四月十七日、福岡地裁に和議を申請し、その後、労働組合を中心にした社員たちによって自主発行を継続している状態だった。

私は経営破綻状態で従業員の給料未払いが続いていたフクニチ新聞に十二億円もの資金を援助していた。

また、私が主宰する法曹政治連盟の会員に高橋庸尚という弁護士がいた。東京大学出身の高橋は共産主義思想の持ち主だったことから変わり者の弁護士として見られていた。私はそんな高橋を割に合わない仕事をしている弁護士だと思って評価し、面倒を見ていた。

高橋は波野村の国土利用計画法違反事件の際、オウム側から弁護の依頼を引き受けていた。

ただし、オウム真理教と高橋がつながったきっかけは私が教団に高橋を意図的に送り込んだからではない。教団がダイレクトメールを使って弁護士を募集するなか、たまたまそのダイレクトメールに返事をしたのが高橋だっただけだ。教団が一万五千人の弁護士に送ったなかで返事をしたのは高橋ひとりだったという。

このことから、高橋はオウム真理教の顧問弁護士だった青山吉伸《あおやまよしのぶ》とつながり、オウム真理教に関する弁護活動を始めるようになっていく。

ところが波野村の国土利用計画法違反事件の件で教団側は高橋に弁護料を払おうとしなかった。そこで大塚があいだに入り、電話で当時教団側の広報責任者だった上祐史浩《じょうゆうふみひろ》にかけ合い、なんとか弁護料の三千万円を回収した。

私の考案によってフクニチ新聞にオウム真理教の広告を出す案が大塚に指示されてから、大塚は高橋経由で教団側に話を伝えた。

「フクニチ新聞で広告を掲載してもいいそうです」

知らせを受けたオウム真理教はこの話に喜んで乗ってきた。

私は資金援助をしていたフクニチ新聞に週一回一ページ、麻原を主人公にした劇画を掲載することも段取りしてやった。

私はフクニチ新聞の人間を呼び出して命じた。

「オウムの広告掲載を受けてやれ」

フクニチ新聞も社員の給料の数カ月分にあたる広告料が入るため、安堵していた。オウム真理教は予想していた以上の高額な金額をフクニチ新聞に支払ったようだった。

だが、フクニチ新聞は一九九二（平成四）年四月、和議不調によって破産申請が行われ、破産管財人によって強制執行が行われた。全社員が解雇となり、社屋から強制退去させられた。

私と麻原との面会の話は内外タイムスの社長の遠矢健一《とおやけんいち》が持ちかけてきたことだった。私は内外タイムスの資金面での面倒も見ていた。

私は遠矢に指示した。

「遠矢、おまえもオウムの広告を出してやれ」

しばらくして、内外タイムスにもオウム真理教の広告が掲載された。

「この男はたいしたものではない」

私はこの広告の件に関連して一九九一（平成三）年夏に上京してきた麻原と面会した。

当日、私は港《みなと》区の東京全日空《ぜんにっくう》ホテルの横に建つレジデンスバイカウンテスの十階で麻原が来るのを待っていた。私はそのワンフロアを所有していた。

麻原は自分専用の椅子を弟子三人にわざわざ担がせてやってきた。幼い女の子も一緒だった。その女の子は、どうやら麻原の三女としてのちに話題となるアーチャリーのようだった。グリーン色のワンピースを着たアーチャリーの肩に手を置きながら、麻原はやってきた。

私はひと目見て麻原に嫌悪感を覚えた。

俺の部屋にわざわざ台座を置きやがって――。

当時の麻原はメディアにさかんに登場し、いつも必ずその大きな台座に座っていた。今回もその大きな台座を私の部屋にまで運ばせていた。

私は怒鳴った。

「俺の事務所で勝手なことするな！」

麻原は恐縮するそぶりを見せながらも、真っ白な絹の布を敷いてそこに座った。いちいちやることが大仰である。

私はフクニチ新聞の労働組合の責任者を呼び出して麻原と対面させた。

両者のあいだで広告の掲載について合意した。その後、私と麻原は一時間ほど会談した。麻原は私に願い出た。

「世間からいじめられている。助けてくれ……」

私は尋ねた。

「具体的に何をすればいいんだ？」

麻原は答えた。

「オウムは今度、ロシアのエリツィン大統領のインタビューをする。それを記事にする媒体がないだろうか？」

一時間ぐらいの会談のなかで、麻原はオウム真理教の教義について説法することはなかった。むしろ私に向かって「宇宙法」についての質問を投げかけてきた。

私は喜んで麻原に教えてやった。

「私は、全国の宇宙学者千二百人を集めた宇宙法学会をつくっている。国際間における宇宙についての領土的な条約、法律など、世界という立場で進めるべきだと思わないか？」

麻原はただただうなずくばかりだった。

「ごもっともです、ごもっともです」

私に頼みごとに来ているものだから、反論などはいっさいしない。

「神の存在はすべて宇宙だ」

そう私が言えば、麻原もうなずく。

「原点はそのとおりです」

ただただ同意するばかりだった。

麻原が得意としている空中浮揚についても私は聞いてみた。

「実際に人が宙に浮くかは科学的にも多くの実験が行われている。精神的にはありえても、実際に物体が浮くなんてことはありえない」

私は「空中浮揚は不可能だ」と麻原に説明した。

実際、私は過去に自分の体を浮かせるための訓練を受けたことがあった。

インドにアーユルヴェーダ（インドの伝統的な医学）の流れを汲《く》むマハリシ・マヘーシュ・ヨギという宗教実践論者がいる。マヘーシュも空中浮揚ができるということだった。

それを知った私はマヘーシュの日本のエージェントから五カ月にわたって空中に浮くための訓練を受けた。

訓練では一時間くらい座って、二十分ほど呪文を繰り返す。

「リング、リング、リング……」

私はその呪文を繰り返していれば空を飛べると教えられた。

たしかに言われたとおりにすると頭や体がボーッとして軽くなったような気分になる。

私は大分県別府市の山中に籠もってその訓練に没頭してみた。五時間ぐらい座り、呪文を繰り返した。まるで中空に浮いたような気持ちがあふれてきた。

だが、肉体が浮くわけではなく、気分的なものでしかなかった。

私は確信を持って麻原に言い放った。

「空中浮揚は精神的な感覚としてはわかるが、物理的には実践できない」

さすがに、そこまで言われれば反発されるかと思ったが、麻原は私の予想に反して逆らわなかった。

「浮きますよ」

もし麻原がひと言でもそう言ってきたら、私は麻原にすぐさま「それなら、やってみい」と言うつもりだった。

だが、麻原自身も空中浮揚をできないことを知っていたのだろう。私の前では最後まで「浮く」とはひと言も口にしなかった。世話になった私の不興を買うことを恐れたのかもしれない。

麻原にはそのくらいの打算はあるようだった。

かつてマヘーシュのエージェントにも私は言ったことがある。

「俺の目の前で見せろ。それを……」

だが、みずから実践することはなく、ひたすら「トレーニングしてください、トレーニングしてください」と繰り返すだけだった。

私は麻原を見て思った。

麻原をインチキとは言わないが、たいしたものではないな――。

それ以降、私は一度も麻原と会ったことはない。

ところが、のちにこの「オウム真理教」との関係が、私にとんでもない被害をもたらすことになる――。

オウム事件の黒幕とよばれて

一九八九（平成元）年から山梨県西八代郡《にしやつしろ》上九一色村《かみくいしき》（現・南都留郡《みなみつる》富士河口湖町《ふじかわぐちこ》）に進出したオウム真理教は開拓民が手放した元国有地の富士ヶ嶺《ふじがね》地区の各所にサティアンと呼ばれる多数の信者を収容する施設を建設し、サリンの製造など一連の犯罪を行う拠点としていた。

一九九五（平成七）年一月、ジャーナリストの大林高士《おおばやしたかし》が私のもとを訪ねてきた。大林は宗教がらみの記事のネタを探しているようだった。

大林は統一教会や創価学会《そうかがっかい》、オウム真理教などに伝手《つて》を持つ人間を探し、私に行きついたようだった。

なかでもオウム真理教はたびたびトラブルを起こしていた。

一九九三（平成五）年六月から七月にかけて新東京本部の亀戸《かめいど》道場で悪臭騒ぎが起き、近隣住民たちの抗議を受けていた。

また、一九九四（平成六）年七月、二度にわたって上九一色村のオウム真理教の施設近くで異臭が発生した。のちの捜査では異臭が発生した現場付近からサリンを生成した際の残留物質である有機リン系化合物が検出されている。

このことから、一九九四年六月二十七日に長野県松本市で発生した松本サリン事件での教団の関与がささやかれ、警察から疑いをかけられていた。

だが、オウム真理教側はサリン事件への関与を全面的に否定した。そしてサリンを発生させたのは肥料工場であり、さらには氏名不詳の人物、団体が関与しているとして、一九九五年一月四日、肥料工場の経営者らを殺人未遂で告訴していた。

その三日前には一九九五年元旦の「読売新聞」の一面でオウム真理教の施設がある上九一色村からサリンの残留物が検出されたとの報道がされたばかりであった。

大林は話題性のあるオウム真理教に狙いを定めた。私がフクニチ新聞にオウム真理教の広告を掲載させてやった話を聞きつけ、私のもとに来たようだった。

大林は私に頼んだ。

「オウムの麻原に会わせていただけませんか」

「俺は麻原に一回しか会ったことはない。でも、うちにいる高橋という弁護士にアポを取らせてやろう」

高橋は大林の件をすぐに教団に連絡した。

「教団の言い分を聞くというジャーナリストがいるから、麻原に会いたい」

教団に対する風圧はさらに強まっていた。そんな時期に舞い込んだ申し入れに、教団側はすぐに乗ってきた。

こうして「週刊現代」の企画として麻原へのインタビューが決定した。

一月十六日、大林は「週刊現代」が手配したハイヤーに乗り込んで上九一色村へと向かった。

大林は途中、大塚の事務所に立ち寄った。

「どこに行くんだ？」

そう聞いてきた大塚に大林は打ち明けた。

「これからオウムのある上九一色村に行く。そこで麻原と会うことになっているんだ」

これを聞いた大塚は頼んだ。

「それなら俺も連れていってくれ」

大林は大塚を同乗させることに同意した。

だが、このことが、その後の私の運命を狂わせていく。

悪いことは重なる。私は千鳥《ちどり》ヶ《が》淵《ふち》のそばにある一番町《いちばんちょう》パークマンション七〇四号室を恋人のために借りていた。その女性とのあいだに子どもが生まれたことをきっかけに、引っ越すことにした。

そして私が退出したあとに入居してきたのがオウム真理教の上祐だったのである。

私の弟子のような存在だった大塚は私を訪ねるためにこの部屋に出入りしていたことがある。その大塚が今度はオウム真理教のスポークスマンのような立場になり、上祐の部屋に出入りするようになった。

そのため、いっさい関係のない私がオウム真理教との関係をさらに疑われることになる。私が借りていた部屋に上祐が入居したのは、たんなる偶然でしかなかった。


こうしたことが重なり、私はいつの間にかマスコミから「オウムの黒幕」と書かれるようになっていく。

さらに警察も私についての捜査を始めていた。私には、なぜ自分が「オウムの黒幕」として扱われるのかがまったく理解できなかった。

私は後藤田正晴のもとを訪ねて相談した。

「先生も困るでしょう」

後藤田は答えた。

「当然だ。やめさせたいものだ」

私は後藤田に聞いてみた。

「なぜ、警察まで私をやろうとしているんでしょう？　私が何か犯罪行為をしたわけではないし、オウムの黒幕でもなんでもない！」

たしかに私にはオウム真理教と若干のつながりがあった。ただ、たいした関係性ではなく、「オウムの黒幕」扱いまでされることは理解できなかった。

私は私への捜査活動をやめるように後藤田に頼み込み、止めてもらった。

私は、なぜ自分が「オウムの黒幕」といわれるようになったのかを必死で探った。その結果、一通の供述調書が原因だったことが判明した。

供述調書には私が麻原に対して大きな影響力を持っており、私がクーデターの首謀者で、麻原や教団はその一部隊にすぎなかったとまで記載されていた。

その問題の供述調書は一九九五年五月三十一日に警視庁によって作成されていた。供述者は読売新聞社政治部出身の政治評論家の菊池《きくち》久《ひさし》だった。この菊池が「フライデー」一九九六（平成八）年四月二十六日号で『〃黒幕〃と名指された人物は反論　流出したオウム・クーデター〃幻の供述調書〃を入手』なる記事をでっちあげていた。

一九九一（平成三）年に私と菊池はオウム真理教とは関係ないところで面識を持っていた。きっかけは私が主宰する法曹政治連盟の活動について菊池と意見を交わしたことだ。菊池は私のもとで防衛大学校出身者が活躍している情報を得ていた。そのことから、オウム事件の黒幕として私が暗躍しているストーリーをつくりあげたのだ。

供述調書では一連のオウム事件がオウム真理教による単独犯行ではなく、国家転覆を謀った一大クーデター計画だったとして、さらにその首謀者として私の名前を明記していた。

供述調書によると一九九一年、菊池は私と面会する。そこで私が菊池に法曹政治連盟の政治顧問就任を要請し、法曹政治連盟の狙いと政治的信条について説明したとしている。

〈今の法律の範囲内、つまり憲法による参政権の行使という面から、同政治連盟から、いわゆる国政選挙に会員、同志を約300人ほど擁立して当選させた上で、国政に参画する。（略）この方法は、いずれも公職選挙法などによる合法的で平和的な手段に訴える考え方で、すでに同政治連盟としては、会員、同志、弁護士、新聞記者、評論家、スポーツ選手OB、文化人等に焦点をしぼって勧誘中（略）〉

そして、この後、私が驚くべき計画を菊池に打ち明けたことになっている。

〈それは一口にいうとクーデター的、革命的と言える暴力をもって政権奪取をするという具体的な戦術、戦略まで言及しました。それによると、日本国内で暴力を振るう想定、ピストル、小銃、機関銃、戦車等の兵器を装備している組織は自衛隊だけである。ここに、松浦氏は着目し、政権奪取に失敗した場合、直ちに自衛隊の決起、蜂起を促し、その兵力によって首都、官邸、中央官庁の制圧、占領と言うクーデターによって、革命、新政府樹立を図る。と、言うものでした〉

この話を聞いた菊池は政府転覆を謀るという私の思想や構想は内乱罪を上回る国家反逆罪に相当すると判断し、政治顧問就任の要請を断って別れたとしている。

その後、地下鉄サリン事件などオウム真理教による凶悪事件が起きた。

調書はさらに続く。

〈警視庁捜査が進展するにつれて明らかになってきた麻原の国政選挙参加と失敗に続いての、犯罪行為の実行犯人の中核に多数の自衛隊ＯＢが存在したことに、私は驚愕《きょうがく》しました。と言うのは、あまりにも松浦氏の話した、危険な暴力的クーデター構想に酷似しているからでした。

私自身（注・菊池氏）も独自の情報ルートを通じて、オウム真理教の犯罪に関する情報収集に努力してきました。その結果、松浦良右氏とオウム真理教が深い繋《つな》がりを持っていると言う情報がいくつもありました。例えば麻原代表やオウム真理教幹部が、『センセイ』と呼んでいる大塚万吉氏の数多くある肩書きのひとつに『松浦良右秘書』があることも、確認しています。

このことからも、松浦氏の暴力による政府転覆思想が、大塚万吉氏を通じて、ずばり、麻原彰晃容疑者に吹き込まれた。（略）松浦氏は精神的に、具体的な便宜供与の面でも緊密な関係で、麻原等の地下鉄サリン事件等の具体的事件及び政治転覆まで充分準備した、武装化計画、犯罪の実行行為などへの悪影響をオウム真理教に対して与えたと確信している〉

この菊池の供述調書が原因となり、私の周辺を騒がしくさせたのだった。

私はでたらめな供述調書を目にして怒りを禁じえなかった。

警察は私をオウムの黒幕とみなし、私の周辺や身内に異常ともいえる捜査を行った。私の関係する会社すべてに捜査員を派遣し、私の名義の銀行口座をすべて調べ上げ、オウム真理教の関連企業とのレッテルを貼って歩き回った。

当然、銀行は私との取引を停止するようになる。その結果、ナミレイも含めて私の関係する企業十八社が倒産してしまった。

そのうえ、菊池は一九九五年の雑誌「特冊新鮮組《とくさつしんせんぐみ》」の七月十五日号で『怪文書「オウム教関係図」に書かれている!! 麻原と大物政治家のつながり』なる記事のなかで私のことを取り上げた。

菊池は、同誌に『菊池久の巨悪両断　政界浄化人宣言』というページを持っていた。菊池が書いた記事は完全なるでっちあげだった。

私は同誌に対して「自分はオウム真理教とも麻原とも関係がない」と忠告した。

また、菊池は「東京スポーツ」に持つ連載コラム『永田町の熱闘』で国政の裏側を書き続けていた。

私は以前から思っていた。

菊池はあらゆる政治家の悪口を自分の想像と推理で書いている。本当に恐ろしいことを書いている――。

菊池は、さらに言いふらして回っていた。

「松浦は天皇の地位を狙う」

私の菊池への怒りは頂点に達していた。

あいつはとんでもないな。許せない――。

私をウソの供述書で陥れるだけでなく、でっちあげの記事を書き、デマを言いふらす――。私は直接、菊池のもとに乗り込んだ。菊池は私の剣幕に恐れをなしたのか、ひたすら土下座して謝った。

「助けてくれ、助けてくれ。どんなことでもします」

菊池は今度は「特冊新鮮組」の編集長を連れてきた。

「どういうふうに書けばいいのか、言ってください」

私は答えた。

「あの調書の内容は全部ウソだと詫びろ！　そして、私のインタビューを同時に掲載しろ！」

そこで急遽、同誌が私に直撃インタビューすることになった。

『私はオウム真理教とは関係ない!!』と訴える連載を一九九五年八月二十日号、九月三日号の二回にわたって掲載することで同意した。

私は自分にかけられている疑惑を晴らすために、それまでの経歴や、麻原とは一度しか会ったことがないこと、オウム真理教との本当の関係について洗いざらいを語った。二回のインタビューの最後はこう締めくくった。

〈私は、毎月一回はアメリカに行く。ところが、連日、テレビが「オウム」、「オウム」と放送・報道をしている。これまでは、日本のニュースがアメリカのマスコミにのることはなかった。

それなのに、地下鉄サリン事件以来、オウム報道だ。アメリカの子どもまで「サリン」と「アサハラ」は知っているほどだ。

これは大変なことです。子どもだけじゃなく、アメリカ人全体があの毒ガス・サリンとあの防毒マスクをつけた軍団が歩いているシーンを、いまの日本の現状だ—というダーティ・イメージしか印象にない。それが、やがては「日本は野蛮な国」ということになってしまう。

これは、日本のマスコミの〝過剰報道〟にも一因があるのだ。

日本のマスコミに望みたいのは、国益を損なうような報道の姿勢には問題がある。あのタレ流し報道などだ。慎重な姿勢をとれッ〉

一九九五年十月号の「財界展望」でも私は証言した。誌面上に『「黒幕」にまでされた松浦良右氏、大塚万吉氏も証言　オウム真理教報道の誤謬《ごびゅう》』が掲載され、一連の警察情報の垂れ流しを追及し、私と大塚が疑惑の真相を語っている。

私は記事のなかで、みずからの考えを披露している。

〈パチンコのカード導入の件でも法律の改正が先だ、指針を決め合法化しなければいけないと私は主張したんだ。今回の事件でも、警察のやっていることには治安維持とはおよそ反対の行為もある。オウム事件での別件での微罪検挙の連発は、叩いて調べるという手法であり、戦前の特高警察の再来だ。確かに一般事件とは異なるが、法的にもまずいし、とんでもない〉

そして私が大塚の背後にいることが書かれたチャート図についてもきっぱり否定した。私の警察、公安批判は松本サリン事件にもおよんだ。

〈松本サリンの時点で警察はオウムにアクションを起こさなければならなかった。反省すべきは、幼稚な捜査能力だ。サリンが夕涼みがてらのサラリーマンに作れるのか。捜査が遅れ、地下鉄サリン事件に発展し、多くの犠牲者が出た。にもかかわらず今回の事件を口実に警察の権力は拡大されるだろう〉

そう述べながら、オウム真理教事件については国際的な謀略の可能性も考えなければいけないと訴え、第三国の関与について断言した。

〈この国の秩序を破壊して利するのは米国くらいだ。現に外国弁護士の自由化、PL法（引用者注＝製造物責任法）、株主代表訴訟法など、議論もなく法案が通ってきたではないか。北（引用者注＝北朝鮮）への不正送金はそもそも国税庁の問題であって警察が介入してくるのは利権獲得のための口実だ。パチンコにプリペイドカードを導入しても脱法行為は残る。警察が暴力団の利権をとるだけで、肝心の脱税は防止できないから反対しているんだ〉

私は冗談ではすまないほど被害を受けていた。私はオウム事件に関連して逮捕されることはなかった。ただ「オウムの黒幕」というイメージだけがひとり歩きし続けた。いまだにオウム真理教の関係者扱いされ、入国を拒否される国もある。

私と関係のあった大平光洋も警察からオウム真理教とのつながりを疑われた。大平も菊池のことを恨んだ。

私はオウムの黒幕に仕立て上げられたために、それまで取り仕切っていた数多くの議員連盟の活動も止まってしまった。

私が熱心に取り組んでいた「法曹政治連盟」も「国際宇宙法学会」も「国際安全保障協議会」もすべて頓挫した。

私にとってオウム真理教の黒幕と見られたことは相当のダメージとなった。もし、この一件がなければ、私の活動はもっと活発だったはずだ。

オウム真理教の事件の背後にはGRU（ロシア連邦軍参謀本部情報総局）がいた。ロシアの工作機関が教団に入り込んで、それをつぶそうとしてCIAも入った。

だから、オウム真理教事件はロシアとアメリカの代理戦争の側面があったのだ。

松浦良右としての遺書

一九九六（平成八）年、私は親からもらった「松浦良右」という名前を捨てることにした。「オウムの黒幕」に祭り上げられたことが最大の理由だった。

黒幕とされた私が所有する企業十八社には警察の捜査員が乗り込み、「この会社はオウムの関連企業だ」と言いふらして回った。そのため、私が所有するすべての企業は倒産の憂き目に遭う。

だが、それだけでは収まらなかった。後藤田にまで迷惑をかけることになった。私は一九九六年二月五日付で後藤田に「遺書」を送った。そのなかの一文を紹介する。

〈私は、後藤田正晴先生は、日本の将来の為に武士道精神を政治に反映させ、町人拝金政治を排

することのできる唯一の人物と信じて参りました〉

私は後藤田政権の実現のために力を注いでいた。だが、いまや私の名前が後藤田の将来を危ういものにしていた。

私は世間に浸透した「松浦良右」という名前を捨てることを決断した。その代わりとなる新たな名前について考えた。

「朝堂院大覚」を名乗ろう——。

「朝堂院」は平安《へいあん》時代の政務、儀式の中心となる建物群のことを意味する。現在の国会議事堂に相当する施設で、当時は太政官院《だいじょうかんいん》とも呼ばれ、その時代には国家の儀式や大臣が集まって政治の会議をする場として用いられていた。

「大覚」は仏語で「悟りを開くこと、大きな悟り、大悟」のことを指す。大きく目覚めるという意味を持っている。

私は弁護士の安倍治夫《あべはるお》と二人で国会改革を願い、そのための文章を国会議員に提出する活動も行っていた。だから、その活動を自分の新しい名前にすることにした。

政治の発信地である国会議事堂を大きく目覚めさせる。それが「朝堂院大覚」だ——。

オウム真理教の事件以来、私は自身の容貌も変えた。短髪にメガネと口ひげをトレードマークとした。

若いころは髪の毛を剃り上げ、坊主頭に鼈甲《べっこう》のメガネをかけていた。白か黒のダブルスーツを着てネクタイを締めて歩いていた。二十代のときに五十代に見られるほど老けづくりをしていた。

おまけに顔は日焼けで真っ黒だった。私が信じる独自の太陽教、宇宙教に則《のっと》り、一日一時間は太陽を浴びるという生活を続けていたからだった。

「松浦良右」から「朝堂院大覚」に生まれ変わってから、私は記録をいっさい残さないことにした。自分自身が写っている写真すらすべて捨てた。銀行口座も持たず、電話帳も手帳も持たない。己の体ひとつだけ。それが過去の教訓から身につけた、ひとつの知恵だった。

ナミレイ事件やオウム真理教事件で黒幕にされた私は、捜査の段階で警察が紙に書いた記録やちょっとしたメモから糸口を見つけ出そうと躍起になることを知った。警察は些細《ささい》なものから捜査を進めていく。

とくに銀行口座の動きは気をつけなければならない。どの口座にカネが入り、どの口座からカネが出たのか、すべては有力な証拠となる。だからこそ私は銀行口座を持つことをやめた。手帳も使わず、紙に書いたものは何ひとつ残さないという点も徹底するようになった。

それ以来、私の事務所や家に家宅捜索が入っても、証拠となるものは出てこなくなった。

「論談」との対決

二〇〇三（平成十五）年春、「論談」のホームページ上に、『山下徳夫《やましたとくお》「追い落とし」』の怪文書が掲載された。山下はすでに衆議院議員は引退していたが、議員時代には第二次中曽根内閣の運輸大臣、第三次中曽根内閣の総務庁（現・総務省）長官、第一次海部《かいふ》内閣の官房長官、宮沢《みやざわ》内閣の厚生大臣などを歴任していた。このときは専修《せんしゅう》大学の理事長に就任していた。

日本最大で最強の総会屋グループ「論談同友会」は総会屋をつぶすために施行された二度の商法改正にも対応して生き残った。

一九九七（平成九）年三月二十一日、インターネット上にホームページを開設し、政財官界の不正を数多く摘発した。

「論談」の会長の正木龍樹《まさきたつき》は、『仁義なき戦い』でも有名な広島のヤクザ・岡組《おかぐみ》の原田昭三《はらだしょうぞう》の舎弟の三宅時夫《みやけときお》の若い衆であった。

山口組の九州侵攻のきっかけとなった「博多《はかた》事件」、いわゆる「夜桜銀次《よざくらぎんじ》事件」のときには志願して加わり、博多で凶器準備集合罪で逮捕されたこともある。

一九六六（昭和四十一）年、上京した正木は住吉会系《すみよしかい》大日本興行《だいにほんこうぎょう》二代目会長・高橋伸治《たかはししんじ》の舎弟、林松太郎《はやしまつたろう》の弟分となる。正木はその年、「論談同友会」を設立した。正木はそれまで個人で動いていた総会屋とは異なり、総会屋の組織化を図った。

山下に頼まれた私は大日本興行ＯＢで競馬新聞「勝馬《かちうま》」の創業者である島崎《しまざき》龍《りゅう》五郎《ごろう》を呼び出してカネを託した。

私は島崎と親しい間柄である。大日本興行の初代会長の高橋輝男《てるお》の舎弟で秘書役だった島崎に一億五千万円を貸していた。

「正木と親しいだろうから、正木と話をしてまとめてくれないか」

島崎は「論談」の事務所に行って言った。

「朝堂院から三百万円を預かった。山下の記事を外してくれ」

正木は大日本興行の大先輩にあたる島崎の顔を立てて言った。

「島崎さんの頼みということで、今回の記事はインターネットから外す。ただし、また山下について別の投書があった場合はどうするのか」

「それはそれだ。やればいい。とにかく今回の記事は外してくれ」

「わかった」

私はその後、そのカネは「正木が受け取り、了承した」という報告まで聞いていた。

ところが、それから六カ月が経過したころ、また山下の記事が「論談」のホームページに掲載されていることが判明した。

私は島崎に問い質した。

「俺が三百万円渡したのに、また載っている。どういうことか！」

島崎は答えた。

「私はわかりません」

私の追及が始まった。

「俺が三百万渡したカネは、本当に正木に渡したのか？」

島崎も即答する。

「渡した」

「それなら、これはおかしい。いますぐにインターネットから消せ！」

私は声を荒らげた。

その日、七月十一日は金曜日だった。私の指示を受けた島崎は気楽な返事をしてきた。

「土日は休日でゴルフに行くから、消すのは月曜日になる」

それを聞いた私は怒鳴った。

「バカ野郎！　いますぐ消せ！　おまえ、できないのか？　おまえに貸している一億五千万、二十年ぶりに、いますぐ取り立てるぞ！」

大日本興行の大幹部ら十人が翌十二日の土曜日の朝十時、私の麻布の事務所を訪ねてきた。

私は彼らを前にとぼけて聞いた。

「なんの件だ？」

「『論談』の件だ」

相手は答えた。

「『論談』の件か……いま、ちょっと忙しいから明日の午後四時におたくの事務所で話をしよう」

そう伝えて関係者を引き取らせた。

「論談」のバックには大日本興行が控えていた。

こうして日曜日の午後四時を迎えた。

私は五人の部下をともなって赤坂にある大日本興行本部に向かった。

大日本興行本部の地下会議室らしき応接間で対峙することになった。

じつは、この問題の背後には専修大学の高校の校舎の建て替えがあった。工事費用は百億円ほどの事業だった。

その工事を理事長の山下が、もともとつきあいのある大手ゼネコンではなく、ほかに持っていこうと画策していた。それを知った大手ゼネコンは困惑し、「論談」を使って山下への攻撃をしかけたのだ。

「論談」のホームページに掲載された今回の記事には直接私の名前は掲載されてはいなかった。だが、読む人が読めばわかるような内容で、私の存在を匂わせる記述があった。本名の松浦の頭文字を取って「M」とイニシャルで表記されていた。

私は迫った。

「俺の名誉にかかわる。名誉毀損だ。五億円出せ！」

本気で五億円を要求するつもりは毛頭ない。相手も食ってかかってきた。

「そういう問題じゃないだろう」

一触即発の雰囲気となった。私も頭に血がのぼっている。結局、私が連れていた五人があとを引き取り、私は席を外すことになった。私が席を外すと相手は冷静になった。

「これから前向きに話し合おう」

じつは大手ゼネコンの総括本部長の兄が専修大学の理事をしており、反山下派についていた。結局、ダメージを受けた山下は専修大学を追い出されるのだが、その山下もまんまと相手にうまく騙されていた。

反山下派は私が山下を応援し、バックアップしている事実を知った。そこでこれ以上、山下を叩いてもダメだということを悟り、作戦を変えた。逆に山下をおだてる作戦に出た。反山下派は山下にささやいた。

「山下理事長、理事長を辞めて総長になってください。総長室もつくり、車もつけて、給料もいままでどおりにしますから。総長は永久に続けられます」

山下はいい話だと思い、安易におだてに乗った。山下は私を神楽坂《かぐらざか》の料亭に招待して報告した。

「今度、総長になるということで、理事長を降りることにしました」

呑気《のんき》な山下とは対象的に、百戦錬磨の私は山下が乗せられているのがすぐにわかった。だからこそ猛烈に反対した。

「ダメだ。総長は権限がない。おまけに本当に総長になれるのかがわからないうちに理事長を辞めるなんて、やめたほうがいいぞ」

だが、私がいくら話して聞かせても、山下は耳を貸さなかった。おだてられて、ずっと総長でいられるとのぼせてしまった。

その結果、山下には悲劇が待っていた。理事長を辞めた山下は約束されていたはずの総長の話も頓挫し、結局、専修大学から追い出されてしまった。自業自得である。

脅迫された千代大海

私はかつて千代大海《ちよたいかい》の女性問題も解決したことがある。千代大海は一時、タレントの川村《かわむら》ひかると噂になったが、それ以前の女性のときの話である。

千代大海は大阪のヤクザから脅されて困っていた。原因は千代大海が大阪につくった女性が「子どもができた」と騒いだことだった。

だが、その子どもが本当に千代大海の子なのかはわからなかった。よく耳にする話である。

真実が明らかにならないうちに、その大阪の女性は産婦人科で堕胎したという証明書を持参して千代大海を脅した。

「慰謝料として五千万を支払ってください」

悩んだ千代大海は私に相談を持ちかけた。そこで私はその産婦人科に電話をかけて確認することにした。

「本当に先生のところで堕《お》ろしましたんか？　証明書を書いとるやないか？」

だが、産婦人科の医師からの答えは曖昧だった。

「いや、証明書を書いたかどうか……事務局に聞いてみないと……」

私はどうも怪しいとにらんだ。

「自分でやっておいて、そんなバカなことはないだろう。証明書を書いたんだろ。あなた、産婦人科の医師の資格がなくなるよ」

「いや、それは事務局の人間がやったことで、私はわからない」

医師は逃げに入った。

「それなら、堕ろしてないんだな」

インチキな産婦人科だということがすぐに判明した。

「堕胎証明書を書き、妊娠したといって脅しておきながら、詐欺じゃないか。これは事件になるぞ！」

そう言って私は電話を切った。

結果的に、千代大海はその大阪の女性に莫大な慰謝料を支払わずにすんだ。

第九章 バブルを纏った闇紳士たち

稀代のフィクサー・許永中

私は「政財界のフィクサー」「闇経済のドン」などと呼ばれる許永中《きょえいちゅう》ともつきあいがあった。許永中は毀誉褒貶《きよほうへん》があるが、昭和から平成にかけて相当な大型事件にかかわった稀代のフィクサーだ。

在日韓国人の許永中は戦後の最大のフィクサーのひとりといわれた宝石商の大谷貴義《おおたにたかよし》にボディーガード兼運転手として仕えて修業した。

一九七五（昭和五十）年に休眠会社だった大淀《おおよど》建設を買収して社長に就任した。その後、許永中は山口組の宅見勝《たくみまさる》若頭などとも関係を結ぶ。

山口組の宅見若頭と組んだ許永中は住友銀行の磯田一郎会長を脅して巨額の資金を捻出させたイトマン事件にかかわった。

許永中や伊藤寿永光《いとうすえみつ》は磯田の娘がやっていた西武《せいぶ》流通グループ（のちのセゾングループ）の画廊で何千万円もの絵を買い、それをホテルに運ばせて、そのホテルで会長の娘を監禁した。やっていることはむちゃくちゃで、任侠道《にんきょうどう》に反した近代ギャングの手口だ。

許永中はイトマン事件や石橋《いしばし》産業事件だけではなく、さまざまな事件にかかわった。失敗に終わったが、日蓮宗《にちれんしゅう》の大本山・本圀寺《ほんこくじ》が持っていた曼陀羅《まんだら》を手に入れて小沢一郎や創価学会に買わせようとも動いていた。許永中は亀井静香が兄弟分だ。

許永中の目的はカネだが、そのためには時として暴力も使う。宅見とも親しかったが、山口組の古川組《ふるかわぐみ》の実質的な本部長でもあった。

許永中は大阪出身の在日韓国人だが、手形のパクリ屋からさらに成長し、経済界の中枢へと突っ込んでいった。

ヤクザの暴力を背景にして政治力もつけ、政商になった。資金力、胆力、暴力を兼ね備えて状況に応じて使い分けたから能力はある。

だが、私と接触するときには暴力の影はいっさい感じさせなかった。もっと弱いところに行くと暴力を感じさせることはあったはずだ。

バブル時に発覚した日本の戦後最大規模の経済不正経理事件といわれる「イトマン事件」では、許永中はイトマンを利用して絵画やゴルフ場開発などを行い、一九九一（平成三）年七月二十三日に商法の特別背任並びに法人税法違反の罪で逮捕された。起訴されたあと、六億円の保釈金を支払い、保釈された。

二〇〇一（平成十三）年にはイトマン事件により、地裁で懲役七年六月、罰金五億円の実刑判決を言い渡された。許永中は上告した。

だが、二〇〇五（平成十七）年十月に最高裁で上告が棄却されて実刑判決が確定する。

また、石橋《いしばし》産業から合計約百七十九億円の約束手形を騙し取ったとされる石橋産業事件でも懲役六年の実刑判決を言い渡され、上告していた。こちらも二〇〇八（平成二十）年二月十二日に上告が棄却され、併せて服役することとなる。

許永中からの手紙

許永中は実際に会うと非常に腰が低くてジェントルマンだ。だから一度でも接したことがある人は「好人物だな」と思うだろう。

私は許永中が小菅の東京拘置所にいるときに二度ほど面会に行った。許永中は丁寧な文字で手紙を書いてきた。

その文面もとても丁寧だった。

「〇〇についてお話ししたい。誠に失礼ながら、自分からは出向くことができないので、できるならば面会に来てくれませんか」という趣旨のことが書いてあった。

そこまで頼むなら「こちらから行ってあげようかな」と思わせるような文面が書いてある。人の心をくすぐるのがうまいのだろう。天性の人たらしといえる。許永中はそこらの大学を出た人よりいい文章を書く。あれには感心した。便箋五、六枚でいろいろな事情を綴《つづ》っていたが、見事なものだった。

舌先三寸で世を渡ってきた許永中にしてみたら、あの手紙も立派な武器なのだろう。

私に獄中の許永中から何度も手紙が来た。手紙には丁寧な字で「やり残した仕事があるから、あとをよろしくお願いします」とあった。

許永中がやり残した仕事とは、

一、「日本《にほん》大学利権」

二、「相撲の家元利権」

三、「高級葡萄酒《ぶどうしゅ》（ワイン）の転売」

この三つの件である。

許永中は日大利権に深く入り込もうと目論《もくろ》んでいた。

日大は日本一のマンモス校である。学生数、学部数、学科数、キャンパス数ともに国内最多を誇る。短大、高校、小学校、幼稚園などの系列学校を含めた在学生数は約十一万八千人、卒業生は百二十万人といわれる。一年間に学生から支払われる入学金や授業料、寄付金などの総額は一兆円をはるかに超え、キャンパスや運動場をはじめとした土地、建物などの資産も莫大である。

文部科学省所管の特殊法人日本私立学校振興・共済事業団から支給される日大への補助金も二〇〇八（平成二十）年度には百十二億四千五百万円と、交付大学数五百三十六校のトップに立っている。ちなみに、交付額総額は二千九百八十九億八千五百五十一万円である。交付額を一校あたりに換算すると五億五千七百八十万円であり、それから比較すれば日大が受け取る補助金の莫大さがわかる。

日本最大の教育機関・日大は静岡市の一般会計予算に匹敵する二千五百億円の年間予算と別に三千億円にものぼる金融資産を保有している。それだけカネが集まる日大にはさまざまな利権と、それに群がる人たちがいた。

そして、この巨大組織のトップに君臨するのが「日大総長」なのである。

日大総長の任期は三年。総長選出選挙の際には怪文書や買収工作が飛び交うほど白熱する。

現在、日大理事長の田中英壽《たなかひでとし》はヒートアップする「日大総長選の黒幕」とも揶揄《やゆ》されるほどの実力者である。

田中は日大で学生横綱となり、アマチュア横綱を三度獲得している。卒業後は同大学農獣医学部の体育助手と相撲部コーチを兼任。一九八三（昭和五十八）年に日大相撲部監督に就任。それ以来、久島海《くしまうみ》、舞《まい》の海《うみ》、琴光喜《ことみつき》、高見盛《たかみさかり》、普天王《ふてんおう》、遠藤《えんどう》ら多くの力士を育てた。

二〇〇八年十月には日大理事長に就任した。

許永中は実力者の田中に近づき、日大にはびこる巨大利権に影響力を持つことを画策していた。

許永中はよく言っていた。

「大阪に国技館をつくり、大阪でオリンピックを開催する。相撲をオリンピックの正式な競技にする」

許永中は大阪オリンピックの実現に向けて動いていた。

在日韓国人としての人脈を駆使し、国際オリンピック委員会副会長（当時）の韓国の金雲龍《キムウンヨン》と昵懇《じっこん》になった。

許永中はソウル・オリンピックの際に聖火を許永中のファミリー企業、大阪国際フェリーの「オリンピア88」で運んでいる。

許永中は金雲龍のルートから大阪オリンピックは確実と言い回って招致のための社交クラブを設立しようとしていた。

一九九六（平成八）年三月、日大常務理事の田中は大阪市内にある許永中の自宅に招かれていた。許永中の自宅は二階に温水プールがあり、何十人も会食できる大広間のある迎賓館である。一緒に招かれたのは石橋産業社長の石橋浩《ひろし》、境川晋松《さかいがわしんまつ》日本相撲協会理事長（元横綱・佐田の山《さだのやま》）と関取数人だった。

その場で許永中は境川理事長らに語った。

「理事長、じつはわし、大阪に国技館をつくろうと思うてまんのや。二〇〇八年のオリンピックを大阪に誘致するんです。このとき、相撲をオリンピックの種目に入れるんです。横綱を認定する吉田司家《よしだつかさけ》はわしのもんになってますし……そのために田中さんと一緒に尽力します」

田中は国際相撲連盟の事務総長を務め、相撲を正式なオリンピック競技にし、世界に相撲を普及させることを狙っていた。

国際相撲連盟は一九九二（平成四）年に国際的なアマチュア相撲の団体として設立された。

また、日本オリンピック委員会常務理事で日本レスリング協会会長の福田富昭《ふくだとみあき》や、児玉誉士夫の秘書だった東京スポーツ新聞社代表取締役会長の太刀川恒夫《たちかわつねお》らとともに相撲を正式なオリンピック競技にするために奔走していた。

ちなみに、そのための布石が、ブルガリアのレスリング選手であったカロヤン・ステファノフ・マハリャノフ、のちに大関となる琴欧洲《ことおうしゅう》の相撲界への進出だった。

許永中は大阪の国技館を建設する予定地としてJR大阪駅旧国鉄跡地を挙げ、国技館構想に真実味を持たせることで、石橋が会長を務める若築《わかちく》建設を引き込んだ。

こうして石橋産業を抱き込みながら、日大の田中をはじめ、福田、太刀川らが相撲のオリンピック正式化に向けてスクラムを組んだ。

だが、結局、イトマン事件などによって許永中の構想は頓挫し、大阪へのオリンピック招致もかなわなかった。

日大には巨額の利権話が二つあった。

一つ目は東京・神田駿河台《かんだするがだい》の再開発計画である。

二つ目は東武東上《とうぶとうじょう》線下板橋《しもいたばし》駅の再開発計画である。主体は東武鉄道だが、大規模な高層駅ビルを建設し、そこに老朽化している日大附属板橋《いたばし》病院を移転させる話があった。

いずれも巨大なカネが動く。業者の選定などで利権の争奪戦になることは目に見えていた。

もし許永中が現役で活躍していたら、この日大利権に目をつけて、からんできたに違いない。

相撲界の家元問題

許永中が私にしたためた手紙の一通には相撲界の家元問題の救済を訴えるものがあった。

相撲はもともと家元といわれる吉田司家が執り行い、吉田司家が横綱を推挙していた。

この吉田司家内部の不祥事により、横綱授与の儀式は日本相撲協会に委ねられた。許永中はその横綱授与の儀式などの権利を吉田司家のもとに取り戻そうと動いていた。

一九四八（昭和二十三）年、第四十代横綱・東富士《あずまふじ》までは吉田司家による横綱本免許状授与式が続いてきた。

だが、一九五〇（昭和二十五）年、吉田司家の内部紛争により、吉田司家の第二十四代吉田追《おい》風《かぜ》が引退し、当時まだ七歳の第二十五代吉田追風が吉田司家に就任することになる。

まだ七歳の子どもの吉田追風には横綱を決定することはできないとされ、横綱免許の家元である吉田司家ではなく横綱の権威を保つために相撲に造詣が深い有識者によって横綱を推薦すべきという趣旨で、一九五〇年四月二十一日に横綱審議委員会が設立された。

横綱審議委員会と吉田司家は対立した。

話し合いの結果、吉田司家は横綱任命権を横綱審議委員会に譲渡することになった。

こうして第四十一代横綱・千代《ちよ》の山《やま》以降は日本相撲協会が横綱の推挙を行うことになった。

その後も、第五十九代横綱・隆の里《たかさと》までは吉田司家も推挙式に参加し、新しく横綱になった力士も吉田司家を訪れ、相撲三神の十五尺土俵で奉納手数入《でずい》りを行い、今後の活躍と安全祈願を行った。

一方、吉田追風は一九八六（昭和六十一）年五月、二度目の不渡りを出して破産してしまう。負債総額は三億円だった。

破産の原因は一九八四（昭和五十九）年の鉄筋四階建ての相撲博物館建設計画での失敗だった。

一九八二（昭和五十七）年九月に宗教法人となり、一九八三（昭和五十八）年には熊本市職員だった吉田追風が市職員を退職し、吉田司家の仕事だけに専念した矢先の出来事だった。

この不祥事により、吉田追風と春日野清隆《かすがのきよたか》理事長は会談し、吉田司家の横綱授与の儀式を春日野に委ね、当面は協会との関係を中断することで双方了解した。

結局、吉田司家は横綱審議委員会から絶縁されたのである。

これにともない、吉田司家は学生横綱に絹手綱《きぬたづな》を授与する儀礼も中止されることになった。

一九八六年七月場所後、第六十代横綱となった双羽黒《ふたはぐろ》以降、吉田司家は推挙式には参加せず、十五尺土俵での奉納手数入りも行われていない。

許永中は破産することになる吉田追風に以前から近づいていた。

「本来なら家元である吉田司家が相撲協会の上にいなければならない」

そう訴えながら、いつものように言葉巧みに吉田追風を取り込んでいった。

許永中は自分が吉田追風の味方だと信じ込ませ、手放した横綱任命権の権利を取り戻してやることを約束し、吉田追風から相撲の家元の権利を七億円で譲り受けることに成功した。

吉田追風も破産寸前だったので、目の前の大金は喉から手が出るほど欲しかったのだろう。

こうして許永中は吉田司家を籠絡することに成功した。あとは許永中と日本相撲協会とのあいだでの交渉だけとなった。

許永中は以前のように相撲の家元が横綱を任命する権利を取り戻すことができれば、横綱を任命し、昇進する際に横綱名使用料として年間にいくらかの金銭を受け取ることができるとにらんでいた。

そして、その権利は相撲が国技として続くかぎり永遠に続いていく。まさにカネを生む装置だ。

だが、吉田追風の借金による破産が日本相撲協会からの批判を受けたため、それ以来、相撲の家元問題に対して相撲協会は完全無視を決め込んだ。

結局、許永中は交渉することもできず、投資した七億円も回収できず、困惑していた。そこで私に吉田司家の救済を求めたのである。

私は熊本にいる吉田追風に一度会うことにした。

その前に、もう一方の交渉相手である日本相撲協会とも接触を試みた。だが、日本相撲協会は及び腰で、まったく交渉のテーブルに着こうとしない。私は潔く相撲の家元問題はあきらめることにした。

なお、二〇〇五（平成十七）年二月には熊本市北千反畑町《きたせんだんばたまち》（現・中央区）にあった吉田司家の土地と建物が香川県高松市《たかまつ》のマンション分譲大手・穴吹《あなぶき》工務店に売却されている。

高級ワインの行方

そして最後の三つ目である。

許永中はバブル時代、赤坂のキャピトル東急ホテル一階で高級フレンチレストラン「葡萄亭《ぶどうてい》」という店を経営していた。

だが、許永中はあくまでも黒子《くろこ》であり、表向きは許永中の三番目の妻・金美佐子《きんみさこ》の弟が経営するかたちを取っていた。

また、国際空手道連盟極真会館館長の松井章圭《まついしょうけい》が許永中の秘書として仕えて「葡萄亭」の実質的な経営を任されていた。

このとき、許永中は高級ワインを買い集めて保管した。そのワインの価格は数億円になるという話だった。

一九九〇（平成二）年、許永中は丸益《まるます》産業代表の種子田益夫《たねだますお》にコレクションしていたワインを売却した。

種子田は養豚場経営から身を起こし、不動産開発から病院経営まで手がけた男である。許永中とは旧知の仲であり、二〇〇一（平成十三）年十月、韓国系銀行の東京商銀の不正融資事件で逮捕されるが、この東京商銀から融資を引き出す際に種子田が担保にしたのが許永中から購入したワインコレクションだった。

許永中は私に手紙に綴っていた。

〈高級葡萄酒を預かっている。それを売れば、三億円、四億円になる。どうか、これを売って欲しい。私は、今、娑婆《しゃば》に身を置いている人間ではないから、売ろうにも売れない。だから、朝堂院大覚さんには、私ができないことを、是非、手伝って欲しい〉

その三億とも四億ともいわれる葡萄酒のありかまでは私は教えられなかった。許永中がどこかに隠したらしい。

私も一本の高級葡萄酒を許永中からプレゼントされたことはある。

だが、私自身、この葡萄酒の転売の件はあまり乗り気ではなかった。むしろこの転売話は自分が手がけるより松井が適任だと判断していた。

松井は一九八七（昭和六十二）年十一月、第四回全世界空手道選手権大会の決勝でスイスのアンディ・フグを破って初優勝を果たしたのち、引退した。引退後の松井を許永中は秘書として雇った。

それから三年、許永中の秘書として活躍した松井は一九九一（平成三）年に空手界に復帰し、一九九二（平成四）年、極真会館の本部直轄浅草《あさくさ》道場を開設し、支部長として後進の指導にあたるようになる。

一九九四（平成六）年四月二十六日、極真会館の創始者・大山倍達総裁が肺癌《はいがん》で死去した。大山の「危急時遺言」によって、若く、本部指導員のなかでも最強の実力者だった松井が後継者に指名された。

だが、それを不服とする大山の妻らが遺言状の有効性について訴えを起こし、東京地裁は「遺言状は無効」との判決を下した。

この騒動をきっかけに極真会館は分裂し、「極真カラテ」を標榜する団体が乱立する状態となった。

「国際空手道連盟極真会館」の名称は松井が商標登録し、話題の格闘技イベントK-1に全日本や世界大会に優勝した選手を参加させて注目を集めるなど集金力や経営手腕で優れる松井が優勢となっていく。

結局、「日本大学利権」「相撲の家元利権」「高級葡萄酒の転売」と手紙に記された許永中の要望は頓挫している状況にある。

許永中のイトマン事件での存在感は圧巻だ。何しろイトマン事件は三千億円が闇に消えたといわれる巨大経済事件だ。

老舗商社の「イトマン」がアングラ経済に足場を持つバブル紳士たちによってメインバンクの住友銀行ともども食いものにされて消滅した事件はバブル経済を象徴するものとして衝撃を与え

た。「日本経済はマフィア資本主義に堕落した」と嘆かれるほどの事件となった。

私には納得していることがある。

河村良彦《かわむらよしひこ》は許永中と伊藤を信じたんだろうな――。

結局はイトマン社長の河村も許永中と伊藤に利用されたのである。

許永中の話術には相手を安心させる何かがある。これも才能のひとつに間違いない。誰の目から見ても超一流のテクニックを持った詐欺師だ。

そして詐欺の規模も大型。どんな人物でも引っかかってしまい、引っかかる相手も大物である。過去には曲者《くせもの》と見られている大物政治家や政界のフィクサーといわれている大物すら騙されている。

一般的にいえば許永中は悪い男の範疇《はんちゅう》に入る。だが、許永中とつきあうと、その魅力と愛嬌《あいきょう》にいつの間にかコロリとやられてしまう。

それほど魅力にあふれる人たらしなのだ。

私は許永中の能力をさらに分析した。

才能があり、なおかつ勉強家で豊富な知識を持っている。まともに学校には行っていないが、その分、いろんな経験を経て、みずからのものにしてきた。貧しい境遇から総理になった田中角栄に似ている。まるで田中を詐欺師にしたようなものだな――。

それだけの才能がある許永中が裏社会に生きたのは、やはり、その出自が影響したのだろう。

許永中の生まれ故郷の大阪・中津《なかつ》はヤクザ組織の現役幹部が数多く暮らしていた。許永中は大阪駅前の闇市を取り仕切っていた酒梅組《さかうめぐみ》の大物ヤクザときわめて親しい間柄だった。

また、柳川組《やながわぐみ》をはじめ、いくつもの組織からスカウトされながらも、許永中はヤクザになることは拒否した。

許永中はヤクザとトラブルになり、瀕死《ひんし》の重傷を負ったときも、いっさい供述しなかった。そのため、このトラブル以来、許永中は大阪の組関係者から一目置かれる存在となり、裏社会でも知られていく。

このことは、のちのコネクションづくりへとつながった。

その後も関東の住吉会や各右翼団体、同和団体の大物たちとの交流を重ねていった。

一方、つきあいのある組織の名前をうまく利用していた。

私はしみじみ思った。

許永中がからんだ人間はヤクザが半分、政界や実業界が半分だ。表と裏の世界をうまく股にかけていたな――。

許永中も最後には自分自身が狙われることになった。

許永中は石橋産業事件で東京地検特捜部が動き出したその直後の一九九七（平成九）年十月六日、韓国で姿をくらました。

私は許永中が逃亡した真の理由を推測した。

許永中は宅見組に狙われていた可能性があった。それで逃げたのだろう。その可能性は十分ある――。

だが、結局、許永中はあえなく逮捕、起訴されてしまう。

一九九九（平成十一）年に身柄を拘束されてから、すでに二十年以上の時が経過した。

許永中はイトマン事件で七年半、さらにその後の石橋産業事件で六年、合計十三年半の懲役を科されている。

二〇一二（平成二十四）年十二月、許永中は母国・韓国での服役を希望し、国際条約にもとづいて移送された。これによって許永中は日本における特別永住者の立場を喪失した。刑期満了日は二〇一二年九月だが、その一年前の二〇一一（平成二十三）年九月三十日にソウル南部矯導所より仮釈放された。

許永中は日本で獄中にいたときには手紙を頻繁に出すほど私のことを頼ってきていた。

それでも、私には積極的に相談に乗ってやろうという気持ちまではなかった。ただ、手の届く範囲なら力になろうとは思っていた。許永中の能力を認めているからだ。

隠し高級葡萄酒も吉田司家の相撲界での復権も、雲をつかむような話だ。

だが、それでも私は許永中の才能を認めている。

ああいうタイプはめったに出てこない。度胸があって、頭がよくて、如才がなくて、勘が鋭くて、すべてがそろっている男。それが許永中だ――。

六本木の不夜城

東京・港区六本木七丁目の一等地に七階建ての「TSKCCCビル」という巨大商業ビルがかつてあった。ちなみに「TSK」は東亜相互企業、「CCC」はセレブリティー・チョイス・クラブを意味する。

このビルはもともとヤクザ・東声会《とうせいかい》の初代会長の町井久之の所有物件で、一九七三（昭和四十八）年に完成した。

六本木ヒルズと防衛庁（現・防衛省）の跡地にできた東京ミッドタウンに挟まれた場所にあるため、TSKCCCビルの再開発はさらに注目を浴びた。また、ビルの建つ千二百坪の土地は複雑な経緯によって建設されたために三十年以上も未登記だった。

六本木交差点から一歩入った一等地千二百坪には地上七階、地下二階にわたり、城塞とも見まがうような巨大な石積みに囲まれた異様なビルが群がって建っており、一階だけでも飲食店、スポーツジム、病院や美容院のほか、東亜相互企業の事務所が同居し、迷宮のようになっていた。

一九七三年七月十一日、六本木では、TSKCCCビルの竣工《しゅんこう》記念パーティーが開催された。パーティーでは赤絨毯《あかじゅうたん》の上を多くの著名人が歩いた。皇族をはじめ、政界からは岸信介《きしのぶすけ》元総理、園田直衆議院議員、財界からは東急コンツェルン総帥の五島慶太《ごとうけいた》、西武流通グループの堤清二《つつみせいじ》、三越《みつこし》百貨店会長の岡田茂《おかだしげる》、さらにミスター・プロ野球の長嶋茂雄《ながしましげお》、芸能界からも戦前に李香蘭《りこうらん》として満州の大スターであった俳優の山口淑子《やまぐちよしこ》、三田佳子《みたよしこ》、鶴田浩二《つるたこうじ》、歌手のちあきなおみ……といった面々がオープンに花を添えた。招待客は数千人といわれていた。

彼らを迎えたのは町井と、政財界に隠然たる力を誇った右翼の児玉誉士夫だった。

在日韓国人の町井は日本と韓国を結ぶ関釜《かんぷ》フェリーなどの事業を手がけるなど韓国の政界要人ともつながりが深かった。また、プロレスラーの力道山と親しく、さまざまな支援をしていた。韓国の朴正熙《パクチョンヒ》大統領とは親友でもあり、実質的に当時の韓国政府の日本における代理人ともいえるほど権勢を誇った。

日本の政財界に児玉が強力な影響力を持つことができた要因のひとつには、児玉が町井を通じて朴大統領とも親しかったことがある。また、町井は三代目山口組の田岡一雄組長から舎弟《しゃてい》盃《さかずき》を受けていた。

町井は銀座や湯島《ゆしま》などで「妓生《キーセン》ハウス」と呼ばれる韓国料亭「秘苑《ひえん》」など多くを経営し、実業家を目指していた。

だが、栄華を誇ったTSKCCCビルも東亜相互企業が一九七七（昭和五十二）年六月に不渡りを出して倒産したこともあって、その最盛期は思いのほか短かった。

その後はオーナーの町井の意向や東亜相互企業の経営不振もあり、いくつかの店舗が閉鎖されていった。歌手の松尾和子《まつおかずこ》やデヴィ・スカルノなどが経営する新しい店がオープンすることもあったが、以前のような派手な展開は行われなくなっていた。

そのうえ、メンテナンスや改装があまり行われなかったため、バブル景気が崩壊した一九九〇年代に入ると「幽霊ビル」と呼ばれるようになり、衰退の一途をたどっていく。

二〇〇二（平成十四）年九月十四日、町井は東京都内の病院で心不全のため死去した。七十九歳だった。昭和の裏社会に君臨した児玉と町井の二人が死去したことで、TSKCCCビルの権利関係をめぐる争いが勃発した。

だが、競売にかけられ、一九九九（平成十一）年九月に東京都に差し押さえられた。

東亜相互企業があるTSKCCCビルには権利を主張する人間が集まってきた。

町井や児玉が生きているあいだはヤクザ、総会屋、闇の世界の人物ににらみをきかせることができたが、二人が亡くなると、町井の未亡人や息子ではにらみがきかなかった。

「私が一本にまとめてやろう」

混乱が続くなか、ある日、町井に五十年仕えた人物が私のところに相談にやってきた。これが私がTSKCCCビルの問題にかかわるきっかけとなった。

町井に仕えた人物は私に申し出た。

「誰かに来てもらわないと収拾がつかない」

町井の死後のＴＳＫＣＣビルは東京電力への電気代五千万円や水道局への水道代二千八百万円が未払いだった。そのため、ＴＳＫＣＣビル内は電気も水道もストップする可能性があった。

「電気も水道も止められたら全テナントは業務ができなくなる。なんとかしてくれないか」

さっそく私は東京電力や、水道局を所管する東京都と交渉を始めた。社員と組合で運営していくことを条件に電気と水道の供給停止は免れることができた。

頼まれたときに、私はふと思うことがあった。

俺の居場所が残っていたな――。

二〇〇四（平成十六）年二月、私は東亜相互企業の元従業員らとともにビルの管理組合を結成し、その相談役を務めることにした。

私はこのビルのなかにひと部屋を構えて応対した。

一方、町井の息子の佐藤雄司《さとうゆうじ》が遺産相続をしたことに目をつけた「双海通商《そうかい》」も混乱に乗じて入り込んできた勢力のひとつだった。私は思った。

この競売はプロのための競売であって、裁判所がやるべきことではない――。

そして自分自身に言い聞かせた。

千二百坪が一本の土地にならなければ、この土地は売れない。ならば私が一本にまとめてやろう――。

仮にＴＳＫＣＣビルの土地千二百坪だけならば、五百億円、六百億円の価値にしかならない。

最近の再開発ブームにより、ＴＳＫＣＣＣビルの周辺の土地価格は急騰している。二〇〇六（平成十八）年では一坪八百五十万円だったものが、二〇〇七（平成十九）年には千五百万円程度にまで跳ね上がっている。つまり、千二百坪となれば、千八百億円の価値がある。しかもビル周辺にある海事関係労働組合と森《もり》ビルが持っている駐車場まで含めて全部をひとまとめにすれば、一気にその価値は膨れ上がる——。

ＴＳＫＣＣＣビルは摩訶不思議《まかふしぎ》なつくりをしている。ＴＳＫＣＣＣビルがオープンする際、以前からあったビルに増築するかたちでもう半分が建てられた。だが、新たに建設されたビル半分の部分は建設代金が未払いのために新たに登記されることがなかった。つまり法律上は存在しないビルであり、競売ができなかったのだ。

東亜相互企業はＴＳＫＣＣＣビルを建設するにあたり、当初、数十億円で発注していたが、完成した段階になっても工事代金を一銭も払わなかった。ビルは町井に引き渡され、その後三十年間、建設会社には一銭もカネが入らないまま使われてきた。

あまりにも複雑な権利関係から、「この物件だけは永久に競売や任意整理ができないのでは」といわれていた。

だが、二〇〇六年三月十日、突如として競売が始まった。

東京都港区六本木七丁目十五の三十の東亜相互企業本社ビルと東亜マンションほか、土地面積三千七百五十七・二五平方メートル、建物面積六千二百十七・三九平方メートルが、売却基準価格二十六億五千七百八十万円で競売にかけられた。これは、TSKCCビル全体の半分の部分だけに相当する。

入札期間は三月十日から十七日までだったが、「メデシン中村《なかむら》」という会社が登記済みの建物とすべての土地を二百五十二億五千万円で落札した。「メデシン中村」はいわゆる外資のハゲタカ・ファンドが裏で糸を引くペーパーカンパニーであった。

このとき、国際新聞社が二〇〇六年六月三十日発行の「国際新聞」特別号で特集を組んだ。

『六本木戦争元東声会本拠　幽霊会社をダミーにハゲタカ外資が襲う。迎え撃つ日本最後のフィクサー朝堂院大覚対決!!　武士道《もののふ》か、金のハゲタカか』

その紙面の三面に六本木TSKCCビル二百五十億落札の正体として「メデシン中村」の名前が記された。

すると、その裏にいるヤクザの連中が国際新聞社に乗り込み、国際新聞社の社長を監禁して恐喝した。

結局、国際新聞社はその組に三千万円を支払うとともに、新聞の発行を即時停止する約束を取られてしまった。

そのうえ、国際新聞社も苦しまぎれに白状してしまったというのである。

「われわれも朝堂院大覚の言いなりでやっているんだ」

私はひそかに百人の格闘家やヤクザを集めた。当然、相手が来たら最初から対決する覚悟で戦闘態勢を組み、待つことにした。

ＴＳＫＣＣビルの私の事務所にその組の連中がやってきた。

私は落ち着き払った言葉で切り出した。

「なんだ？」

「新聞の件です」

「これには俺は外資をやっつけると書いてある。どこにメデシン中村やあんたをやっつけると書いてある？　入札したのはメデシン中村と書いてあるだけだ。なぜ俺にものを言いに来る？」

組員たちは、それ以上の攻撃を加えず、引き揚げていった。

この買収劇には「辰能《たつのう》」という資本金三百万円の会社と東京・江東区《こうとう》の「トラストインベストメント」なども参入していた。だが、調べていくとペーパーカンパニーで実体がない会社ばかりだった。

私は感じた。

背後で誰かが蠢《うごめ》いているな——。

競売で落札した「メデシン中村」は「都市アーバン開発」と名を変えていた。「トラストインベストメント」とも組んでいた。

だが、彼らの資金調達はままならず、最終期日の二〇〇六年七月二十七日、ギリギリになってやっと払い込みができるというありさまだった。そして、その所有者としての看板は「双海通商」

の関係者に掲げられていた。
私は察知した。
「都市アーバン開発」は外資のハゲタカと組んだな――。

ハゲタカ・ファンドとの対決

私はアメリカのニューヨークに本社を置く投資銀行のリーマン・ブラザースとロスチャイルド配下のロンスターとで資金を出し、競売を落とすことにしたのだと推測した。何しろ、ロンスターは二〇〇三（平成十五）年八月、TSKCCCビルに一部権利を持つ韓国外換銀行（現・ハナ銀行）を十二億ドルで買収している。私は不可解な動きを推察した。

日本の企業はこうした複雑な物件には手を出さない。明らかに怖いもの知らずの外資のハゲタカ・ファンドが三百万円程度の資本金で常識外の二百二十五億円の土地を買いやがった。これから一連の土地と建物の地上げに乗り出してくる。目的はこの土地を整理し、表通りに面した土地と合わせて大手企業に高く売り抜け、巨額な利益を上げることだ――。

日ごろから外資に日本の財産が吸い取られることに怒りを覚えていた私はリーマン・ブラザースやロンスターを攻撃することにした。そして私からの攻撃を受けた外資のハゲタカは一歩、一歩と後退していく。

実際にＴＳＫＣＣビルの権利を買ったのはあくまで「双海通商」の専務の後見的存在だった。その専務らが韓国外換銀行から買い取る約束を取りつけ、その際に外資のカネを引っ張り出して買おうとしていた。

だが、私が外資の動きを封じたため資金の目処《めど》が立たなくなり、買えなくなってしまったのだった。

そこで競売が流れる寸前に韓国外換銀行と外資ファンドのロンスターらは資金をかき集め、二百五十二億円で落札したのだった。

結局、私と話をつけないと前には進まない。毎日、私のもとに話をつけようと人がやってきた。

「なんとか頼む」

必死な面持ちでやってきては頭を下げて帰っていった。横井英樹の遺産を引き継いだ会社の社長も毎日のようにやってきた。

私はそんな様子を見ながら感じていた。

彼らもこれが解決すれば、巨額のカネが入るということを知っているからだ。ここは宝の山だ。六百億円だからな――。

私には理想があった。六本木ヒルズ、東京ミッドタワーの中間に位置するロケーションにあることから、同様に巨大ビルを建てたいと考えた。

部分競売によって半分は決まってしまった。だが、まだ残りの半分は競売では解決しない。私が解決してやる――。

ＴＳＫＣＣビルの競売された部分には心臓部があった。それが電気の部分である。だが、心臓と胴体がバラバラでは機能しない。そのため、裁判所も困っている。

その競売ではない半分の部分は私が押さえている。だからこそ、私と話がつかなければ、この一件はどうにもならないのである。

徹底的にやる！　だが、私と話ができる相手とでなければやらない――。

やってくるのは事件屋、ヤクザ、企業舎弟……。

私は話がつく相手がいればいつでも解決してやるつもりでいた。ひとつにまとめあげてディベロッパーに引き渡す。

私は訴えた。

「全部、俺に売れ。競売された二百五十二億円部分も、それ以外の部分も、俺に売れ！」

このＴＳＫＣＣビルは三十年も未登記だった。だから、これまで競売にならず、銀行への担保にも入れられることはなかった。未登記だからこそ競売を免れていた。

このままでは、この先十年は開発できないことになると見られていた。

だが、私の本音は違っていた。

そこまでしたくない。十年という長期間、このままの状態が続いてしまえば、六本木という街が大きなメリットを失うことになりかねない。半分だけが競売で落札され、半分は幽霊ビルとなり、電気もつけられないようなビルが放置でもされたら、この六本木はとんでもないことになる――。

「双海通商」は私に毎日呼びかけている。

「まとめてやろう」

これがまとまれば競売部分の二百五十二億円を私に売却し、そのほかの部分とひとまとめにして私が話をつけ、儲けの部分についてはそれぞれ分配するようにということで話は進んでいた。

私は欲張りな「双海通商」側に言い聞かせていた。

「へたな意地を張るな！」

私は儲けなどいらなかった。

私は自分のためにやっているわけではない。義のためにやっている。義理のためだ――。

私にはＴＳＫＣＣビルを死守する自信があった。

私のところには誰ひとりとして怖いやつは来ない――。

関東のヤクザは誰も来ない。それは私がＴＳＫＣＣビルにかかわっていることが知れ渡っているからだ。

ＴＳＫＣＣのビルの件を片づけたあとには古いビル群を全部壊して千二百坪の土地と六本木通りに面する四、五百坪の土地をひとつにまとめ、二千坪の土地をつくりあげる。それに加え、みずほ銀行のビルまでも含めれば完璧なワンブロックの土地ができあがり、二千八百坪くらいの敷地面積にまで広げることができる。この一画だけで六本木ヒルズと同等くらいの広さになる。

いずれは六本木ヒルズ、東京ミッドタウン、そしてこのTSKCCCビル跡地に大きいビルが立ち並び、六本木駅周辺には三つの巨大ビルが建設される日が来る。

私はようやく金銭的にも権利的にもまとまりが見えてきた二〇〇七（平成十九）年五月に立ち退くことになる。

だが、この立ち退きが、私の人生をさらに狂わせることになった。

朝鮮総連事件の足音

TSKCCCビルは思いもかけない災いを私にもたらした。

二〇〇七（平成十九）年六月十二日、東京・千代田区富士見《ふじみ》にある在日本朝鮮人総連合会、いわゆる朝鮮総連の中央本部の建物および敷地の登記が五月三十一日付で緒方重威《おがたしげたけ》が代表取締役を務める「ハーベスト投資顧問株式会社」に変更されていた事実を「毎日新聞」がスクープした。

これにより、マスコミ各社がいっせいに報道するようになった。

だが、この緒方という人物は、じつは元公安調査庁長官であった。同時にTSKCCCビルの売買に登場したトラストインベストメントの代理人でもあった。また、私のすすめによって、のちに登場する満井忠男《みついただお》とともに六本木再開発プロジェクトに参画していた。

公安調査庁の調査対象団体である朝鮮総連は整理回収機構（RCC）に合計六百二十七億円の返済請求を起こされ、六月十八日に返還命令を受けることが予想されていた。

そこで中央本部の差し押さえを逃れるために所有権を移転したのだが、その移転先が、よりによって公安調査庁で長官を務めた緒方が代表取締役を務める会社ということで関係者をパニックに陥れてしまった。

緒方は地下鉄サリン事件など一連のオウム真理教事件が起きた一九九五（平成七）年には公安調査庁長官として教団への調査活動を指揮し、史上初めてとなる破防法にもとづく教団への処分請求に道筋をつけた。広島高検検事長を最後に一九九七（平成九）年六月に退官したあとは銀座の並木通《なみきどお》りに事務所を構え、弁護士を務めていた。

じつは、この緒方は私と親しかった。二人の関係は緒方が弁護士事務所を開くときまで話はさかのぼる。

私と三十五年ものつきあいになるヤメ検弁護士の山田有宏が、ある日、私に頼みにやってきた。

「私の友だちが今度、高検の検事長を辞めて事務所を出すことになりました。そこで、ひとつ応援してやってほしいのですが……」

その友だちというのが緒方だった。

それから三、四年後のことである。私の知り合いであり、朝鮮総連事件でかかわることになる三正《さんせい》という不動産会社の社長の満井忠男が頼みごとにやってきた。

「いい刑事事件の弁護士を紹介してくれ」

この満井は安倍晋太郎《あべしんたろう》の後継者であった自民党清和会《せいわかい》・三塚博《みつづかひろし》元会長の秘書だった。

私と満井は一九九〇（平成二）年からのつきあいであった。

満井は二十五のビルを保有するとともに、九州一大きな長崎プリンスホテルを運営していた大経営者であり、シアトルのど真ん中にも五千坪の土地を保有するほどだった。東京・京橋《きょうばし》にある明治製菓の四百坪の土地も満井が本社ビルを建設する予定で保有していた。東京・九段《くだん》にある東京大神宮《だいじんぐう》の前には二十階を超える大きなビルを建設していた。

その土地は満井が朝鮮総連から購入したもので、そのときの交渉相手がのちに朝鮮総連のドンといわれるようになる朝鮮総連副議長の許宗萬《ホジョンマン》だった。そこで満井と許宗萬の関係がすでにできあがっていたともいえる。

じつは四月初旬、満井がたったひとりで私に話を持ち込んできた。

「朝鮮総連の中央本部の土地、建物七百坪を三十億円で購入しないか」

私は即答した。

「総連を売りよるのか。安い。世界空手道連盟の本部にちょうどいい。全員追い出して道場にしよう」

私は可能なかぎりの空手の流派を集めて結成した世界空手道連合の本部をつくりたいとの希望を持っていた。

ところが満井は慌てて否定した。

「いや、違うんだ。建物は朝鮮総連が使用し続けるんだ」

土地は売るが、建物はそのまま使うという話に、私は思った。

そんな、けったいな話だな──。

満井に疑いを持った私は言ってやった。

「そんなバカな話あるか！」

そこで満井は打ち明けた。

「五年で八億円の賃料でどうだ。中央本部を買えば見返りに千八百坪の総連関連施設のグラウンドが格安で購入できる」

私も考えた。

その土地は人気が高い。数年前から購入希望者が多い。これは儲かるな──。

そんな私の気持ちを察してか、満井は畳みかけた。

「確実に転売できるから、十億円以上の利益が出る。二人で儲けよう」

そう言って強力にプッシュしてきた。

ところが満井を疑う気持ちがあったため、いったん満井を帰すことにした。

満井の話の裏を取るために朝鮮総連の一般幹部に売却の件を尋ねてみた。だが、その幹部は話を否定した。

つまり総連最高幹部と満井、それに土屋東一弁護士だけで話を進めていたということが明らかになった。

「総連が家賃を払ってということではできない」

そう言って満井の話を断った。

そこで満井は私の紹介で緒方に相談したのだった。その後、満井と緒方は直接やりとりをしていた。

仮にあの場で私が三十億円を用意してしまったのであれば、緒方は満井と関係など持つことはなかっただろう。

それが私も「総連の件は、もうなくなったな」と忘れかけていたときに緒方の朝鮮総連本部ビル売買問題がスクープされた。

慌てて私は満井に連絡を入れた。

「満井、どないしてるんだ。緒方が巻き込まれそうじゃないか」

私もまさかと思う話だった。

総連の建物を元公安の長官が引き取るだなんて――。こんなバカな組み合わせがあるわけないじゃないか――。

驚くしかない話だった。緒方のことが心配になった私はさっそく連絡を入れた。

「何してるんだ！」

「満井さんから頼まれて、私もさっぱりわけがわからない」

そんなのんびりした答えが返ってきた。緒方も騙されていたことが明白になり、急遽、弁護士を入れて対策を考えた。

だが、競売妨害で捜査が進められる場合なら、主犯は朝鮮総連の許宗萬となる。許宗萬がまず逮捕される。そして共犯として名義を貸した緒方、満井が挙げられると予想した。

ところが首相官邸は六カ国協議が再開され、北朝鮮への経済制裁が解除され、マカオの凍結資金までロシア経由で返してやった。そのうえ、米朝会談がニューヨークで開かれているようなその時期に許宗萬を逮捕してしまったとすれば金正日《キムジョンイル》の逆鱗《げきりん》に触れかねない。日本と北朝鮮との関係を考慮し、当時の安倍晋三《しんぞう》総理をはじめ、小泉純一郎、森喜朗も及び腰になってしまった。

結局、事件は朝鮮総連虚偽登記事件にすり替えられ、主犯だったはずの朝鮮総連が、逆に緒方らに土地、建物を騙し取られかけた「被害者」の立場に逆転してしまった。

六月二十八日、東京地検特捜部は土地、建物の所有権を移転させ、財物を騙し取ったとして、詐欺容疑で緒方と満井、経営コンサルタントの河江浩司の三人を逮捕した。

思わぬ余波

じつは緒方、満井の逮捕は私が力を貸したTSKCCCビル問題にも大きな影響を与えることになったのだ。

私には留置権組合という権利があった。三十年間未登記だったビルを東京都が職権を使って東亜相互企業から税金を取るために登記し、千葉の不動産会社「一条《いちじょう》」に売却した。そして、この一条がハゲタカのダミー会社であるトラストインベストメントに売却したのだった。

東京都が職権を利用して登記する以前は留置権組合が所有する建物だった。ところが留置権組合が裁判をしなかったがために空き家になっていたことから勝手に登記してしまったのだ。だから私のもとに戻すよう裁判を起こした。

この留置権組合はTSKCCビル全体の権利を持っている。部屋を使用する権利は東亜ビル管理組合が持っていた。その東亜ビル管理組合の顧問を私が務めていた。

東亜ビル管理組合はもとの東亜相互企業からビル全体の管理権の譲渡を受けている。

この管理権は「家賃を取ってもよろしい」「テナントの入れ替えをしてもよろしい」「ビルの修理修繕をしてもよろしい」というビルの管理運営をすべて任せるという契約を交わしたものだった。その対価に一億五千万円が町井の息子・佐藤雄司に支払われている。

その権利を持っているからこそ組合の管理権があり、不法に占拠していることにはならなかったのだ。

裁判官に私は言ってやった。

「一億五千万払ってるじゃないか。どうなんだ」

結局、裁判官は不法占拠というかたちは取れずじまいだった。世間では「朝堂院大覚には所有権がない、権利がない」という。だが、私はビルの管理契約を一億五千万円支払って取得していた。不動産を勝手に使っているわけではない。従業員とテナントと債権者とのあいだに管理組合を結成したから、なんの問題もなかった。

だからこそ緒方と満井は六本木プロジェクトを完成させるために、二〇〇七（平成十九）年のはじめに私に頭を下げに来たのである。

「このビルを完成するためには総裁の協力なしではできない。五月末までにテナントと一緒に出ていただきたい。そうでなければハゲタカ・ファンドも怒ってしまい、俺たちにこれ以上はカネを出さなくなる」

緒方は五月末に出てもらえれば九月末に立ち退き料十五億円を払うという。私はそれでは首を振れなかった。

「出るのと同時にカネが払えないなら、出ることはできない」

だが、緒方と満井を信用し、九月末にカネを払ってもらうことにした。その代わり、一カ月一千万円の金利をもらうことにした。

私は緒方、満井との約束があったからこそＴＳＫＣＣＣビルから五月末に出た。

ところが立ち退いた二週間後、緒方は詐欺師に仕立て上げられてしまった。私は小菅の東京拘置所に弁護士を向かわせ、ＴＳＫＣＣＣ関連の話を詰めることを忘れなかった。

緒方、満井でなければ私との約束は実行できないからだ。

「おまえたちはこの件からどいておけ。おまえたちの商売じゃないだろう。こうなったら誰も世間は相手にしない。その代わり、俺が表に出ていってやるから、裏でおまえたちは協力しなさい」

緒方が陳述書を書くことになった。トラストインベストメントの名義に仮処分を打つことができる。緒方の陳述書がポイントとなる。たとえいくらトラストインベストメント側がその陳述書の内容を否認しようとも、緒方が代理人として有効な時期に行った行為であるなら、その陳述書は有効な効力を発揮する。

緒方は弁護士であり、トラストインベストメントの代理人でもある。権利所有権はないが代理人である。代理人ということはトラストインベストメントの権利を代理することになる。だからこそ緒方の陳述書ひとつで仮処分が打たれてしまい、トラストインベストメントの名義は消えてしまうことになる。仮処分さえ打てば私の勝ちとなる。

緒方と満井は二月にはテナントの立ち退き料の一部の二億五千万円を払っていた。残りの三億円は私が払った。結局、私は緒方と満井から十五億円と金利分の四千万円の十五億四千万円を払ってもらう権利がある。

東京地裁の刑事十四部から、「七月二十七日午後二時、出廷するように」との出頭命令が私のところに届けられた。

私はよく考えてみた。

緒方の裁判が始まってないのに、なんなんだろう――。

検察官が朝鮮総連の事件について私に質問したいということだった。裁判官立ち会いのもと、法廷で検察官が私に質問するための命令だった。

私はさっそく裁判所に電話かけた。

「この朝鮮総連の件で、検察は俺に質問をしようとしたけど、俺は断っている。なぜなら、この事件はでっちあげ事件だからだ。国家機関がでっちあげることについて、俺はいっさい協力しない。真実と正義にもとづいてやるべきだ。よって、出頭はしない」

そう言って私の意思を明確に示した。

「ならば、その旨を文書で出してくれ」

裁判所がそういう返事をよこしたので、私は文書で提出をすませた。そうしたところ、「出頭日を変更します」との連絡が裁判所から届けられた。

「変更しても行かない。とにかく行かないということだから、変更しようが何しようが法廷には行かない」

私ははっきり断りを入れた。それでも裁判所は執拗《しつよう》に出廷を求めてきた。

「七月三十日に出廷するように」

「忙しいから出廷しない」

だが、それにも行かないとの意思表示を示した私に対して裁判所は裁判所の意思を示してきた。

「もし正当な理由なくして出頭しない場合は身柄を逮捕します」

そんなことに屈するわけはなかった。

「なら、やるならやってみろ。俺は行かないと言う以上行かない。でっちあげの事件に、なんで俺が協力しなきゃならない！」

そう返事をしておいた。

東京地検特捜部は満井、緒方がＴＳＫＣＣビルの地上げで緊急にカネが必要であったことから、そのための資金づくりのために朝鮮総連のカネを騙し取り、ＴＳＫＣＣに使おうとしていたという動機につなげたいと躍起になっていた。

ところが、ことの真相を知る私が流れている情報をことごとく否定したことが東京地検特捜部の気に障ったようだった。

許宗萬が満井に渡したとされる四億八千四百万円は許宗萬に二億円が渡り、河江に一億五千万円を渡している。満井はほかの七千万円の借金を返済したため、手元には六千四百万円しか残っていない。

それなのに、どうして、たった六千四百万円ほどのカネで六本木プロジェクトの話ができるというのだ。

私は説明した。

「TSKCCの話はまったく別のものである。TSKCCの件ではリーマン・ブラザースやハゲタカ・ファンドが資金を用意し、二部屋を占有者から二十五億円で購入してくれ、テナントを追い出してくれとか、整理してくれと俺に言っているじゃないか。十億、二十億もかかる話を言っているのに、総連のカネは六千四百万しか残っていないじゃないか。そんなカネでできるわけない。総連のカネとTSKCCを結びつけるのは無理だ」

そう言って何度も否定している。

それでも東京地検はなんとか私から「満井、緒方はTSKCCでカネが必要だった」ということを実証させようとしていた。

「そんなのは無理だ。ましてや、その問題より、詐欺事件はでっちあげ事件だ。真実を曲げているから俺は協力できない。東京地検特捜部は犯罪機関だ」

私はそう言って全面的に拒否してきた。

裁判所から出廷命令があった七月三十日の朝、私が拒否し続けると、逮捕された。その日の午後三時、法廷が始まった。当初の予定では午後二時に開廷するはずの裁判だった。

裁判長は説明した。

「ここでは最低限の質問に答えてもらうだけで結構です」

出廷命令が出されているのに出廷せず、そのために逮捕されたのは、私が初めてらしい。出廷さえすれば逮捕されることはない。

私は裁判長に向かって演説してやった。

「この事件は本来なら許宗萬を逮捕すべきものです」

だが、裁判長は私を制した。

「聞かれたこと以外はしゃべるな」

そう言って私に質問が出された。

「緒方と満井はTSKCCC問題でカネが必要だったんじゃないですか?」

「TSKCCCで必要としていたカネは、必要なカネであっただろうけども、そのカネはリーマン・ブラザースのハゲタカ・ファンドが用意しているんだ」

そう答えてやったところ、特捜部が反論してきた。

「TSKCCCで必要なカネは総連から持ってきた」

そう言って、どうしても朝鮮総連とTSKCCCを結びつけようとして譲らない。裁判官も特捜部と同じようなことを言ってばかりいる。

俺は終わったな——。

私は見かぎった。

結局、私の証言は採用されることなく、八月九日、東京地検特捜部は朝鮮総連中央本部の売買交渉にからみ、朝鮮総連から四億八千四百万円を騙し取ったとして、詐欺罪で緒方と満井を追起訴した。

なお、この朝鮮総連詐欺事件は二〇〇九（平成二十一）年五月二十六日午後、東京地裁で論告求刑公判が開かれた。東京地検は緒方と満井に対し、それぞれ懲役五年を求刑した。

これまで開かれた三十五回の公判のなかで、検察側は緒方らは長年取り組んできた六本木の通称「ＴＳＫＣＣＣビル」の地上げを進めるために資金を必要としていたと指摘。その資金を捻出するために朝鮮総連の土地、建物などを騙し取る計画を考え出したと主張してきた。

また、「公安調査庁長官や検察ＯＢという肩書を悪用して総連を信用させた」などとし、緒方が積極的に犯行にかかわったともした。

これに対し、緒方らは一貫して無罪を主張してきた。

「在日朝鮮人にとって大使館的な役割を担う朝鮮総連の中央本部をＲＣＣによる差し押さえから守るために行った行為。在日朝鮮人の利益確保のために行った行為で、騙し取るつもりはなかった」

二〇〇八（平成二十）年三月いっぱいで完全に解体されたＴＳＫＣＣＣビルは、その後も民主党の辻恵《つじめぐむ》代議士と富士《ふじ》薬品とのあいだで資金をめぐるトラブルが表面化するなど、不透明な資金の流れの舞台となった。

ヤメ検弁護士の暗躍

朝鮮総連事件には裏も表もあった。

公安調査庁長官だった緒方は仙台《せんだい》高検検事長をして、そして広島高検で辞めて銀座で法律事務所を開いた。私はその第一号のお客で、お祝いとして紹介した満井があの四百坪の土地の利権を緒方に持っていった。それで満井と緒方は親しくなった。

満井は女好きだから、韓国のソウルに行ったり、香港に行ったり、マカオに行ったりする。その満井に感化されてつきあううちに緒方はそれまでそういう経験がほとんどなかったからハマってしまった。経験がない人ほど一回そういう道に入るとズルズルと落ちていき、結果的には緒方は朝鮮総連事件で捕まった。

緒方の父親は満州の検事総長だった。親の七光りで出世したとはいわれているが、部下の検事からも慕われて非常に人柄もよく、人望もある人物だった。早稲田《わせだ》大学のスキー部を出ていたスポーツマンだったのに、結果、逮捕され、懲役二年十月で無実なのに罪に問われた。

緒方のような人間でも、人格者で真面目にやってきたとしても、崩れるときはやっぱり一夜で崩れるものだ。

高砂熱学工業事件で私を逮捕した土屋東一という検事も格好をつけていた。私に「高砂熱学工業の事件はいっさい興味ありません。後藤田さんの件でとにかく協力してください」と言った男だ。真面目そうなきちっとした検事だが、辞めたら女遊びにどっぷり浸《つ》かっていた。

土屋は、いまでは日大の田中英壽理事長の危機管理担当の弁護士をやっている。土屋はかつては「右翼やヤクザはやりません」と堅いことを言っていたが、やっぱり女好きで酒好きになってコロッと人間が変わった。あれだけ堅くてしっかりした男もここまで変わるのかと思うほどで、顔が変わってしまう。

もちろん変わらない人もいる。最高裁判事まで務めた横井大三《よこいたいぞう》、検事総長だった井本臺吉、岡嵜格大阪高検検事長もそうだった。彼らのように清廉潔白、公明正大な人はもう出てこないのかもしれない。

池田大作への貸し

私は創価学会の池田大作《いけだだいさく》本人に会ったことはない。

ただ、私はかつて創価学会に実質五億円の貸しがあり、現在も全額返済はされていない。かつて「ルノワール絵画事件」というのがあった。これは三菱商事もからんでいたとされる脱税事件だ。

ルノワール絵画事件は一九八九（平成元）年三月二十八日に帝国ホテル「桂《かつら》の間」で売買され

たルノワールの油彩「浴後の女」「読書する女」の取引にからむ使途不明金疑惑だ。絵の買い手は三菱商事で、当初は二点をスイス在住のフランス人二人から三十六億円で買ったと申告していたが、一九九〇（平成二）年秋に東京国税局調査第一部が税務調査に入り、異なる事実が判明した。

二人のフランス人が実在しないこと。

三菱商事は実際は創価学会から代理購入を頼まれ、東京・青山《あおやま》の画商「アート・フランス」から二十一億二千五百万円で購入していたこと。

一九九〇年九月、創価学会が所有する八王子《はちおうじ》市にある東京富士《ふじ》美術館に四十一億円で売却。その結果、「桂の間」での取引価格に差額十四億七千五百万円が生じて、そのカネがどこに消えたのかという疑惑が浮上した。

この取引を仲介したのは陶磁器店の役員の立花玲子《たちばなれいこ》たちだ。立花は一九九三（平成五）年五月に法人税の脱税で逮捕されたが、池田もそのとき、東京地検特捜部に逮捕される寸前まで行った。使途不明のうち少なくとも三億円は池田の懐に入ったといわれていたからだ。

三菱がからむと当局は動きづらいものだが、当時は池田もビビり上がった。

右翼団体も創価学会に対して街宣をかけていた。稲川会系の右翼団体で大行社《たいこうしゃ》、優政会《ゆうせいかい》というのがあった。大行社の岸悦郎《きしえつろう》総帥、優政会の西山登《にしやまのぼる》会長、その二人が街宣車二十台ぐらいで創価学会の本部がある信濃町《しなのまち》を「売国奴・池田」とか「ルノワール事件の主犯」などと叫びながら回っていた。

この事件で私のところに相談に来たのが、公明党の新宿区選出の都議会議員だった藤井富雄《ふじいとみお》だった。

藤井は後藤組《ごとうぐみ》の後藤忠政《ただまさ》と組んで学会関係のトラブルシューティングを担っていた。

このときも最初、藤井は後藤に収拾を頼んだ。後藤は稲川会三代目の稲川裕紘《ゆうこう》会長に話を持っていった。

だが、当時は稲川会のほうが山口組より強かった。後藤は熱海《あたみ》まで頼みに行ったのに、「ヤクザが政治に口を出すな」と一蹴されてしまった。

それで藤井と参議院議員を務めた元東京都副知事の続訓弘《つづきくにひろ》が私のところに頼みに来たのだ。

私は続には借りがあった。

以前、ホテルニュージャパンで火事があった跡にホテルを建て替える際に容積率を上げる必要があり、私は横井英樹に頼まれて当時、東京都の副知事だった続を呼んで容積率を緩和するように要請したことがあった。

続は私が頼んだとおりにやってくれたから、お礼をした。

ちなみに、このとき、横井は私に一億円を包んできた。大きな袋で「一万枚あるから確認してくれ」と言って帰っていった。

横井が帰って、そのときに子どもを産ませていた女に枚数を数えさせようとした。すると袋を開けると、お札は一万円札ではなく、すべて五千円札だった。ただ五千円札できっちり一万枚あった。「一本やられたな」と思った。人を騙すとしてもスケールと手間がかかっている。

横井には十億円貸したことがあるが、そのときは期日になるとピタッと返してきた。横井はそういうところもあったけれども、続のときにはしてやられた。もちろん一億円と決めたわけではないが、五千円札を使ってわざわざ値切ってきたわけだ。

私はこの問題の対応を任された藤井と続から麹町《こうじまち》の「藍亭《らんてい》」に招かれた。相手の目的は、なんとか事態を収拾したくて、その依頼だった。「このままでは六月末に予定されている都議会議員選挙も全滅する。なんとか助けてほしい」と言う。

私は話を預かり、二、三日後に永田町の「山王飯店《さんのう》」に岸と西山を呼んで、その席で「私に任せるか、それとも妨害を続けるか」を答えてくれと言った。

二人とも「私に任せる」と了承してくれ、翌日から街宣は中止と決まった。

創価学会はこのことで私に借りができた。私が藤井を呼んで「止めたぞ」と伝えた。向こうは「今回のお礼をどうしたらいいか」と尋ねてきた。私は「五億円だ」と答えた。岸や西山にも配慮が必要だからだ。

ところが、どう用意するのかと聞くと、「ルノワール事件もあって、いまはカネを動かせない」と言う。はっきりしないわけだ。

そのとき、私は豊臣秀吉《とよとみひでよし》が石田三成《いしだみつなり》に与えたといわれる大判を二枚所有していた。税務署の関係もあるから、「この大判を東京富士美術館に五億円で買い取らせてくれ」と言って預けた。

ところが後日、終戦後にＧＨＱに解体された旧川崎《かわさき》財閥の資産管理会社の川崎定徳《ていとく》の佐藤茂《さとうしげる》が私のところに来て、大判について「どうのこうの」と言っている。要するに、たらい回しにされたわけだ。

それで公明党はこの件を乗り越えて選挙は大勝した。公明党は一九九三年六月二十七日の都議選で二十五人が当選して都議会第二党となった。さらに、一週間後の七月四日の衆院選でも議席を増やして五十一議席を獲得した。

いいこと尽くしで、八月九日に細川護熙を首班とする非自民の連立政権が成立すると、公明党は与党の一角になった。神崎武法《かんざきたけのり》、坂口力《さかぐちちから》、石田幸四郎《いしだこうしろう》、広中和歌子《ひろなかわかこ》の四人が入閣した。そして民間から三ヶ月章《みかづきあきら》が法務大臣になった。

これで池田の逮捕はなくなり、東京地検特捜部の動きもピタッと止まった。

池田は連立政権の一員に公明党がなり、法務大臣に影響力を発揮することを目論んでいた。まさに狙いどおり。池田は地獄の底から天国の頂点に駆け上がったような気持ちだっただろう。

調子に乗った池田はその後、軽井沢《かるいざわ》で「日本の政治は公明党によって決まる」とたいそうなことを言い始めた。強運の持ち主だ。

創価学会は今後、分裂するだろう。

現在は池田派と原田稔《はらだみのる》会長派が対立している状態だが、今後は分裂するだろう。自民党の二階俊博《にかいとしひろ》幹事長や菅義偉《すがよしひで》総理は原田派の創価学会の副会長クラスと握っている。池田派も反発はしているが、いかんせん政権入りの力は強い。創価学会は政教分離を批判されると弱いから、権力とつねに一体でないと不安なのだ。原田派は権力とつながっていて、池田派はそれに反発している。

池田派は沖縄県知事選挙で野党が推した玉城《たまき》デニーを応援していた。沖縄の創価学会は公明党本部の意向には従わず、自民党の候補者は推さなかった。

婦人部も池田ファンが多いから反発している。池田に抱かれた女もいっぱいいるはずだ。

神社本庁の闇

自民党の強力な支持団体である日本会議《にっぽん》を構成する神社本庁も最近では非常にたくさんの問題を抱えている。日本の保守や伝統などと、とてもいえるような団体ではないのが実情だ。

神社本庁の関連で私がかかわったのは大分県にある宇佐《うさ》神宮の問題だ。

その前に横浜《よこはま》の伊勢山皇大神宮《いせやまこうたいじんぐう》がホテル経営に失敗して焦げついたところに、神社本庁の総務部長だった小野崇之《おのたかゆき》が宮司になって、もとの宮司一族を追放して二〇〇三（平成十五）年に自己破産したことがあった。

その件以降、神社本庁は大きな神社で賽銭《さいせん》がたくさん上がるようなところを狙うようになった。栃木の日光東照宮《にっこうとうしょうぐう》、四国の金刀比羅宮《ことひらぐう》、東京では明治神宮、富岡八幡宮《とみおかはちまんぐう》など……。

神社本庁のそういうやり方に反発して、なかには脱退することを検討するところも出てきた。やりすぎたわけだ。それで神社本庁は慌てて「上納金は十分の一でいいから」と言い出して和解した。そういうことを神社本庁は繰り返している。

とくに悪くなったのは二〇〇四（平成十六）年に田中恆清《たなかつねきよ》が神社本庁の副総長になってから。二〇一〇（平成二十二）年に総長になって十年ぐらい経つが、この間にかなりの神社の経営に介入している。

神社というのはみんな古い歴史を持っている。たとえば宇佐神宮の場合は奈良時代からある。奈良の大仏をつくるときには聖武《しょうむ》天皇が銅を宇佐から持ってこさせて、その銅で大仏をつくって、そのお礼として天皇から金の延べ板を贈った。そういう歴史の古い神社で、八幡《はちまん》神社四万四千のなかの総本宮だ。

二番が鎌倉の鶴岡《つるがおか》八幡宮、三番が京都の石清水《いわしみず》八幡宮。田中は石清水八幡宮の宮司だ。だから同じ八幡大神《はちまんおおかみ》を拝んでいる。その総本宮に対して自分にはコンプレックスがあるから、余計欲しがって介入しようとする。

彼はもともとが神宮寺《じんぐうじ》の生まれだから、厳密にいうと神社の出ではない。明治以後は神社になっているが、江戸時代はお寺だった家の子どもなのだ。だから神仏習合の時代はお寺だった。彼の曽祖父がお寺から神社も含めて乗っ取った。

その世襲で、彼はいまから四、五十年ほど前に宮司になった。自分はお寺の坊主といわれていたから、それがコンプレックスになり、宇佐神宮を乗っ取ってやろうと、よからぬ野心を持った。だから神社本庁の総長になると同時に宇佐神宮への介入を開始した。田中はあの手この手を使うテクニックを持っている。

もともとは同志社だ。普通、宮司の子は國學院《こくがくいん》や神道を教える学校に行くものだが、田中は大学は國學院だが、中学、高校は私の後輩で同志社中学、同志社高校に通い、ずっと軽音楽部でクラリネットを吹いていた。

もともと京都のお寺の子だからだ。それが総長になって、カネ儲けは神社本庁でできると思ったのだろう。

宇佐神宮の場合は代々、宇佐氏、宇佐一族がやっている神社で、これは世襲制だった。その宇佐という名前がいまは到津《いとうづ》という名前になっている。それで到津公斉《きみなり》という先々代が富岡八幡宮に修行に行っていて、富岡八幡宮から帰ってきて宇佐神宮の宮司に就任した。

そのころ、田中は神社本庁の副総長になっていた。各神社は神社本庁の所属というが、その前の段階は県の所属になる。各県に何々県神社庁というのがある。その県のなかから各県の神社庁長が選ばれる。そして田中は全国の総長だから、神社庁長を会合で呼ぶ力がある。

それで宇佐の問題は大分県の神社庁長を手なずけて動かそうとした。大分県の神社庁長を自分の部下にして、神社庁長に宇佐神宮の公斉の部下の権宮司《ごんぐうじ》を取り込んだ。公斉は本当におとなしく、温厚で、まさに神さまの代理人みたいな静かな人で、人を疑ったりしない。人のために一所懸命やる。田中は総長でありながら京都の石清水八幡宮の宮司にすぎない。結局、田中は自分の一段、二段上の総本宮である宇佐神宮を牛耳りたいと思っている。それなら八幡宮のすべての実権を握れる。到津家が排除されるなかで、公斉が亡くなった。

その当時、権宮司は二人いて、筆頭権宮司は娘の克子《よしこ》。当然、娘が後継になる予定だった。「あなたがお父さんのあとをやるんだから、頑張ってくださいよ」と、お通夜の日には時の天皇陛下から直接、克子に電話が入って、お母さんもそれを聞いてお礼を言っていた。

それで天皇陛下が国民体育大会で大分に来たときは、いつもホテルで会うという。天皇家とも行き来できる家柄なのだ。

そのお通夜のときに、克子は次は自分がやると決めていた。その翌日、本葬の際に田中が来て、「次は克子さんではなく、いったん神社本庁で預かる」と言い出した。

しかも、その一方で、克子に対して次の宮司になるべきでないという嘆願書を書かせた。「克子さんは経験が未熟だから、次の宮司にはふさわしくないから、別の人を宮司として派遣してくれませんか」という嘆願書を出させたわけだ。

その横暴な話を聞いて、私は怒った。神に仕える神職が葬儀の日に跡取りの娘を排除する談合をしていいのだろうか。

天皇陛下が「あなた、やりなさい。頑張ってください」と言った人を排除して、嘆願書をものすごいスピードで、葬儀のあいだにあっという間に出して、大分県神社庁と神社本庁の預かりにしてしまった。

到津家にしてみたら、「なぜだ?」となる。「そこまでやられるなら、私たちは神社本庁を脱会します」となるのも当たり前のこと。それを内容証明で大分県神社庁と神社本庁にも出した。ところが、それは受理しないという回答が来た。脱会することは認めないと。

法律的にはもうそれで脱会できる。だから脱会してわれわれが宮司になりますよ、ですんでいた話だが、受理しなかったから、今度は裁判をした。

本来は受理しなくても関係ない。代表で出した以上は受理したと見て、勝手に宮司を決めて、法人のなかで役員会で決めたとおりにやればいい。

それを裁判しているあいだに大分の財界の連中と神社本庁の連中が組んで宇佐神宮の実権を握った。自分たちの派閥の人間と全部入れ替えて到津家の人間を完全に切り離したのだ。

結局、裁判で争っているが、いまも神社本庁に乗っ取られた状態が続いている。

私は到津家から頼まれて弁護団と会議し、いまも争っている。

二〇一九(令和元)年まで続いていた裁判では半分勝った。到津家を認めるという判決をもらった。だから、あとは人事の問題で、責任役員も私が話をつけるから、到津家が戻れることはほぼ間違いないが、そういうふうに賽銭が多いところはつねに狙われている。

私は香川県高松市にある冠纓《かんえい》神社も取り戻している。ここも千百年以上続く名門神社で、高松空港の近くにあるものすごく大きな神社だ。

神社本庁はそこにも手を出してきた。綾田福雄《あやだふくお》という氏子総代が田中のグループの尖兵《せんぺい》をしていて、私は冠纓神社の件で話をしたいと電話を入れた。

すると綾田に「おまえ、何者だ」と言われた。「いや、私はただの素浪人。朝堂院といいます」と言ったら、「何？　そんなもの、俺は知らないよ。来るなら来い。俺が受けて立つ」と言ってきたから、「それじゃあ、明日寄らしてもらいます」と言った。

そのとき、私は大分にいて、頼まれて初めて冠纓神社に電話したのだが、それなら四国に寄って綾田のところに行こうと思った。

すると翌朝、綾田から電話がかかってきて、「先生、昨日は失礼しました。まさか朝堂院先生とは知らなかったもので、とんでもないことを申し上げました。すぐ私は下ります。この件から手を引きますから許してください」と言ってきた。

「ああ、そうですか。いやいや、ありがとうございます」と応じ、その後、私は居合の神道武道連盟をつくっているから、日本刀と薙刀《なぎなた》と弓などの武器を持って、六十人で神社の奉納演武大会を開いた。

そこに綾田が子分を連れて見に来たから、私の横に座らせた。すると綾田は「いかなることもこの神社に関してはお任せいたします」と言ってきた。だから冠纓神社は田中の手は通用しなくなった。

こんな悪行ばかりの神社本庁の連中が、自民党を支える日本会議や神道政治連盟と一体化して蠢いている。

私は神社総本庁をつくっているが、神社本庁にも動きがあるはずだ。これから大きな神社が抜けていって、田中を辞めさせる動きがかなり強まってくる。

田中は乗っ取り専門になっている。伊勢《いせ》神宮を八十億円で民事再生にかけたくらいだ。神社で民事再生など聞いたことがない。これが神さまに仕える者のやることだろうかと思う。金刀比羅宮も脱退し、日光東照宮も神社本庁の意向に逆らっている。

第十章 マイケル・ジャクソンと私

宇宙観が結んだ縁

マイケル・ジャクソンが、なぜ私のところに来たのか。すでにさまざまなメディアで語ったが、私とマイケルはなんの縁もない別世界の人だった。

私が経営する黒人専用サロン「ディプロマティック・クラブ」にニッキー・ウィルソンというマイケルをよく知っている人物が出入りしていた。

ウィルソンは黒人のために尽力している私の話をマイケルに話して聞かせ、マイケルが興味を抱いた。

「そういう人なら、ぜひ会いたい。日本に行く」

片や世界的な音楽界の大スター。一方の私は当時、第一線からは外れており、事業もやっていない。オウム真理教の事件の黒幕扱いをされて叩かれていた時期だ。

マイケルは一九八二年十二月、アルバム「スリラー」を発売し、全米チャートで三十七週にわたり一位を記録。「ビリー・ジーン」「今夜はビート・イット」「スリラー」とミュージック・ビデオの概念を変える作品を次々に発表。

一九九六（平成八）年十二月に来日したマイケルは十三日、十五日、十七日、二十日の四日間にわたり東京ドームでコンサートを開催している。

共通の宇宙観で意気投合したマイケル・ジャクソン（中）と筆者（左）

さらに、一九九七（平成九）年十一月、お忍びで来日した。いっさいマスコミにもバレなかった。私がマイケルの意を酌んでやったからだった。

マイケルとは宇宙法、宇宙についての考え方で共鳴した。

宇宙とは誰のものか。宇宙はアメリカのものなのか、ロシアのものなのか、中国のものなのか。それを考えると、もちろん一国のものではない。公海、海は誰のものかといえば、陸から十三海里までは自国の領海だが、それを超えると、海は誰のものでもなく、所属はない。

宇宙も同じであるべきというのが私の論理で、宇宙に打ち上げた衛星の所有権を主張するのがおかしい。その所有権を持って宇宙から攻撃するというのもおかしい。その考えにもとづいて宇宙基本法をつくった。万国共有のものがないといけないというのが私の論理。これは誰も唱えていなかったが、私が一九八三（昭和五十八）年に学会をつくって唱えた。全世界の大学教授や政治家、五万人にリポートを送って、二千人くらい集まった。この活動が巡りめぐってマイケルのところに伝わり、「これはすごい。こんなことを考える日本人がいるとは思わなかった」と感銘を受けたようだった。

私は、もし世界が黒人と白人とに分けられた場合、どちらかといえば、私は黒人のグループだと思う。

それで私はワールド・ブラック・コングレスという有色人種の国際会議をつくった。そこにマイケルの秘書が参加していたことがあり、その縁もあってマイケルと会うことになった。

マイケルはその当時、ものすごく売れていたから、ギャラも高く、弁護士が絶えずついているような状況。そんななかで一週間スケジュールを無理やり空けて、自分のお金で私を訪ねて日本に来た。

来日していることは誰にもバレないようにしないといけない。契約違反に問われることもあるから、秘密にしないといけなかった。

だから私も協力した。外務大臣経験者の国会議員や外務省に話を通して、飛行機から直接ホテルに移動できるルートを確保してやった。

マイケルも感激していた。それで世界宗教会議という団体ができたのだ。

キリストを超える存在

マイケルが乗った飛行機は滑走路の途中で止められ、その場から私のリムジンにマイケルを素早く乗り込ませた。そしてマイケルが定宿にしていた赤坂のキャピトル東急ホテルのスイートルームに送り届けたのだった。そこまで徹底したため、部外者は誰ひとりとしてマイケルの来日を知ることなどなかった。

ところが一部にマイケルが来日していることが伝わってしまった。三日目には、キャピトル東急ホテルにマイケルのファンが押しかけるようになったりしていた。

そんななか、私とマイケルは三日間にわたって話をし、お互いの意思疎通を図った。二人はいろいろな話をした。そのなかでもマイケルは私の宇宙法学会にひどく関心を示した。

「宇宙に対するそのとらえ方。まったく賛成、同感だ」

マイケルは私の話を聞きながらうなずくばかりだった。

宇宙法に共鳴し、お互いの宇宙意識を共有したマイケルは私と完全な兄弟分のつきあいをするようになり、人間関係を構築した。

一方、私はマイケルと触れ合うことで感じていた。

かなりの判断力、理解力がある男だな——。

だが、マイケルの外見を見ながら思うこともあった。

黒人と聞いていたが、肌は白いな——。

以前から「マイケルは整形をしすぎているのではないか」とよくいわれていたが、アメリカの芸能界では整形はそれほどめずらしいことではなかった。だが、マイケルの場合は、もとの黒人の顔からかけ離れてしまったために、いろいろといわれていた。

そのうえ、「スリラー」を発売したころから肌が白くなり始め、一九九二年ごろには完全に白くなっていた。そこで私は思い切って白い肌をしているマイケルに、「あなたは真っ白の白人に変わったんだな。黒人がいやなのか。白人になりたいのか」と聞いたら、マイケルが「俺は黒人として生まれたことに誇りを感じている。自分ではわからないけれど、いつの間にか白くなっちゃった」と言っていたのが印象的だった。

「あなたは黒人じゃないのか？　なんで白人になったのか？　自分でそういうことを考えたのか？　何か科学とか医学とかでやったのか？」

マイケルからの返事はこうだった。

「いや。白い肌にはまったく自然になったんだ。何もしてない。手を加えていないんだ」

私の目に映るマイケルの肌は真っ白で、それもまるで白人のような白さだった。マイケルの体も顔も、すべてがだ。

マイケルは断言した。

「医学でもなければケミカルでもない、薬物でもない」

私はマイケルの白い肌を見て不思議に思うばかりだった。

私はその当時、医師政治連盟をやっていて、各大学、東大から医者をいっぱい知っていたから、そんなことは可能なのか聞いてみた。

でも、「現代の医学や薬学ではできない。奇跡じゃないか」という答えばかりだった。

医学でも理解できない。絶対にできない。奇跡としかいえない。人類のいまの科学では考えられないことだ——。

二十七歳までマイケルの肌は真っ黒だった。だが、いまは全身が真っ白の肌に変わっている。

そこで私は調べてみることにした。その結果、まれに染色体の影響で色素がないため、白い肌の子どもが生まれてくるというケースがあることがわかった。

私は判断した。

色素がなくなってしまい、ああいうふうな白い肌になったのではないか——。

マイケルの肌はピカピカした真っ白い肌で、決して病気的な肌ではない。だからマイケル本人も「わからない」としか答えられないのだろうと私は理解した。

それでも私は思った。

こんなことは奇跡じゃないのか？　この地球上で何千年と人類が歴史を刻んできたなかで初めてのことじゃないか——。

私にはマイケルの場合、病気でそうなったとはとうてい思えなかった。そして事実、私の目にはそう映った。

だから私はマイケルに「白くなったのは神さまのいたずら。おまえはイエス・キリストを超える存在だ」と言ってやった。

「あなたは奇跡をみずからが体験したんだ。だからあなたは神になるべきじゃないか。奇跡を自分の体で証明したのだ。それは人間の業じゃない。神さまだ。あなたが宗教団体をやりなさい」

マイケルは答えた。

「やりましょう」

マイケルが極秘来日した二度目のときにはマスコミが大勢待機した。

このときにはマイケルが宗教の話について全世界にメッセージを送ることになっていた。「宇宙教」をつくり、発表する計画だった。

その骨子は私がつくった。

〈宇宙の万《よろず》の神々。宇宙というものは、一般にいえば、空を見て、星や太陽を見る。そういう宇宙というものの中に、すべての神が存在する。宇宙という神が存在する範囲は、地球も、人間も、万物も、街も……、すべてが宇宙だ。その中に存在する神々を礼拝しよう〉

これが私とマイケルの宇宙であり、宗教的な考え方だった。

この考え方を世界に広めようということで二人は同意していた。そして、この「宇宙教」はマイケルが中心となることが決まっていた。

私は断言した。

「あんたの人気なら、おそらく一億人、二億人の信者をつくる」

その言葉にマイケルも納得していた。

だが、マイケルにはこのことを大々的に公表することができない理由があった。

マイケルの支持団体には黒人イスラム教団体「ネーション・オブ・イスラム（NOI）」があった。この団体はアメリカにおけるアフリカ系アメリカ人のイスラム運動を行っている。黒人の経済的自立を目指す社会運動であり、白人社会への同化を拒否し、黒人の民族的優越を説く宗教運動でもある。アメリカ社会では暴力集団という位置づけになっていた。そういう団体への影響を考慮した結果、マイケルが主宰者となる「宇宙教」という宗教の話をマイケルが隠さざるをえない状況に陥っていた。

一方、私はマイケルとのあいだでは「宇宙教」という宗教にしか興味がなかった。だからこそマイケルとははじめから宗教という分野での合意を取りつけたのだった。そして、その宗教を中心として、それ以外のことでもお互いが協力するという話がついていた。

それ以外の話とは、マイケルのコンサートを日本で開くということだった。コンサートを東京ドームで二回公演すれば二億円が私の手に入るという話をマイケルはしていた。

ところが私との会合のために来日した二度目のときに、マイケルは見当違いの話を持ちかけてきた。

「テーマパークをつくろう」

マイケルは「宇宙教」のことにはいっさい触れず、テーマパークとおもちゃのチェーンストアの話ばかりを私に提案した。

だが、私はこの事業の話に乗り気ではなかった。

バブル崩壊でテーマパークの時期ではない――。

私はマイケルに断りを入れた。

「この事業は、やらない」

そういうことで、話は取り決められた。

その代わり、私が会社を指名した。指名した会社は「アモン」だった。その会社とマイケルは事業をやることになった。日本側の実質的な現場指導者は私ではなかった。

マイケルが打ち立てたビッグな事業計画の実現のために、運営会社として「マイケル・ジャクソン・ジャパン（ＭＪＪ）」を設立することにし、準備が進められた。代表取締役社長には私の息子の松浦大助を就任させ、五年後には売上高二千億円の規模にまで成長し、株式上場させるという話になった。

また、テーマパークと大型おもちゃ店の「ワンダー・ワールド・ランド・オブ・トイズ」に参加したい中小企業には組合員になってもらい、銀行や各種公庫などから融資を受けることにした。

そして一店舗五億円の予算を制度融資するために通商産業省（現・経済産業省）と建設省との総合的な異業種でできる「共栄フォーラム事業共同組合」を一九九八（平成十）年六月に設立した。

マイケルの事業話はこうして着実に進んでいた。だが、私はこれらの資金の大部分をマイケルが用意してくれるものと踏んでいた。それに加え、マイケルがブルネイ王室と昵懇にしていることにも期待していた。

その期待に応えるように、マイケルも三カ月に一度の割合で来日する予定が決まった。そして日本にマイケルの自宅を保有することも真剣に検討していた。

合弁会社「マイケル・ジャクソン・ジャパン」設立を発表する記者会見の日取りが一九九八年七月二十七日に決まった。

その前々日の二十五日に水道橋《すいどうばし》の東京ドームホテル後楽園《こうらくえん》飯店で行われた「'98キックボクシング・チャンピオンカーニバル・オールスター戦」の記者会見場に突然、マイケルが姿を現した。

大きな山高帽、口元をマスクで覆い隠し、銀色のサングラス姿というおなじみの「お忍びルック」で登場したマイケルは空手家たちに囲まれながら壇上に着席し、空手界入りを電撃発表した。

そして私は叫んだ。

「マイケル氏には世界空手道連盟の名誉総裁に就任してもらい、さらに空手団体『世界空手道団体連合』から名誉五段の資格が与えられます」

私は続けた。

「マイケル氏は一気に空手五段になりました。これからは強いです！」

一大発表が行われた瞬間、約百人の取材陣は驚きを隠せなかった。

マイケルも名誉総裁への就任が発表されると、合掌のポーズを取った。

そして私から左襟下にカタカナで「マイケル・ジャクソン」と書かれた道着と「黒帯」、空手五段の昇段状と紫紺の杯が贈呈された。

その場で道着に袖を通したマイケルは空手界入りをアピールした。

「空手をダンスアクションに取り入れようと考えていた。世界中の子どもたちが空手の練習に興味を持ってもらえるようになったらいい」

以前から空手に興味があったことを、マイケルはアピールした。

「このような会見を設けていただき、感謝している。みなさんの温かい気持ちを感じる」

親日家ぶりを発揮したマイケルだった。

十月には再来日し、十月二十五日に両国《りょうごく》国技館で開催される「'98キックボクシング・チャンピオンカーニバル・オールスター戦」の大会に特別ゲストとして出演し、剛柔流の型《かた》を披露すると発表された。これがマイケルの事実上の空手家デビューとなるはずだった。

事実、私とマイケルは秘密練習も重ねてきていた。来日中は宿泊ホテルに空手家たちを招き、猛特訓に励むほどだった。

こうしてマイケルに空手の足技、手の技というものが伝授された。小さいときからダンスで鍛えられたマイケルの柔軟な体からはものすごいバネが飛び出てくる。普通の人間なら、ちょっと教えただけでは蹴りすらできない。技を教えても、型になどならない。

私はこのマイケルの身体能力に舌を巻くばかりだった。

「かかと落とし」で天に足を振り上げるスピードは普通の空手家の五倍だ。回し蹴りで一度に七回もスピンしよる。天性の才能を感じる——。

マイケルのその才能を絶賛した。

きっとダンスの素質から来るのだろうが、あれは天才だ——。

一方、マイケルもあっという間に技を習得するだけではなく、空手の技に非常に心理的なものを感じ取り、関心を示してくる。

「あなたの世界空手道団体連合に私も入って、これを世界に広めよう」

二人の意見が一致した瞬間だった。

マイケルとは、「マイケル・ジャクソン・ジャパン」の設立を発表し、テーマパーク「ワンダー・ワールド・ランド・オブ・トイズ」の建設構想を明らかにするなどビジネスパートナーとしても交流があったことで、いつしか私は秘書を通じて頼まれるようになっていた。

「お金に困っているので貸してほしい」

カネを無心してきたマイケルに、私は美術品を売って現金をつくってやることが、たびたびあった。

骨董品《こっとうひん》業者を呼んで、こう言うのだ。

「おい、これをカネに換えてこい」

私から美術品が出てくるのを、いまかいまかと首を長くして待っている骨董品業者は目を輝かせて飛びついてくる。それほどのコレクションを私は持っている。

日本法人の設立

一九九八（平成十）年七月二十七日に開かれた「マイケル・ジャクソン・ジャパン株式会社設立記者発表会」の一カ月前のことだった。

このときは横山大観《よこやまたいかん》が描いた二百号サイズの月の絵を二億円で売却した。そのうちの一億五千万円をマイケルに渡した。そしてマイケルは私に日本およびアジアのマーチャンダイジング（関連物品販売）などの副次権ビジネスの権利を譲渡していた。

マイケル側からテーマパーク構想やオリジナルグッズ、玩具などの販売事業の提案を受けた私は、その事業が実現するかどうかが決まらないままの状況での資金要求をはねのけていた。

「やるか、やらないか。それがわからないうちからカネは払えない！」

そしてマイケルに言った。

「俺は一カ月も前に先にカネを渡しているじゃないか！　今回、また渡せと言うのなら、俺とマイケルのあいだで、簡単な契約書でいいから一筆書け！」

そうして交わした契約書の内容が副次権ビジネスの権利譲渡だった。そして私とマイケル以外は誰もからんでいない契約でもあった。

マイケルと私のあいだで合意した契約書には二人のサインがしっかり書かれている。

契約書の内容は次のようなものだ。

「マイケル・ジャクソンは一九九八年七月二十七日以降、朝堂院が日本およびアジアにおける排他独占的なビジネスパートナーであることを認める。朝堂院だけに日本およびアジア全域においてマイケル・ジャクソンの名と画像、映像を販売目的で使う権利とその許可を与える。アジアにおけるマイケル・ジャクソンの名と映像の使用は、朝堂院以外には今後二十五年間許可しない」

私はこのとき、マイケルの画像、映像を使う権利と許可を得ていたのだった。

結局、ビジネスについては「マイケル・ジャクソン・ジャパン株式会社」の設立は実現することも、「ワンダー・ワールド・ランド・オブ・トイズ」の日本一号店が建設されることもなかった。

一九九八年七月二十七日、東京のホテルオークラ本館一階「平安《へいあん》の間」で日本の企業グループと合弁会社「マイケル・ジャクソン・ジャパン株式会社設立記者発表会」が開かれた。

このとき、マイケルの横には「謎の少年」が座っていた。

あの少年は、いったい誰だ――。

そんな疑問が会場に漂っていた。

じつは、そのときの少年はハワイ在住の女性と私のあいだに生まれたリチャードという十三歳の子どもだった。なお、その少年は、その後、日本に住み、上智《じょうち》大学を卒業してビジネスマンとして活動している。

千人を超える報道陣を前に、マイケルは言い放った。

「子ども向けテーマパークや大型おもちゃ店をオープンする」

次々と予算規模二百億円もの大きな構想が明らかにされていった。

ホテル、ゴルフ場、レストランなどを併設した東京ドームの約二倍もの広さの総合レジャー施設を日本国内に二カ所、海外に一カ所。また、大型おもちゃ店「ワンダー・ワールド・ランド・オブ・トイズ」を全国にチェーン展開し、三百カ所でオープンさせるという内容だった。

その後、関係者を集め、マイケルとの懇親パーティーが開かれた。

一方、私もマイケルには二十億円ほど融資していた。だが、その融資したはずのカネは、そのままマイケルに奪われたままとなる。

そこで私は独自で「マイケル・ジャクソン」のキャラクターを利用したグッズなどの商売を構想した。また、マイケルのコンサート興行を打つことで二十億円分の利益は得られると踏んだ。マイケルもそれだけの価値があると話していた。そのために私はマイケルに二十億円もの大金を融資したのだった。

コンサートさえ開催すれば融資した二十億円は回収される——。

そう読んでいた私はイベント興行会社のキョードー東京に、いったいどれくらいの価値があるものか調べさせてみた。だが、結果は気持ちのいい答えではなかった。

「東京ドームでのコンサートはマイケル・ジャクソンには無理です。妹のジャネット・ジャクソンなら、まだ東京ドームでもいけますが、マイケル・ジャクソンなら、せいぜい日本《にっぽん》武道館ですね」

私が聞いていた話では、マイケルのコンサートを東京ドームで二回公演すれば二十億円は回収できるということだった。じつは、それはまったくの見当違いだったということが露呈したのである。

結局、私とマイケルとの仕事の関係は中途半端なままで終結を迎えてしまった。おまけにマイケルは私の二十億円を丸儲《まるもう》けしたままで、それを融資した私は取られ損ということになってしまった。

二〇〇二（平成十四）年の暮れ、私に一本の国際電話が入った。

「ミスター・マツウラ、ハウ・アー・ユー？」

それはマイケルの声だった。久しぶりに耳にした声は、いつものように甲高く、そして聞き取れないほど小さかった。マイケルは私の本名で呼びかけてきた。突然の電話に驚きながら、正直思った。

また借金の申し入れか――。

私は先に釘《くぎ》を刺した。

「いまは仕事から引退しているので、私にはもうカネはないよ」

それを聞いたマイケルは何かを言い出すでもなく、あっさり引き下がった。

「わかりました」

結局、私は合計七回にわたって送金してやった。だが、一銭も返そうとはしなかった。

二〇〇七（平成十九）年の電話では、こう言った。

「ビートルズの著作権をレコード会社に売るから、それで返す」

これもやはり言葉だけだった。そんなマイケルからの最後の電話に、再び私は言い放っていた。

「いまは仕事から引退しているので、私にはもうカネはないよ」

私が考える死の真相

二〇〇九年六月二十五日、私のことを「日本の父」と呼んで敬愛してくれていた「KING OF POP（キング・オブ・ポップ）」のマイケル・ジャクソンが亡くなった。

その日の午後一時十四分、自宅近くのカリフォルニア大学ロサンゼルス校（UCLA）医療センターに呼吸停止の状態で運ばれたマイケルは、その後、午後二時二十六分に死亡が確認された。

マイケルにとってのラストツアーが目前まで迫っているときの出来事だった。

マイケルはなぜ死んだのか、その一点に注目が集まった。

一方、日本でも連日連夜、マイケルの死に関する報道が続いていた。深い親交のあった私にはマスコミからの取材依頼が方々から舞い込み、テレビや週刊誌などに登場することもあった。

一年後の七月二日深夜二時十分から四時十分にはフジテレビ系でマイケルの死の真相を追ったドキュメンタリー番組『M・ジャクソン　死の謎を追え！』が放送された。

番組内でのインタビューに対し、マイケルの父親ジョセフ・ジャクソンは語った。

「犯罪を行った者たち全員がちゃんと裁かれるべきだということだよ。あの医師だけではなく、かかわった者全員が、だ」

ジョセフはマイケルの死は「陰謀」によるものだとまで語っている。

「コンサートプロモーション、音楽ビジネス、会社のマネジメントなどの知識が少しでもあり、『アーティストは生きているときより死んでからのほうが価値が上がる』。この事実を知っている人なら、この構造がすぐにわかるはずだ」

番組では何やらマイケルの死の真相を追う人々が「見えない力」により「口封じ」をされているようだと指摘した。

じつはフジテレビが『M・ジャクソン　死の謎を追え！』を放送する以前から私は「マイケルは殺されたのではないか」として疑惑を暴こうと動いていた。

私はマスコミの取材に答え、指摘していた。

「専属医のコンラッド・マーレーはカネに困り、カネのためならなんでもやる状態に追い込まれていた。彼が薬を投与してマイケルを殺すかぎり、医師がやることだから不問に付されて完全犯罪になる確率は高いと考えられた」

要はマイケルを殺害しようと企てる人物がいたというのだ。だが、発砲や事故に見せかけた殺人ではあまりにも危険すぎる。あくまでマイケルの死は自然死だと誰もが疑わない方法を取らなければならなかった。そこで借金で苦しんでいるマーレー医師が雇われ、そのマーレー医師にマイケルを殺害できるだけの致死量にあたる薬物を投与してもらおうと考えた人物が存在するということだった。

誰がマイケルを殺して利益を得るのか——。

そのカギとなるのはマイケルのラストツアーにあったという。二〇〇九年七月八日からスタートする予定だったロンドン・ファイナル公演にカギが隠されているのである。

当初、十公演を予定していたにもかかわらず、チケット販売のあまりの好調に気をよくした興行主のAEGライブはマイケルの意思を無視して翌年の二月まで五十公演に拡大してしまった。

一公演の観客数は約二万人。五十公演で合計百万人の動員を見込んでいた。そのチケットは二〇〇九年三月十三日に売り出されたが、百万枚以上のチケットはわずか数時間で完売するほどの人気だった。また、公演初日のVIPチケットは千百ドル（約九万八千円）だったが、ネットオークションで三万五千ドルの値がつくほどのプラチナチケットになっていた。

チケットの価格は一般席で五十ポンドから七十ポンド（約七千円から一万円）であり、仮にチケットの平均額を二万円とすれば、百万枚を売れば二百億円が売上として入る。チケットのほかにもDVD収入なども見込まれ、マイケルのギャラは総額四億ドル（約三百八十億円）とされていた。

ところが、である。

「マイケルは公演を目の前にして声が出なくなった。事実、主催のAEGライブは去年（二〇〇八年）五月下旬に公演初日を七月八日から十三日へと延期した。マイケルが声が出ないことを理由に公演をキャンセルすれば大変な損害が主催者に降りかかってくる。マイケルの死で公演中止は不可抗力だと主張したかった勢力がいる」

私はそう分析した。

事実、AEGライブは公演準備で三千万ドル（約二十七億円）を費やしたが、それを取り戻そうとマイケルの日々を記録した映画「THIS IS IT」を公開。また、マイケルが死んでもAEGライブは自力でチケット代を払い戻している。

私はマイケルの他殺説について、インタビューにこう答えた。

「ジョン・ブランカという弁護士がいる。彼はマイケルの顧問弁護士だったが、マイケルに解雇された。だが、マイケルが息を引き取ったと発表されるとすぐ、マイケルとのあいだには自分が復帰すると明記した契約書があるといってマイケル一家のもとに入り込み、すべての権利をコントロールし始めた」

声が出ないマイケルでは公演が中止となり、莫大なキャンセル料が発生することをＡＥＧライブは恐れた。キャンセルによって補填しなければならない数百億円にものぼる損害賠償は大きな負担となる。それらを鑑みれば、マイケルを殺害することで逆に保険金を手にすることを選んだのかもしれないとの説も成り立ちうる。そうすれば被害はゼロに食い止めることができることになるからだ。

マイケルの死の真相は依然、不明なままである。だが、マイケルの死で利益を着々とものにしていく勢力が存在することも確かである。

私がこのマイケルの死の疑惑を暴こうと躍起になるのには、もうひとつの理由もある。

一九九八（平成十）年七月にマイケルと私のあいだで交わされた契約書の存在である。

私はマイケルの死、あるいは殺害について深く利害関係を持つことになる。

マイケルのビジネスパートナーである私はこの契約書に従って、マイケルの名前の日本とアジアにおける使用料をはじめ、映像や画像の放映権や著作権、それ以外のマーチャンダイズ（商品）の権利を保有していることになっている。

イベントにおいて、マイケルの名前から始まり、映像や画像などといったマイケルに関するすべての使用を許可する権利は私にある。マイケルに関する書籍についても同様である。ただし音楽に関してはソニーミュージックが保有しているため、私のものではない。

だが、私がマイケルとのあいだで契約書を交わしていることは知られておらず、日本では私に使用料を支払う義務を忘れているケースが多々ある。そのため、私は相手側に対して申しつけている。

「マイケルの映像を流してはダメだ。もし流したければ朝堂院大覚に承認をもらわなければならない」

そう言って相手側の弁護士とのあいだで着々と交渉が進められ、すでに何件かは契約がすんでいる。今後もこのような交渉は数多く発生することになる。私とマイケルのあいだには契約書が交わされているからだ。

ところが仏ヴィヴェンディ傘下の米ユニバーサルミュージック・グループの日本法人ユニバーサルミュージック合同会社がインターネットで発表した。

「マイケル・ジャクソンのソニーが保有する以外の権利を持っている」

これに私が異を唱えた。

ユニバーサルミュージックCEO兼社長の小池一彦《こいけかずひこ》に対してはっきり問い質した。

「あなた、マイケルの権利を持っていると、そういうこと書いているけど、それは違う。これは俺が持っている権利だ。一九九八年以降は俺の権利だよ」

そう言って私は一九九八年七月二十七日午前十一時半にホテルオークラで開かれた「マイケル・ジャクソン・ジャパン株式会社設立記者発表会」の映像を小池に見せた。

日本のテレビ局が収録し、放送した映像は状況証拠として確かなものとなる。一九九八年七月二十四日から二十九日まで日本に滞在し、ホテルオークラという特定された場所で、マイケル本人がマスコミに対して「マイケル・ジャクソン・ジャパン株式会社」を設立すると発表した事実がそこには記録されている。

そのうえ、私とマイケルが二人で交わした契約書の存在もある。契約以前にマイケルの弁護士だったジア・モダバーと何度もやりとりをした文書も残っている。

小池には契約書も見せた。

マイケルと私の二人が交わした契約書の存在を遺産管理団体「マイケル・ジャクソン・エステート」は知らなかった。ならば日本に権利はないと否定するしか方法はなかったのである。

エステートが日本に対する権利を持っていなかったことを認めてしまえば、たちまち巨額な詐欺売買となってしまう。自分たちが権利を持たない日本に権利があるといって売却してしまった。となれば、エステートはユニバーサルをはじめ日本側と交わした契約すべてに対して何十億円、何百億円の契約金を返さなければならない。

そのため断固として反論するしかなかったのである。

「日本は誰も権利を持っていない」

エステートに否定されてしまったことから、小池も表向きに発言しなければならなくなった。

「私たちはマイケル・ジャクソンの遺産管理財団から権利をもらっています」

私はマイケルと二十五年の契約を交わしていたが、エステートは十年限定の権利としている。むしろ二十五年後の契約についても延長については協議するということになっていた。マイケルが死んでしまったいま、私が延長といえば契約の延長は五十年でも百年でも可能なのだ。

マイケルと交わした契約書が有効と判断されれば、私は「THIS IS IT」の権利を請求できる。

『THIS IS IT』で得られたロイヤリティーを払え」

そうソニーミュージックに対して請求できるのだ。もちろん、それ以外にもユニバーサルミュージックをはじめ、数多くが対象となってくる。

エステートのジョン・ブランカは日本の権利を私が持つことも知らずにユニバーサルミュージックに売却している。明らかな二重売買である。

マイケルには二十億円という大金を手渡した。だが、結局、そのカネが返ってくることはなかった。私もあきらめていたところだった。だが、マイケルを哀れむ気持ちも持ち合わせていた。

マイケルはあまりにも不運だった。私との事業を進めようという矢先に、マイケルはむちゃくちゃ叩かれてしまった――。

性的虐待疑惑による逮捕、たびたび報じられる奇行、金銭トラブル、体調不良……。

だが、マイケルの本当の姿はマイケルが作詞した歌詞を読めばわかる。

あれは普通の芸能人じゃない。すべて政治的、社会的、宇宙的に独自の世界観でものごとを捉えて歌で全世界に訴えた。立派な「政治家」だった――。

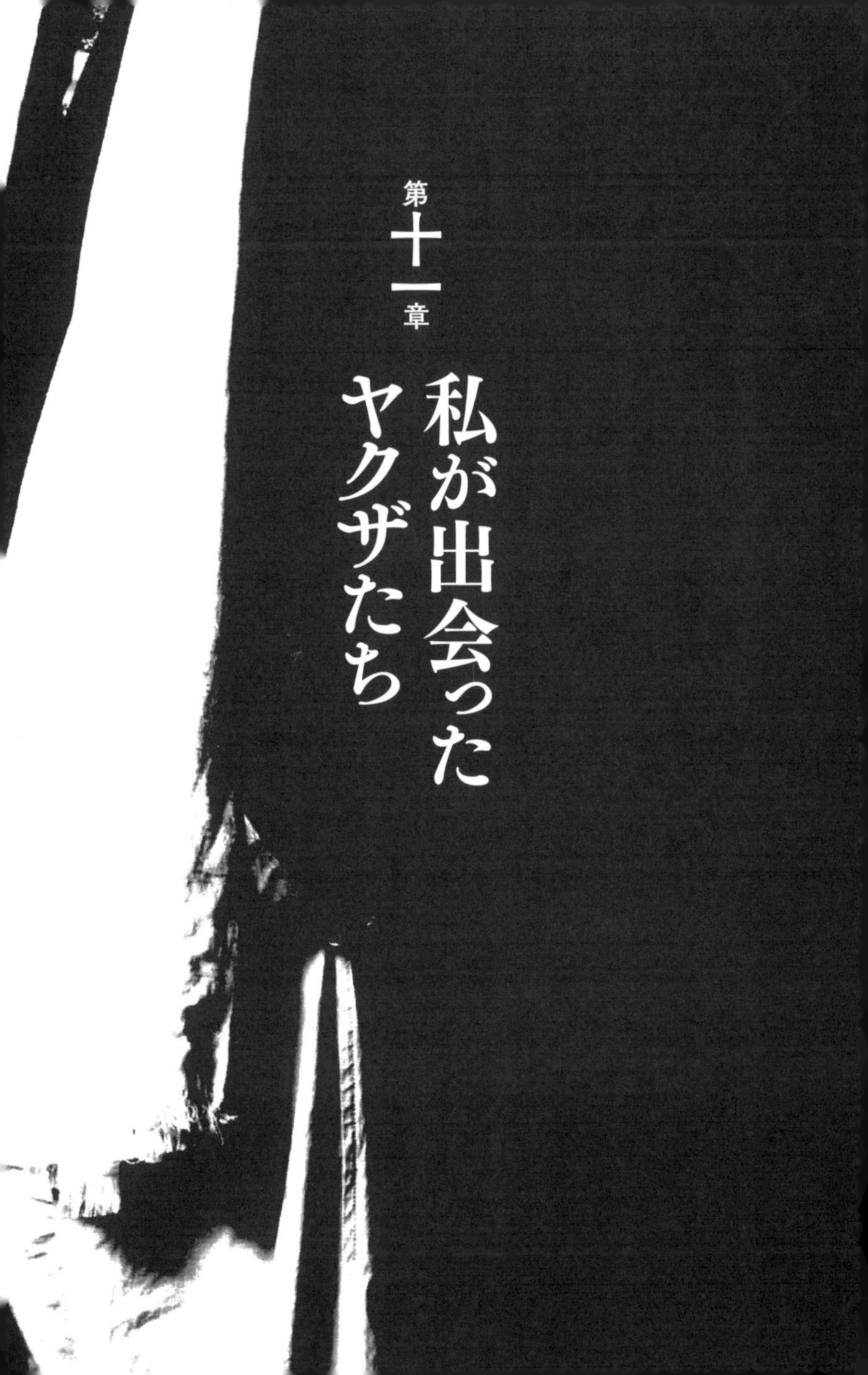

第十一章

私が出会ったヤクザたち

「ヤクザ」と私の関係

私は在日コリアンだろうが、日本人であろうが、ヤクザであろうが、いっさい差別や区別はしないことにしている。

すべての人間は当たり前のように一緒のものとして見ている。だから私の会社にはヤクザだった人間も入社させていた。

当時、元ヤクザでも社員になれる会社は私のところくらいだっただろう。

かつての私の秘書も元ヤクザだった。第二章でも書いたが、神戸の三宮にあった本多会出身のジミー山崎という男で、長いあいだ私に仕えてくれた。

ジミー山崎は拳銃の密輸で逮捕され、出所してきた際に保証人が必要ということで、人から頼まれて私が保証人になって、そのときにヤクザは引退して、私の会社に入って秘書になった。

事業を始めた当初はヤクザであろうが、同和であろうが、総会屋であろうが関係なく、見どころがある人ならすべて採用していた。

司忍六代目誕生の裏側で

私はヤクザをいっさい利用しないし、相手にしていなかった。だが、信頼関係を築いたヤクザもなかにはいた。

一九九七（平成九）年八月二十八日、神戸市中央区のホテルの喫茶店で指定暴力団山口組ナンバー2の若頭で宅見組組長の宅見勝が、当時同じ山口組傘下だった中野会《なかのかい》系組員らに射殺されるという事件が起きた。いわゆる「宅見事件」である。

宅見の射殺事件では襲撃に直接関与したとされる六人のうち三人はすでに実刑判決が確定し、残る二人も遺体で見つかっている。さらに最後の一人も二〇一三（平成二十五）年六月五日に逮捕されていた。

一方、この事件後に警察庁による「新頂上作戦」によって三代目山健組《やまけんぐみ》組長の桑田兼吉《くわたかねよし》、六代目山口組組長となる弘道会《こうどうかい》会長の司忍《つかさしのぶ》（本名・篠田建市《しのだけんいち》）、芳菱会《ほうりょうかい》総長の瀧澤孝《たきざわたかし》の三人の山口組の直参組長が相次いで銃刀法違反容疑で逮捕、起訴された。

私はこの三人のために法曹政治連盟の優秀な弁護士を紹介した。

桑田は二〇〇三（平成十五）年五月に懲役七年が確定して服役していたが、病気により、二〇〇七（平成十九）年四月五日、大阪市内の病院で死去した。

瀧澤は二〇〇四（平成十六）年三月二十三日、大阪地方裁判所で無罪判決を受けた。

二〇〇五（平成十七）年七月二十九日、司が六代目山口組組長に就任した。この司組長誕生の陰には竹中武《たけなかたけし》をはじめ、大阪地裁で無罪判決に貢献した後藤組組長の後藤忠政や私の力があった。

一九九七年八月二十八日、宅見若頭射殺事件が起きたことを受けて警察庁による「新頂上作戦」が繰り広げられた。

このとき、五代目山口組若頭補佐だった司は護衛の配下組員に拳銃を持たせていたとして銃砲刀剣類所持等取締法違反容疑をかけられ、その年の十一月、指名手配される。

その後、一九九八（平成十）年六月に出頭し、逮捕、起訴された。

司は一九九九（平成十一）年七月、十億円の保証金を支払って司は保釈された。

これを知った後藤は、なんとか司の力になりたいと考えた。

そこで法曹政治連盟を設立し、法曹界とのあいだに太いパイプを持つ私に後藤は助けを求めた。

私は後藤の頼みを受けて思案した。

元最高裁判事の横井大三に司の弁護を引き受けてもらえば、なんとかなるかもしれない――。

最適な弁護士は横井しか考えられなかった。横井は仙台、名古屋両高検検事長などを経て、一九七八（昭和五十三）年から一九八四（昭和五十九）年まで最高裁判事を務めていた。退任後はリクルート事件で受託収賄罪に問われた藤波孝生《ふじなみたかお》元官房長官（有罪確定）の弁護団長や、ロッキード事件で議院証言法違反罪などに問われた若狭得治《わかさとくじ》元全日空会長の弁護人を務めた実績を持つ。

そのうえ、横井は法曹政治連盟の二代目会長でもあった。法曹界でかなりの実力を持つ横井と私は三十年以上のつきあいとなる。私は定期的に横井が住んでいる鎌倉を訪ねて食事をともにする関係だった。

私は司を無罪にするためには刑事事件で検察、裁判所に対して絶対的な権威を持ち、刑事訴訟法の権威である横井を弁護団のトップに持ってくるしかないと確信していた。その一方で懸念もあった。

果たして横井がヤクザの裁判を引き受けてくれるだろうか――。

司を助けたい後藤は私に頼んだ。

「なんとか横井大三を説得してくれ」

後藤は真剣だった。私はあまりの熱意にほだされ、後藤を連れて横井が住んでいる鎌倉を訪れた。三人で精進料理を食べ、私は後藤を横井に紹介した。

後藤は横井に頭を下げた。

「司の弁護を引き受けてくれないだろうか」

後藤からの依頼に横井は言った。

「ヤクザの弁護はこれまでやったことがない。できない」

はっきり断った。だが、後藤はそれでもあきらめなかった。一度ばかりではなく、たびたび鎌倉を訪ねて説得にあたった。私も横井を執拗に口説いた。

「先生、今回の事件は一ヤクザの問題ではないんです。共同正犯は、いつ、どこで親分が子分に拳銃を所持して俺を守れと指示したかが明確になって初めて成り立つ。ところがヤクザだから親分が指示しなくても、子分が拳銃を所持していれば、ヤクザの行動原理として、親分が子分に拳銃を所持して守れと指示したのと同じことだというので逮捕された。この法律はアメリカが強引に日本に押しつけている。もし、このことが日本で判例となり、社会全体に拡大すれば大変なことになります。たとえば総務部長が総会屋にカネを渡したら社長が共同正犯として逮捕されることになります。政界でも議員と秘書の関係も同じことになります。これは罪刑法定主義の原則を破ることになりませんか」

その後も私は三度、四度と横井を訪ね、説得を続けた。

私や後藤の説得が奏功したのか、ついに横井は司の弁護を引き受けると同意してくれた。横井が司の弁護を引き受けたという話はあっという間に法曹界に伝わった。横井と司との橋渡しをしたのは私だということで、私は弁護士業界からさんざん批判されることになる。

横井の加入により、司の弁護団は自信を持った。さらに横井の部下で最高裁調査官を務めた弁護士も加わった。

弁護団の意見書に加えて横井たちが練り上げたリポートが裁判所に提出されたことが影響し、二〇〇一（平成十三）年三月、大阪地方裁判所の一審判決で司は無罪判決を勝ち取った。司が無罪を勝ち取ったことで、後藤の株も急上昇した。

「後藤は山口組に大貢献した」

「横井という大物弁護士を弁護団に入れた」

司を無罪にするために奮闘した後藤は組織の貢献者として持ち上げられた。

後藤は渡辺芳則《わたなべよしのり》五代目山口組組長をはじめ、山口組でも一目置かれる存在となり、二〇〇二（平成十四）年七月、山口組若頭補佐に就任した。司の一審無罪判決が決め手となった。

その後、司は二〇〇四年二月二十四日、大阪高等裁判所で懲役六年の逆転有罪判決を受け、上告する。判決後に収監されたが、十億円の保釈金で即日保釈された。

後藤は二〇〇五年八月には司六代目山口組の発足にともなって舎弟に直った。

なお、後藤は二〇〇八（平成二十）年に山口組を離れ、カタギとなっている。

司は二〇一一（平成二十三）年四月九日に刑期満了となり、府中《ふちゅう》刑務所から出所した。

英五郎とのケンカ

私は以前、六代目山口組で舎弟だった英組《はなぶさぐみ》の英五郎《ごろう》組長とトラブルになったことがある。

以前、「週刊新潮」に千代大海と英のツーショット写真が掲載されたことがあった。

そのとき、その写真を「週刊新潮」に流した人物として私は英組から疑われ、「おまえを殺すぞ」と脅された。

あらぬ疑いをかけられたので、私は「週刊新潮」の編集部に電話をして確認した。

「英と千代大海の記事を書いたのはおまえか。誰から写真の提供を受けたのか」

確認してみると、なんとその写真は誰の提供でもなく、「英がやっているブログにその写真が載っていたからだ」とわかった。

タレコミでもなんでもなく、写真は英みずからがネットに誰でも閲覧できるように公開していたのだ。

私は「ブログに自分で載せた写真なのに、殺す、殺すと大騒ぎしてたのか」と啖呵《たんか》を切ってやった。

このトラブルを収めようと、住吉会の阿形充規《あがたみつのり》が私に言ってきた。

「総裁、英とはケンカをされんほうがいいですよ。私の顔を立ててください。一度、有馬《ありま》温泉に女性と一緒に来ていただけないですか。ホテルで夜、食事をご用意しますから」

私はあまり気乗りしなかったが、「ランチくらいならいいだろう」と思って応じることにした。だが、前日にやはり思い直し、「阿形はん、急用ができたから明日はちょっと……」と言ったら、「困ります。行きましょう」としつこく誘われた。結局、私は翌日、大阪に行くことになった。

当日、私は運動靴を履いて、いざというときの用心をして大阪に阿形と向かった。すると大阪駅に英組の連中が五十人くらい並んでいる。「どうも様子がおかしいな」と思った。

私の大阪の秘書が二人迎えに来ていたから、「自分の車で向かうから、あんたらは先に行け」

と言って、それで今度は英組の本部に向かった。

本部は空手道場も入っているビルで、百人くらいの組員が集まっていた。

私は「ややこしくなるな」と思ったが、Uターンしたらしたで笑いものになると思い、運転していた秘書をひとり待たせて、もうひとりの秘書と、阿形と一緒に入っていった。

本部には英組の若頭がいて、「総裁、しばらくです」なんて挨拶をしてくる。

私はフロアの隅のほうに行き、「阿形はん、今日はお茶か、それともケンカか」と言ったら、シャッターがすぐに閉まり、英組の若い衆が何人か私を目がけて襲いかかってきた。

私は長い棒を持っていたから、それで三人ほどの足をバンバン払ってなぎ倒した。

その様子を見ていた英は、「これはどうやら様子が違うな」という焦った表情を浮かべている。

私は英に「おい、英、おまえはミヤコドリか」と言ってやった。

「どういうことですか」と聞いてくるから、「おまえ、俺をだまし討ちにかけるのか」と返してやった。

すると英が、「コラー、おまえら、お客さんに失礼なことをするなよ」と若い衆たちに言い出した。

阿形もバッといきなりその場に土下座して、「今日はそういうつもりでここに来たんじゃありません。仲よくしてもらうつもりで来ました。話が違います」と言い出した。

英は必死になって、「謝れ、おまえら」と言い出した。

私は、「なんでもいいから、シャッター開けろ。俺は帰る」と言い切った。

結局、英が謝罪をしてきて、二階に上がり、幹部一同が頭を下げて、「えらい苦労をかけました」と言ってきた。

阿形は、「食事があるから帰らないでください」と言ってきて、私をすぐには帰さない。それで食事をすることになり、二十人くらいの席をつくり、会席料理を食べ、「昔どおりのおつきあいをさせてください」と頼んできた。

それで東京に帰ってくると、稲川会の知人が私を待っている。「大変でしたね」と言ってきたから、「どこで聞いたんだ」と聞くと、前日から聞いていたという。

翌日には警視庁の知り合いも私のところに来て、「お見舞いです」なんて言って、果物をドーンと置いていった。

私を襲撃する話が出回っていたのだろう。

そのあと阿形が来て、「総裁、今回のことは私は何も知りません」と言うから、「わかったよ。おまえは知らなかったんだな。阿形はん、あんたも俺も騙されたということで、それでいいじゃないか」と言ってやった。

阿形は、「ありがたいことです」なんて言っていたが、私はいまだに疑っている。

菅谷政雄との邂逅

ヤクザやアウトローの世界も、暴対法の施行もあり、昔とはだいぶ変化してきた。

私が二十代のころは、神戸には山口組だけでなく、山口組に対抗できるだけの規模を持った本多会という組織があった。

関東には住吉会、松葉会《まつばかい》、極東会《きょくとうかい》などがあり、横浜や熱海は稲川会の本拠地になっていた。

そのころのヤクザは貧乏だった。たとえばテキヤはサーカスやストリップ劇場、地方のドサ回りの劇団、ビックリハウスとかお化け屋敷なんかを資金源にしている。

彼らも長屋に住んで、屋台をひいて、国民のレジャーを担う。娯楽をやる商売人で、チンドン屋をやるなど、普通に一般人もつきあいができる人々だった。

テキヤとは違う博打《ばくち》うちは、朝から段取りをして丁半博打をやって、ある程度行政からも容認されていて、警察とのつきあいもあった。そういう社会だった。

そういう歴史があるなか、戦後は愚連隊や予科練帰りが闇市を支配するようになったり、それまでテキヤがやっていた闇市を愚連隊が乗っ取ったりするようになった。

そういう愚連隊が半分入ったのが山口組だ。二代目のころまでは貧乏だったが、国際ギャング団の菅谷政雄《すがたにまさお》が入り、愚連隊が交ざって、暴れてカネを稼ぐ「暴力団」へと進化していった。より過激になっていったのだ。

テキヤよりギャングのような活動をする人間が増え、徐々に勢力図が変わっていった。昭和四十年代からは「暴力団」になっていった。

それまでは博徒やテキヤ、人夫とか港湾関係が主にヤクザだったが、愚連隊も含むようになっていった。山口組も松葉会も双愛会《そうあいかい》も、同じように変わっていった。

従来のヤクザだった本多会が勢力を失って、現在でいう「半グレ」も含む山口組が主流になる。日本社会に害毒を流す連中になった。

私は二十二歳から会社の経営にかかわったが、それまではカタギがやっている事業にはヤクザは入ってこなかった。

だが、建設関係の事業には、ヤクザが利権としてバンバン入ってくるようになってきた。暴力を使って入ってきたから、私もヤクザとケンカするようになった。

最初にケンカしたのは海原《かいばら》建設。社長の海原壱一《かずいち》は、もともとは酒梅組の系統の小三組《こさんぐみ》に所属していたこともあったが、山口組系の菅谷組の企業舎弟だった。関西では海原といえば道を空けないといけないほど羽振りがよかった。大手の大成建設や鹿島までが海原の名義を借りて仕事を取っていたくらいだから。関西では仕切りはすべて海原だったのだ。

私のところは、もともと造船関係だったが、建設業もやるようになった。

現在は昔ほどではないが、いまでも関西では建設業にはヤクザがからんでいる。昔は一次下請けに入っていることもザラだった。

私は海原建設にケンカを売ったことがある。相手は菅谷組の名前を出してきたが、私は「関係ない。文句があるなら呼んでこい」と言ってやった。それで私は海原が連れてきた菅谷と会ったのだ。

菅谷は当時四十代で、私はまだ二十代。私が物怖じせずにバンバンものを言ったら、菅谷もバカじゃないから、「海原、おまえは引っ込んでおけ」と怒鳴りつけていた。菅谷と話がついたら、今度は菅谷が「社長、うちの息子を鍛えてやってくれませんか」と頼んできたのだ。

菅谷には当時十九歳になる息子の正彦《まさひこ》がいた。正彦は暴れ者で、菅谷が懲役に行っているあいだにグレて、神戸の三宮で暴れ回っていた。私なら抑えてくれるんじゃないかと思ったのだろう。それで東京に正彦を連れてきたから、ホテルオークラに泊めてあげて、女を抱かせてやったら、私にペコペコするようになった。「おまえ、真面目にやるか」と言ったら、「やらせてください」と言う。

大阪には同和系の有力な建設会社として、海原建設だけでなく岸組《きしぐみ》もあった。岸組も当時は菅谷の企業舎弟だった。

当時の菅谷は経済ヤクザとしても有名だった。関西に賭場《とば》を十八カ所も運営し、経済力があり、海原も岸も自分の子分にしていた。子分には会社の倒産整理がうまいやつもいた。バリバリの経済ヤクザだった。柳川次郎《やながわじろう》でも菅谷の前では居住まいを正していたくらいだ。

菅谷と会って以来、私は菅谷個人の相談役みたいな立場になった。

山口組分裂の行方

現在、山口組は三分裂状態になっている。もともとの六代目山口組。そこから分裂した神戸山口組《こうべやまぐちぐみ》。さらに神戸山口組から分かれた絆會《きずなかい》。この三団体が存在している状況にある。

結局、暴対法ができて、以前のように活発な活動ができなくなったことが原因だ。カネ集めはしにくいのに、上納金だけは昔の時代の額を納めないといけない。

五代目山口組の時代は誰もが儲けるだけ儲けたが、いまはそうはいかない。

暴対法ができて、それまでは山口組と名乗るだけでいくらでも儲けることができたのに、いまでは山口組を名乗ったらすべて処分されることになった。稼ぎが五分の一、十分の一になったのに、上納金の額はバブルのときのまま。もし払えないなら破門になってしまう。

それがヤクザなのかと、みんなが疑問を持ち出した。若頭の髙山清司《たかやまきよし》が中心になって、五代目山口組の渡辺芳則組長の時代より厳しくなった。上納金だけでなく、本部経由で水などを押し売りされるようになった。

これが神戸山口組が独立した最大の原因だ。

だが、結局、分裂した神戸山口組も同じようなことを傘下の団体にやった。

だから織田絆誠《おだよしのり》が「山口組とやり方が一緒じゃないか」といって、そこからさらに独立して任《にん》侠山口組《きょうやまぐちぐみ》(現・絆會)をつくった。

現在は神戸山口組がさらに分裂し、離脱者が出て実質、解体状態になっている。岡山の池田組《いけだぐみ》も神戸山口組を退会した。

六代目山口組が本拠地としている名古屋市はトヨタがあるから、まだ景気がいい。しかも弘道会は愛知県警と手を組み、長いあいだ賭場に対する手入れを受けなかった。ほかの組とのあいだの経済的な格差は圧倒的だ。

結局、神戸山口組も絆會も、いまはあってないようなものだから、今後は弘道会が主流であり続ける六代目山口組に徐々に収斂《しゅうれん》されていくだろう。

司は頭がいいし、人格者だ。人間そのものは素朴な人間で人望もある。昔はカネでは動かなかった。

一方で、若頭の髙山はカネだけの男。でも、カネになびくヤクザは多いのだ。

その司と髙山が組んで経済的な強さと恐怖政治を徹底する力があるから、六代目山口組は揺るぎない体制をつくっている。

二人には住吉会や稲川会も一目置いている。日本が統一されているようなものだ。お互いが利用して補完し合っている。経済力に乗っかって大名《だいみょう》生活をしているわけだから。昔は司もカネに困っていたときもあったが、現在は任侠道の司と、任侠道ならぬ「金狭道」の髙山がコンビを組んでいるのだから最強だ。

司は、むしろカネの力で髙山に押され気味なところもあるほどだ。果たして、いま、「おい、髙山、こうやれ」と親分として若頭に命令できる力がどこまであるのかはわからない。すべてのヤクザは最後はカネについていくから、結局、六代目山口組が強いのだ。

逆にいえば、「任侠の筋をきっちり立てたいから山口組にいる」なんて言う者はひとりもいない。いまのヤクザは「金狭道」。いまの日本に武士道は残念ながら存在しない。

私は、今後の日本のヤクザは時間とともに滅びていき、外国から来たギャングに支配されると思う。

次の時代を担うようなやつは、いまのヤクザ社会にはいない。なぜかといえば、いまはヤクザにならずに半グレのままで商売ができるからだ。半グレの手口は詐欺だが、その詐欺で何兆円も儲けている。詐欺なら資本もいらずに口だけで稼げる。歩合で若い衆にいくらか渡せばそれでいいのだから、濡《ぬ》れ手で粟《あわ》。ヤクザにならずに半グレのままでいいと思う者も多いだろう。

竹中武と中野太郎

私自身、多くのヤクザと接してきて、個人では任侠道を感じさせる人物にも会ってきたことがある。

最も任侠道を徹底したのは四代目山口組組長の竹中正久《まさひさ》と、その弟の竹中武だ。竹中武はまったくカネには縁がない。カネではぶれない本物の任侠だった。武闘派、反権力を徹底していたから、彼を超えるヤクザはいない。

それと、恐ろしさでは五代目山口組の若頭補佐だった中野太郎《なかのたろう》。その中野も竹中武の前では「気をつけ」をしていた。私は竹中武とは親しかった。

中野はいちばん勢いのある宅見若頭を暗殺したことで知られる。当時の宅見組は大きかった。菅谷組から流れてきた者もいたし、竹中組から流れてきた者もいた。白神組《しらかみぐみ》や一和会《いちわかい》から流れてきた者もいた。組織でいえば、いちばん強かった。

宅見はよそから流れた者を集めたけれど、中野はひとりだった。五代目山口組の幹部会で当時、若頭補佐だった司や古川組の古川雅章《まさあき》もいたが、中野が「おい、コラ」と言えば、みんな何も言えない。中野が「いてまうぞ！」なんて言えば、誰も何も言わないのだ。

中野が宅見の暗殺を決意するまでには裏話がある。

最初、宅見が司と二人で中野のもとに「六代目になってくれ」と頼みに来たのがきっかけだ。宅見は五代目の渡辺を早く引退させたかった。

中野は黙って話を聞いて、「その話は親分（渡辺）は知っているのかい？」と聞いた。

すると宅見は「親分には中野さんとの話ができたら話す」と言った。

最初から渡辺抜きで進めている話だったのだ。だから中野は、「その話は聞かなかったことにする」と言って断った。断られた宅見と司は真っ青になった。中野を六代目にするというクーデター計画が漏れたわけだから。それで宅見は中野を消すことを考え、古川に「中野をやれ」と言った。

その古川が会津小鉄会《あいづこてつかい》の図越利次《ずこしとしつぐ》に中野を狙うように言って、中野は理髪店で十六発ほど撃たれたが無傷。むしろ中野のガードマンが、逆に会津小鉄会のヒットマン二人を撃ち殺した。襲撃を事前に知っていたのかはわからないが、散髪していたところに来たのを返り討ちにするのだからすごい。

この事件を勝手に手打ちにした宅見に激怒した中野は、今度は宅見の暗殺を計画して実行に移した。

中野は宅見を射殺したことによって山口組を絶縁されたが、絶縁されても一本独鈷《どっこ》でヤクザを辞めなかった中野を、最後に引退するように説得したのが竹中武だった。

じつはこのとき、竹中武を最高顧問として山口組に戻す話もあった。竹中組が再び山口組の中心勢力になるのかと思ったが、高山は竹中武が戻ったら司が困るだろうと思って、実行に移さなかった。

竹中武のヤクザとしての実力が桁違いすぎるから、戻せなかったのだろう。

竹中武は私に以前、「安東美樹《あんどうみき》を跡目にする」と言っていたが、安東もいまでは六代目山口組の直参になり、二代目竹中組として、そこの組長になっている。

柳川次郎も引退が早かったが、大阪での実力者で、武闘派として有名だった。一緒に空手をやったこともある。

極真空手の大山倍達の相談役だったが、人間はやさしく、私は好感を持っていた。

だが、見た目は特有の迫力があり、オーラがあった。

菅谷も昔は恐ろしい雰囲気を持っていた。やっぱり戦っている。柳川や菅谷、竹中武は見ただけで正義感があるのがわかったが、いまはそんなやつはいない。

私は三代目山口組の田岡一雄組長とは交流がなかった。

九州では道仁会《どうじんかい》の松尾誠次郎《まつおせいじろう》も、見た目はジェントルマンだったが、腹は据わっていた。それから、工藤會《くどうかい》の溝下秀男《みぞしたひでお》。彼も頭が切れて、垢抜けて、センスが抜群にいい任侠だった。沖縄旭琉會にも羽根地勲というナンバー2がいて、会長の富永清《とみながきよし》と一緒に活動していた。羽根地もヤクザとしての実力は日本一だ。

羽根地、松尾、竹中、中野、柳川、菅谷などはカリスマ的なヤクザの匂いをつねに発散させた感じがあった。気持ちのいい男たちだった。

私は沖縄にも五千坪の家があり、富永も羽根地も頻繁に来ていた。沖縄はヤクザの出世のしかたも独特だ。沖縄はみんな相撲か空手をやっているから、ケンカに強くないと、そもそも上には行けない。

沖縄はアメリカ軍の武器もあったから、抗争の激しさは本土の比ではない。

だから沖縄のヤクザは本土のヤクザを問題にしないというか、チョロいやつらだと思っている。

そのくらい根性が違うのだ。

おわりに
日本の未来を救うためにできること

日本経済はバブル崩壊以降、三十年以上低迷を続けている。

私はバブル崩壊前の一九九〇（平成二）年に日本経済再建協議会をつくり、大蔵省に乗り込んだ。

そのときに私は警鐘を鳴らした。

「大蔵官僚は土地の値段が下がっても困るのは不動産屋だけと言っているが、そんなことはない。本当に困るのは銀行だ。融資が焦げついて担保割れしたらどうなる？　日本の経済がストップになるじゃないか」

だが、大蔵官僚には私の警鐘がわからなかった。

実際にバブルが崩壊し、地価が下落したから、金融機関は担保割れが起きて莫大な不良債権が発生した。地価の七掛けで貸していても、五割に下がれば二割は担保割れが起きる。すると次の融資は受けられなくなる。銀行からの借り入れで成立していた日本経済は、血液ともいえる金融の流れが止まればストップし、機能不全を起こす。

私はバブルの引き金を引いた一九八五（昭和六十）年のプラザ合意のころから危機感を持っていた。

だが、私は当時、すでに裁判中だった。そのため、裁判所に通い、法律に取り組んでいた。だからバブルのころは経済活動はしていなかった。儲けもしていないし、損もしていない。

逮捕前の私は自民党だけでなく、社会党や民社党にも影響力を持っていたから、そのままの力があれば、プラザ合意に「とんでもないことになるから、絶対にやめろ」と反対することもできたはずだ。

それを考えると、私の逮捕がなければ、日本が道を誤り、長期の低迷に苦しむこともなかったかもしれない。

日本経済はバブル崩壊後三十年、まともな指導者がまったく現れていない。

もし日本にもロシアのウラジーミル・プーチン大統領のような強力な指導者がいれば、とっくに復活しているはずだ。

だが、この三十年のリーダーの体《てい》たらくはひどい。小渕恵三《おぶちけいぞう》はＮＴＴから四十億円もらって総理になったが、何もできずにすぐに倒れ、小泉純一郎はアメリカの忠実なエージェントでしかなかった。麻生太郎《あそうたろう》はそもそもアンポンタン。民主党も政権を取ると、小沢一郎や亀井静香がわが物顔をしてやったのは夜遊びくらいだ。明治政府をつくった薩長《さっちょう》と同じで、菅直人《かんなおと》まで韓国クラブにハマってしまった。

そんな愚かな指導者しかいないから、日本経済は悪くなる一方だ。

安倍政権が実施したアベノミクスもすべて失敗。格差が拡大しただけで、国民は実質賃金が下がり、中産階級は下層階級へと転落し続けている。平均年収も下がり、派遣社員も増えた。

そんな状況で新型コロナウイルスが猛威を振るい、日本経済だけでなく、世界経済に深刻なダメージを与えた。このままいくと、何千万人もの失業者が地獄のどん底に突き落とされることになる。

安倍の次に総理になった菅義偉は前任の安倍の言うとおりにやっている。開き直って安倍とは違う独自の政策を打ち出そうとしているが、世界中から日本は負け犬だと思われている。弱っている犬はとことん叩かれるだけだから、好転することはないだろう。

しかも、愚かなことに、政治家をはじめ、東京オリンピックがいまだにできると思っている。

菅義偉政権はＩＲ（統合型リゾート）という名称でごまかしながら、日本にカジノをつくろうと躍起になっているが、いまの日本にカジノは必要ない。平時では成り立ったかもしれないが、「戦時」では無理だ。まともな貿易ができなくなっているのに、なぜカジノができるのか。

おそらく現在の状況が落ち着くには十年、十五年かかるかもしれない。そして落ち着いたときの経済規模はいまより縮小し、七割ほどの規模になっている可能性が高い。

私は今回の新型コロナ・ショックを機に世界には新しい秩序が誕生すると思っている。いわゆるグレート・リセッションがすでに始まっている。

今後は世界政府による一極管理体制ができるだろう。いままでのような石油ガスを使う化石エネルギーの時代は終わり、移行期になり、そして混乱期が続く。その結果として、人口減少も起こるだろう。

いまでもホンジュラスやシリアでは難民たちが命からがら生きている。みんな着の身着のままだ。だが、日本も将来そうなる可能性は高い。いまのような安定した生活がいつまで続くのかはわからない。

中国が勢力を拡大するなかで、アメリカと中国という二大大国に挟まれ、日本は今後、どういう立場を取るか。

私は中国を最大の市場だと思っている。もし若ければ向こうに勝負に行くくらいだ。市場の伸び代もある。このことはアメリカやヨーロッパに比べてものすごくいい材料といえるだろう。

私は日本の窮状を救うには超党派の大連立の内閣をつくるべきだと思っている。自民だ、立憲だ、共産だ、などといってはいられなくなるからだ。かつての大政翼賛会《たいせいよくさんかい》ではないが、もはやオール・ジャパンで結集しなければ海外との競争に勝てるような強い国は生まれない。

私はいま、二人の政治家に期待している。立憲民主党に所属する元総務官僚の小川淳也《おがわじゅんや》と、橋下徹《はしもととおる》元大阪市長の二人だ。橋下は政界を引退しているが、いまだにメディアでは活躍しているし、日本維新の会にも相当な影響力を持っている。

この二人がタッグを組めば、いちばんいい。

小川は、いまの政治家のなかで唯一、世界戦略、国家戦略ができる男だと思っている。日本を強烈な指導者によって、もう一度、強い国にしたい――それが私の願いなのだ。

（文中敬称略）

二〇二一（令和三）年一月吉日

朝堂院大覚

参考文献

・松浦大覚『マイケルからの伝言』（さんが出版、２０１０年）
・大下英治『最後の黒幕 朝堂院大覚』（竹書房、２０１１年）
・朝堂院大覚『怪物フィクサーに学ぶ「人を動かす」』（サイゾー、２０１３年）
・佐高信、朝堂院大覚『日本を売る本当に悪いやつら』（講談社＋α新書、２０１９年）
・朝堂院大覚『朝堂院大覚の生き様　ユーラシア帝国の実現を願った男』（説話社、２０２０年）

朝堂院大覚《ちょうどういんだいかく》自伝《じでん》
「最後《さいご》のフィクサー」とよばれて

2021年3月22日　第1刷発行

著　者　朝堂院大覚《ちょうどういんだいかく》

ブックデザイン　HOLON
本文DTP　友坂依彦
構　成　株式会社 清談社

発行人　畑 祐介
発行所　株式会社 清談社Publico
〒160-0021
東京都新宿区歌舞伎町2-46-8 新宿日章ビル4F
TEL：03-6302-1740　FAX：03-6892-1417

印刷所　中央精版印刷株式会社

ISBN 978-4-909979-14-8 C0095

清談社
Publico

http://seidansha.com/publico
Twitter @seidansha_p
Facebook http://www.facebook.com/seidansha.publico